顺德40年

一个中国改革开放的县域发展样板

陈春花 | 马志良 | 罗雪挥 | 欧阳以标　著

图书在版编目（CIP）数据

顺德40年：一个中国改革开放的县域发展样板/陈春花等著．—北京：机械工业出版社，2019.1（2019.4重印）

ISBN 978-7-111-61410-4

I. 顺⋯ II. 陈⋯ III. 区域经济发展－顺德区 IV. F127.654

中国版本图书馆CIP数据核字（2018）第257946号

顺德40年
一个中国改革开放的县域发展样板

出版发行：	机械工业出版社（北京市西城区百万庄大街22号	邮政编码：100037）	
责任编辑：	冯小妹	责任校对：李秋荣	
印　　刷：	北京诚信伟业印刷有限公司	版　次：2019年4月第1版第4次印刷	
开　　本：	170mm×230mm　1/16	印　张：21.25	
书　　号：	ISBN 978-7-111-61410-4	定　价：88.00元	

凡购本书，如有缺页、倒页、脱页，由本社发行部调换

客服热线：（010）68995261　88361066　　投稿热线：（010）88379007
购书热线：（010）68326294　88379649　68995259　读者信箱：hzjg@hzbook.com

版权所有・侵权必究
封底无防伪标均为盗版
本书法律顾问：北京大成律师事务所　韩光/邹晓东

顺德之所以取得如此巨大的成果，在我们看来，就是顺德人独创的发展模式，其核心内涵是：转变政府角色、明晰保护产权、龙头企业带动、尊重市场规律、敢为人先精神。

CONTENTS
目录 ——

推荐语

推荐序

前　言

第一篇　选　　择

第一章　拉开序幕	002
三来一补	002
"自下而上"与"自上而下"	004
第二章　归来的"英雄"	010
离开与归来	010
信任与英雄	012
第三章　农村工业化	016
南国丝都	018
社队企业	024
珠江模式	027

第二篇　不要错了大路向

第四章　基层政府的发展观　　032
五子登科　　032
三个为主　　034

第五章　基层政府的管理者　　038
七千人大会上的发言　　039
中国女排与香港电视节目　　043

第六章　基层政府的改革　　048
转变政府角色的综合改革　　049
1992 年的大部制改革　　055
政企分开的产权制度改革　　059
政资分离的公有资产管理改革　　062
社会保障为改革编织"安全网"　　063
"率先基本实现社会主义现代化试点"　　067
2009 年的大部制改革　　071

第三篇　改革深处是产权

第七章　乡镇企业　　086
包产到户　　086
乡镇工业　　090
拜师香港　　097
"人造优势"　　101

第八章 "靓女先嫁" —— 105
1993 年 11 月 —— 105
"华宝风波" —— 107
转制 —— 113

第九章 一切有赖于实践 —— 116
北滘镇早有改制谋划 —— 118
"搞得好起楼，搞不好跳楼" —— 123
科龙风波 —— 128
郎顾之争 —— 132
重点是产权 —— 136
提前进入深水区 —— 139

第四篇 欣欣向荣的群体

第十章 两个"千亿"企业 —— 146
美的 —— 148
碧桂园 —— 152
何享健与杨国强 —— 156

第十一章 企业家与职业经理人 —— 164
民企传承 —— 164
顺德的职业经理人 —— 167
与创始人价值观契合 —— 170

第五篇　回归基本规律

第十二章　市场的归市场　　180
商贸活跃　　180
贸工农联动　　181
顺德人自己的银行　　185
顺势转型　　189

第十三章　合作与共生　　193
顺德家电　　195
顺德家具　　197
顺德花卉　　201
产业升级　　210

第十四章　社会的归社会　　217
民生为上　　217
还权于社会　　219
"请进来"指点　　224
小政府、大社会　　228

第十五章　政府的归政府　　233
城市化　　233
"造城"运动　　236
顺德继续改进中　　240

第六篇 "可怕"的顺德人

第十六章　商业基因　　　　　　　　　246
"桑基鱼塘"　　　　　　　　　　　　　246
珠三角的核心部位　　　　　　　　　　248

第十七章　文化秉性　　　　　　　　　251
龙舟竞渡　　　　　　　　　　　　　　251
宗族文化　　　　　　　　　　　　　　255
美食情趣　　　　　　　　　　　　　　259

第十八章　财富观　　　　　　　　　　269
家族财富课　　　　　　　　　　　　　269
利尽其用　　　　　　　　　　　　　　272
低调　　　　　　　　　　　　　　　　274
感恩　　　　　　　　　　　　　　　　276

第七篇　持续绵延的力量

第十九章　从"高速度"到"高质量"　　282
再出发　　　　　　　　　　　　　　　283
开放，开放，再开放　　　　　　　　　285
"头号工程"打响攻坚战　　　　　　　288
新技术，新社区　　　　　　　　　　　292
又一次扛起改革大旗　　　　　　　　　297

第二十章　改革是信仰，也是行动　　　301

信仰改革　　　301

持久焕发活力　　　303

企业家精神　　　307

永葆驱动力　　　310

结束语　下一个篇章　　　313

后记　　　315

FOREWORD
推荐语 ——

　　顺德是一方敢为人先的热土，在中国改革开放中屡建奇功。本书作者研究顺德多年，是顺德经验名副其实的参与者和见证人。这本力作概述政府和企业如何在不断成型的市场里实现持续的变革，提炼顺德经验之精髓，展示了作者驾驭丰富现象资料并揭示其背后逻辑的过人功力。

周其仁
北京大学国家发展研究院教授

FOREWORD
—— 推荐序
改革是顺德最有价值的品牌

林德荣 《可怕的顺德》作者

改革开放是决定当代中国命运的关键一招。

2018年4月10日,习近平主席在博鳌亚洲论坛2018年年会开幕式主旨演讲中说,"1978年,在邓小平先生倡导下,以中共十一届三中全会为标志,中国开启了改革开放历史征程。从农村到城市,从试点到推广,从经济体制改革到全面深化改革,40年众志成城,40年砥砺奋进,40年春风化雨,中国人民用双手书写了国家和民族发展的壮丽史诗。"

对于顺德来说,改革开放不仅彻底改变了这个地方,更是刻进了这里人的灵魂。

从过去的中国百强县之首,到今天的全国综合实力百强区第一,这些年来,许多人都在追问:这个只有800多平方公里的小县域,为什么可以实现3000多亿元的生产总值?为什么会成为全国最大的空调器、电冰箱、热水器、消毒碗柜生产基地,以及全球最大的电饭煲、微波炉供应基地?为什么会拥有"中国家电之都""中国燃气具之都""中国涂料之乡"等28个国家级品牌?为什么会出现多个千亿级的产业集群？为什么这里的一个小镇会崛起美的、碧桂园两家世界500强企业？

发生这一切的原因，都是改革开放。

如果说广东是中国的改革开放前沿地带，那么顺德就是广东的改革开放先锋。广东在40年改革开放的艰难探索中，多次选择了顺德，很多经验在顺德试点后推向了全省甚至全国。20世纪80年代，顺德解放思想，发展"三来一补"企业，大力发展乡镇企业，经济迅速崛起，成为"广东四小虎"之一。1992年，顺德被省委、省政府确定为综合改革试验县（市），顺德在全国率先推进以产权制度改革为核心的综合配套改革，改革经验获全国推广。1999年，顺德被省委、省政府确定为率先基本实现现代化试点市，为全省基本实现现代化探索经验、提供示范。2009年，顺德被省委、省政府确定为落实科学发展观试点区，率先开展了以行政体制改革、社会体制改革和基层治理改革为重点的一系列综合改革试验。2018年，顺德又获批率先建设广东省高质量发展体制机制改革创新实验区。

所以，要探寻中国改革开放的成功经验，也许在顺德就可以找到答案，顺德是总结中国改革开放的最佳样本。

2018年年初，顺德的朋友告诉我，陈春花教授专门为顺德写了一本书。陈春花是北京大学王宽诚讲席教授，任职于国家发展研究院，是2016年《财富》"中国50位最具影响力商界领袖"之一。更重要的是，陈春花教授还有很深的顺德情结。她是早期美的、万和、顺德农商行等企业的管理顾问，她对这些顺德著名企业的影响深远；她是顺德各种经济论坛的"常客"，顺德很多企业家都是她的"粉丝"。

这些年，研究顺德的书很多，我也写过几本。但对顺德这个中国改革开放的样本，我认为还需要更多的人来研究。当陈春花教授把本书书稿发给我的时候，我满怀惊喜，一口气把它看完了。陈春花教授在这本书中开宗明义提出，顺德之所以取得如此巨大的成果，在我们看来，就是顺德人独创的发展模式，

其核心内涵是：转变政府角色、明晰保护产权、龙头企业带动、尊重市场规律、敢为人先精神。

这是十分有见地的概括。

先来谈谈政府角色。从顺德改革开放40年的实践来看，顺德政府较好地把握了与市场的关系、力度和节奏，有松有弛，有进有退。在工业化早期，顺德政府大胆用"三来一补"的方式，引进了现代工业，培养了企业人才，同时在社队企业的基础上大力发展了乡镇企业，使顺德迅速壮大了地方经济实力。在工业化的中期，顺德政府提出了以工业企业为主、集体企业为主、骨干企业为主的"三个为主"，使顺德从农业社会顺利进入工业社会。在20世纪90年代初期，顺德政府又启动产权改革，率先建立了社会主义市场经济体系。其后，顺德政府又提出"三三三"产业发展战略，即一、二、三产业要协调发展，其中第一产业要精细发展，第二产业要优化发展，第三产业要加快发展；在三大产业中每个产业要重点扶持三个或者以上的支柱行业；在每个支柱行业中要重点扶持三家或者以上的龙头企业。最近，顺德政府又启动了村级工业园的改造，营造新的发展空间，践行新的发展理念。

再来看看明晰产权。产权改革是顺德改革开放40年中最重大的事件，奠定了顺德的发展基础。顺德的产权改革，不仅创造了市场主体，而且消除了人们对产权风险的担忧，培育了整个社会的产权保护意识，让顺德真正成为一个投资创业的宝地，成为一块最适合企业成长的福地。

放眼顺德的企业"天空"，我们看到有"太阳"，有"月亮"，更有满天的"星星"，一个非常良性的景观和生态。龙头企业对地方经济有很强的带动作用，像世界500强的美的集团就像一个"太阳"，通过产业链，带动了一批"月亮"和"星星"。2005年开始实施的"三三三"产业发展战略，明确提出在每个支柱行业中要重点扶持三家或者以上的龙头企业。据了解，顺德拥有规模超10亿元的企业40多家，还有一批在全国乃至世界都有影响力的"隐形冠军"企业。

到过顺德的人或者与顺德企业做过生意的人，都能感受到顺德的市场意识和对市场的尊重。在顺德，市场对这块土地的影响是深远的，政府根据市场转变自己的角色和职能，企业适应市场变化培植核心竞争力，社会按照市场规则配置资源。

敢为人先已经成为顺德的一个文化符号，如果要问顺德人为什么"可怕"，答案就是顺德人的敢为人先。从改革开放初期搞"三来一补"，到后来多次勇担广东省的改革试点，都是敢为人先的结果。顺德是广东改革的一个品牌，甚至改革在一段时间成了顺德的代名词。但我们要知道，改革从来不是风和日丽，改革是艰难和壮烈的，因为每一场改革，都是改革者向自己开刀。没有敢为人先的勇气和担当，改革是难以成功的。此外，顺德工业化过程的"反求工程"，也体现了顺德人的敢为人先。万和电器的卢础其当年就是从日本买回热水器，拿回来拆解研究，最后研制出国内首台自动热水器。当年科龙研制电冰箱，美的研制电风扇，爱德研制电饭锅，都有这样的"反求工程"经历。

陈春花教授以其经济管理科学的独特视角，对顺德改革开放40年进行梳理和研究，并从历史和文化、商业基因和顺德精神等多维度回答了为什么是顺德。陈教授的回顾与追问，不仅让我们从顺德一个县域感知了整个中国40年的变革与辉煌，更让一个激情燃烧的顺德得到复活与回归。

是的，经过改革开放的洗礼，顺德已经从热血青年成长为稳重的智者。今天的中国，已从过去的艰难探索走到了平稳发展阶段。我们的改革，也从过去的"摸着石头过河"走向今天的"顶层设计"。

但不会变化的是我们改革的初心和勇气。在新的时代，广东要在构建推动经济高质量发展体制机制、建设现代化经济体系、形成全面开放新格局、营造共建共治共享社会治理格局方面走在全国前列，根本的还是要靠改革开放。顺德作为广东的改革先锋，要在新一轮的改革发展中有所作为，必须唤醒顺德人的改革精神，唤醒曾经可怕的顺德人。

我们充满期待。

PREFACE
―― **前言**

你可能不知道顺德，但你一定知道或听说过美的、科龙、格兰仕、万和、神州、康宝、万家乐、华宝等著名的家电品牌；你可能不知道顺德，但你一定知道或者听说过碧桂园、顺丰、顺德农商行、大自然木地板等著名的企业；你可能不知道顺德，但你一定知道广东盛产家具，而顺德的龙江正是"中国家具第一镇"，乐从是"中国家具商贸之都"；你可能不知道顺德，但如果你是做花卉生意的，就或多或少会听说过陈村，因为这里是全国最大的花卉种植基地。

在过去 40 年中国改革开放的进程中，"顺德"二字始终是中国县域经济发展史中反复出现的一个高频词。对于媒体来说，顺德是一座新闻的富矿；对于学界来说，顺德是一个研究的样本。人们用顺德现象、顺德模式、顺德奇迹、顺德改革等各种各样的词语来透视和描写顺德。

那么，在一系列的经济现象与改革形象背后，到底是一个什么样的顺德呢？或者，顺德到底是什么呢？为什么在中国 2000 多个县级行政区划中，顺德会如此与众不同？

徜徉在中国第一县（市）的大街上，我们无法想象脚下的每一寸土地在40年前是何等模样；当我们穿梭在一家又一家制造中心构成的小镇时，不得不对顺德巨大的发展潜力心生钦佩。顺德，以自己独特的魅力影响着中国人的思维，这个不起眼的南国小县如此显耀，成为中国经济发展史上不可或缺的一笔。顺德人创造了良好的制造业基础、商业人文素质、金融与信息中心等优势，正是他们的经验与创造改变了中国商业的思维方式和习惯，与此同时，还深深改变了中国政府的市场经济实践。

从商业角度看，在世界经济格局中，国与国之间的竞争除了核心技术的竞争外，另一个是比较优势的竞争。在改革开放的前20年，顺德想成为面向全世界的家电生产基地，这样的战略选择是有很大风险的——技术在外，资本在外，市场在外，只有生产在内，仅依靠规模生产优势来参与竞争无疑是缺乏优势的。出乎意料的是，顺德人并没有开展传统的面向核心技术的研发投资，而是果断地联合顺德本地各家企业资源，将顺德自己的竞争性资源转变为竞合性资源，进而向全球化进程迈进了一大步；顺德人对于商业的联合协作思维方式和不拘一格的合作习惯使得这些当地企业将资源合作形成主流，并因此拥有了三个最大的产业集群：家电、家具、花卉。

当顺德成为全球最大的家电制造基地之后，他们并未满足于这一点，反而开始了整个行业的转型升级与品质发展。一方面，顺德人选择了工业设计作为切入口，聘请全球顶级的设计人才来到顺德，美的成为其中领先者并成功拿回世界设计大奖——红点奖。另一方面，顺德人选择了技术创新作为突破口，从引进合作、消化吸收，到自主创新、引领超越，走出来一条从中国制造向中国创造的可行之路。更令人惊喜的是，顺德人还选择了品牌塑造作为制高点，从为世界品牌代工转型到打造世界品牌的战略方向，借助于最近20年的持续努力，顺德企业品牌已经取得了令世界瞩目的成绩。

从市场经济的政府实践来看，顺德的做法与思路很明显地代表着一个时代的另类形象。因为顺德的发展模式是全新的："政府重在服务经济，以市场来指导政府的工作"，顺德的巨大成功为以经济建设为中心的政府工作重心提供了实践经验。如果进一步解析顺德政府的实践内涵，会发现顺德发展的动能在很大程度上来源于一次又一次实实在在的制度创新。顺德每一次制度的变化，都给资源配置带来新的途径，并无限放大着资源的产出。在初期，顺德的制度创新表现在农村的家庭承包制与股份合作制上；中期制度创新的特点是产权改革，实现政府与企业的分离；后期的改变主要放在政府职能转变上。每一次的制度创新都能给顺德带来新的动力，甚至达到几何级的增长。尽管这之中有些做法招致这样那样的非议，但有一点是可以肯定的，没有政府角色的转变，没有政府甘当顺德的经纪人，顺德绝对不会在一个较短的时间里利用市场的手法来聚集大量的社会资源为顺德所用。

回顾过去 40 多年来的发展，从发展的角度看，实际上，顺德所面临的挑战是全方位的：经济发展的单兵突进，使得顺德的土地失去实现效益最大化的可能，城乡一体化的发展思路与格局让顺德失去城市推动经济的巨大推动力；外部环境的问题，顺德已从中国改革开放的宠儿位置上退了下来，在与其他兄弟区域享受同样阳光的时候，顺德的推动力明显减弱……发展期间不时传来的质疑与追问，总让对顺德怀有美好情感与期望的人为顺德捏一把汗。

顺德长盛与否，取决于顺德的政府官员和企业家们能否胸怀足够的使命感，这是一个企业和一个组织甚至一个地区能否立足的关键因素。对于顺德人来说，尤其如是，因为他们往往敏于行而讷于言，重实干而轻理念；顺德的长盛与否还取决于顺德人能否适应不断变化的环境，在新技术剧变的时代，就要以应变能力适应市场和环境的变化；顺德的长盛与否更取决于顺德能否检视自己的优势，培养出适应新的历史条件的核心竞争力。

2008 年，全世界谈论最多的就是"金融危机"。同样是冬天来了，我们会看到，顺德和其他一些地方表现出来的完全是两种情形。在其他地方听到的，大多是"挑战""衰退"；而在顺德，人们谈论最多的却是"机遇""机会"。当大家还在高谈阔论金融危机对中国的影响有多大的时候，顺德人已经开始敏锐地做好过冬的准备，并且谋划好要在冬天中开始发力超越对手。当人们有一阵子还在怀疑"顺德还能可怕多久"的时候，2008年，在冷冷的寒冬中，顺德人再一次用行动回答了这一命题。

2012年开始，全世界谈论最多的就是"颠覆"。同样是实体经济受到挑战，我们会看到，顺德和其他一些地方表现出来的完全是两种情形。在其他地方看到的大多是"焦虑""无所适从"；而在顺德，人们开始了彻底的转型与升级。当大家还在谈论虚体经济对实体经济的冲击，感觉不舒服的时候，顺德人已经开始采用智能机器人，构建新产业集群，打造工业设计重镇以及构建城市化全新社区。到了2017年，顺德已经拥有了两个世界500强企业，并保持着一贯的发展势头。

说起改革开放，人们首先想到的是北上广的摩天大楼、高铁、通信以及各种各样的政府文件。实际上，中国改革开放所波及的范围之广，影响之深，除了在国家战略层面的宏观认识之外，还需要中国广大基层的层面，进行局部的触摸与细节的展现；除了个案的解剖之外，还需要梳理出一些在时代大潮中日益呈现的基层大众的内在品质和精神基因。顺德40年，一直走在改革开放的前端，一直保有良好的发展态势，既带领了区域经济的腾飞，又融入了世界。如果总结经济发展的"中国方案"，顺德无疑是最具有内涵和特征的样本。基于此，本书的主题集中于三点：

一是改革开放作为最宏大的国家战略，如何在一个县级区域得到成功实践。这是审视中国共产党领导下的行政管理体系有效性和执行力的一把尺度，是中国特色社会主义政治制度优越性的体现。在距离上，顺德离北京2000多公里，顺德为什么总是能够在第一时间听到北京的声音，并且以最快的速度付诸实践？这是本书探寻的第一个主题。

二是对顺德企业集群出现以及持续稳健发展进行梳理和寻根。从乡镇企业到股份制企业，再到进入全球领域展开竞争的国际化企业，顺德企业从小到大，从弱到强，从代工工厂到自主创新、自有品牌的领先企业。为什么顺德一个小小的县域经济体，可以诞生出如此多的企业，可以形成如此巨大的产业集群？这是本书探寻的第二个主题。

三是对"敢为人先"的精神品质进行近距离的观察。中国改革开放本身就是一个前无古人的伟大创举，从"摸着石头过河"开始，每一步都是从实践中来，到实践中去的创新。顺德的实践正是过去40年中国实践的生动写照。特别是顺德人"敢为天下先"的改革精神和探索勇气，仍然是中国特色社会主义新时代所需要的精神品质。这样的精神品质从何而来？它在民间有何根基？这是本书探寻的第三个主题。

我们通过亲历实践、阅读文献、收集史料、实地访谈以及切身感受，向人们展示我们所理解的顺德发展模式，那就是：转变政府角色、明晰保护产权、龙头企业带动、尊重市场规律、敢为人先精神。顺德的价值，不仅仅是贡献令人惊讶的GDP，更是贡献基层政府智慧和商业智慧。顺德辉煌的背后，是曾经凤凰涅槃的迷茫和彷徨，是曾经付出的艰辛和代价，是曾经摸索的创新和变革。

顺德，以顺德人持续不断的努力，成为中国经济发展的一个缩影，成为践行中国改革开放的一个样板。

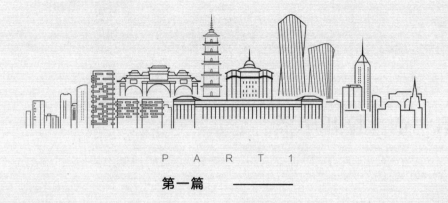

PART 1

第一篇 ———

选 择

　　40年前人们所要面对的并不是如何判断机会,而是判断如何承受风险。没有人知道一旦做出选择后,要遭遇的挑战是什么,结局又会是什么。在一个完全陌生的领域,朦胧中看到曙光,一线生机如何幻化出彩霞满天?答案只在做出选择的行动中。

第一章　拉开序幕

三来一补

1978年5月，一位名叫杨钊的香港客商通过罗湖口岸来到了珠三角腹地的顺德县。三个月后，设在顺德容奇镇的"大进制衣厂"正式开工。顺德人普遍认为，这是中国内地第一家真正的"三来一补"企业。2007年出版的《习仲勋主政广东》一书中有明确的界定："在宝安，习仲勋还先后参观了两家来料加工厂，应该说，这是新中国成立后最早的'三来一补'企业，一家是沙头角的塑料花厂，另一家是皇岗的假发厂。"习仲勋这次考察深圳的时间是1978年7月5日至10日，当时这两家工厂已经在做"三来一补"业务。㊀

"三来一补"是打开国门的第一条缝隙，在历经20多年的封闭、10年的政治挂帅和阶级斗争之后，这个敢于将"资本家请进来，让社会主义的工人、农民为资本家打工"的举动，无疑是一个充满风险的惊人之举，其中也蕴含着内涵丰富的冒险精神。作为对外开放的一个大胆尝试，其深刻的探索意义和精神内涵必然成为各地争相关注的焦点。

"三来一补"是一件颇具政治意义和象征意义的事情。

㊀ 《习仲勋主政广东》编委会. 习仲勋主政广东[M]. 北京：中共党史出版社，2007.

与农民熟悉的"包产到户"相比,"三来一补"不仅需要更多的商业经验,还需要专业的国际贸易知识。在当时刚刚粉碎"四人帮","两个凡是"的思想还没有破除,广东各地还没有全面开展真理标准问题大讨论,往来香港还需要严格审批的情况下,靠几个农民或基层组织,真能搞得起"三来一补"吗?且不说从外商投资引进设备,到外商提供订单来样加工,然后再将产品运到香港,最后再用外汇结算的补偿贸易,这一整套复杂的程序,仅仅是每一批订单几千打的衣服要装船运往香港,也要经过外贸、海关、边防等各个部门的层层把关与严格审查。如果没有拿到合法的手续,一经发现,就一定会扣上"投机倒把"的大帽子,付出惨重的代价。

虽然在杨钊来到顺德前的一个月,顺德县已成立了"摘掉右派分子帽子领导小组",到月底已经全部摘掉右派帽子,但还有一些冤假错案,特别是许多华侨与港澳台同胞的平反工作,还要到一年之后才能落实政策,而"投机倒把"这个含义笼统、边界含混、量刑无度的罪名,要到30年之后的2008年才能正式废除。

在当时的情况下,偷渡香港仍被视为"叛逃",而将没有国家计划的物品运往香港则无异于"走私。"仅凭一个香港商人和一个乡镇政府,绝对不可能打开一条对外开放的缝隙。那么,当年的"三来一补"到底是怎么开局的呢?

30年后,南下顺德的老工程师李少魁做了大量的研究,才让这段不为人知的往事,逐渐呈现出了历史的真实面貌。30年前,正值盛年的他受改革开放的感召,从青海省工业厅辞职,南下顺德,进入当时正如日中天的广东珠江冰箱厂(科龙集团),做了一名机械工程师,在历经形形色色的科龙风波和人事变动之后,从科龙辞职,在容奇镇开了一家质量管理咨询公司。

2011年,李少魁向顺德政府建议在容奇大进制衣厂原址,建设

"三来一补"纪念馆。在顺德区委宣传部和社科联支持下，成立了一个由李少魁牵头的课题组，历经两个月的调查走访，完成了一份结题报告书。这份报告通过对当事人的访谈和关键性档案资料的搜集得出结论。

结题报告得的结论是："三来一补"是1978年十一届三中全会之前，在广东省委的直接指挥下，在国务院领导和相关部门的鼎力支持下，在我驻港机构的长期筹划、牵引下，爱国港商和顺德县基层干部发挥集体智慧，上上下下共同创造的一种新型的、与国际接轨的经济生产模式，是中国经济社会开放的一个重要创新。[一]

根据前文所述，"三来一补"在顺德之前就已存在于深圳的两家企业，顺德显然不是第一。这个结题报告的重要之处在于，让我们了解到，顺德的"三来一补"是一个"自上而下"的过程，而被确认为第一的2家宝安工厂，则成为"三来一补"这个极具政策性事件的民间首创。

"自下而上"与"自上而下"

现在，让我们来看看这个过程是怎么发生的。

2011年6月6日，李少魁带着项目组在北京海军总医院采访了原广东省革委会副主任黄静波。黄静波说："你们这个'三来一补'，毫无疑问是习仲勋同志抓的试点。这是个常识问题，否则，你怎么报上去？我们党，我们的干部，对于不熟悉的东西，对于新生事物，历来都是先搞好试点嘛！"[二]

黄静波是陕甘宁边区的老红军、老同志，也是习仲勋的老部下。1978年初春，当习仲勋结束了长达16年的下放生活重新复出时，黄

[一][二] 李少魁. 第一块石头[M]. 顺德：顺德区社会科学界联合会, 2011.

静波也刚刚出狱。他是因为对林彪、"四人帮"的倒行逆施发表了不同意见，讲了自己的看法而被投入监狱的。后经王震的营救和努力才无罪释放。1978年4月，中央决定黄静波与习仲勋共赴广东，担任广东省革委会副主任。临行之前，习仲勋听说安徽省委书记万里正在肯定和推动"家庭联产责任制"，于是派自己的夫人齐心与黄静波去安徽请教取经。然后，他们才在习仲勋之后，辗转抵达广东。㊀

黄静波在20世纪80年代调任青海省省长、省委书记。他在北京海军总医院的病房里接受了顺德课题组的访谈，留下了弥足珍贵的历史资料。他还对课题组说："我在广东省四年的工作期间，曾经四次到过顺德，都是黎子流书记陪同的。我对顺德印象比较深，养殖业搞得好，出口创汇搞得好。"㊁

此时的黄老已是94岁高龄，一生足迹遍及西北、东北、华南等地，却对广东、顺德的印象如此深刻。"养殖业搞得好，出口创汇搞得好"，看似两件事，其实是一件事，因为当时顺德的养殖业产品主要供给香港，换取外汇。

外汇，对于改革开放之初的中国来说，如同一个失血过多的病人急需的血液。创汇也是当时中央交给广东省委的主要任务之一。除此之外，还有一项更加紧迫的任务："广东问题比较复杂，还有大量的冤假错案没有平反。因此，叶剑英考虑，准备让习仲勋这位资格老、级别高、从政经验丰富的干部坐镇广东，由他主持广东省的日常工作。叶剑英与华国锋、邓小平等人交换意见后，中共中央即决定派习仲勋到广东担任党政重要职务，习仲勋听到分配到广东'把守南大门'（胡耀邦原话）的消息，深感责任重大。"㊂

㊀ 《习仲勋主政广东》编委会. 习仲勋主政广东[M]. 北京：中共党史出版社，2007.
㊁ 李少魁. 第一块石头[M]. 顺德：顺德区社会科学界联合会，2011.
㊂ 《习仲勋主政广东》编委会. 习仲勋主政广东[M]. 北京：中共党史出版社，2007.

第一篇 选 择

1978年4月5日,习仲勋到达广州。上任伊始,习仲勋就雷厉风行地开展了真理标准大讨论,并在全省上下迅速开展整风运动,推动联产承包责任制,平反冤假错案,筹办经济特区,为广东在改革开放中先行一步"杀出一条血路",统一了思想,奠定了基础,开创了广东新局面,为全国的改革开放起到了"敢为天下先"的示范作用。

在主政广东两年零八个月的过程中,调整农村产业结构、加快出口创汇、提高农民收入始终是习仲勋最关心的问题,而开展外贸加工装配业务,无疑是一个最有效、最快的途径。他说:"鱼米之乡没鱼吃,水果之城没水果,群众议论纷纷,有些地方甚至怨声载道。现在的确到了非解决不可的时候了。"⊖

1978年7月,习仲勋到广东刚刚两个月,就来到了宝安。此时的深圳,还是宝安县下面的一个小镇。但宝安已经引起了全国的关注,原因是日趋严重的"偷渡外逃"现象。据官方统计,从1954年到1978年,广东全省发生偷渡外逃56.5万多人次,逃出14.68万多人。到1978年,由于香港经济持续发展,内地人了生活水平与香港的差距越来越大,因此在1978年和1979年上半年,出现了最为严重的"偷渡外逃"高潮。1977年11月17日,邓小平在听取广东省委汇报时就指出:"这是我们的政策有问题,不是部队所能管得了的。"他还说,"逃港,主要是生活不好,差距太大。"第二年他在四川考察时又一次指出:"我在广东听说,有些地方养三只鸭子就是社会主义,养五只鸭子就是资本主义,怪得很!农民一点回旋余地没有,怎么能行?"⊜

正是这种自上而下的认识,让广东省委有了从根本上解决偷渡问题的胆识和勇气。习仲勋在宝安之行中说:"这是我第一次来到宝安,总的印象是香港九龙那边很繁荣,我们这边就冷冷清清,很荒凉。一定要

⊖ 习仲勋. 在省委四届一次党委扩大会议上的总结讲话,1978-06-30.
⊜ 钟文,鹿海啸. 百年小平(下卷)[M]. 北京:中央文献出版社,2004.

下决心改变这个面貌，要在全党统一认识，要尽我们最大的努力，逐步缩小和香港的差距。"他在参观两家来料加工企业时也认为，开展来料加工，赚取加工费，既可以增加集体和个人的收入，也可以解决大量劳动力就业问题，大有可为。㊀他还强调："制止群众性外逃的根本措施是发展经济，提高群众生活水平，首先要抓好对外经济贸易，发展种养业和多种经营，大力组织沙石和土特产、农副产品出口，发展社队企业，引进香港同胞和外商投资办厂，搞来料加工。"㊁

"引进香港同胞和外商投资办厂，搞来料加工"——这是一个公开的、明确的表态，广东对外开放的南风窗就这样被轻轻地推开了一条缝隙。

一个月后，1978年8月8日，顺德大进制衣厂正式投产。

三个月后，1978年10月17日，靠外来资本和设备建立的容奇大进制衣厂正式获得顺德县工商局核准的营业执照。

四个月后，1978年11月下旬，意义深远的中央工作会议在北京召开，在关于对外开放问题的讨论中，习仲勋介绍了广东经验。他在中南组的发言中说，根据中央的指示，广东从港澳引进技术、设备、资金、原料，搞加工装配业务的工作，现正初步开展。到9月底止，签订协议合同近100种，金额3350万美元。

五个月后，1978年12月18日至22日，十一届三中全会正式做出了改革开放的重大历史性决定，一个全新的时代开始了。

一年后，1979年9月3日，国务院颁布《开展对外加工装配和中小型补偿贸易办法》。从此，"三来一补"正式走到了光明正大的阳光下，如果说前面推开的是一扇窗，那么这次推开的则是一扇门。从此，"三来一补"作为一种粤港澳优势互补的经济形式，将港澳的资本、技术及市场优势与广东的人力资源优势迅速结合起来，很快就席卷南粤大

㊀㊁《习仲勋主政广东》编委会. 习仲勋主政广东[M]. 北京：中共党史出版社，2007.

地，将广东推向了改革开放的前沿。

查阅1978年顺德第一家"三来一补"企业的创办过程，背后始终活跃着中国纺织品进出口总公司广东分公司、新华社香港分社、香港新华银行等国家机构的身影。第一份合同的实际签约方是大进国际贸易（香港）有限公司（甲方）与中国纺织品进出口总公司广东分公司（乙方）。顺德容奇镇只是双方选定的一个合作方。前期的接触与谈判过程主要由甲乙双方完成，最后将厂址定在了顺德。由此可见，这是一份经过广东省委和国家有关部门严格审核把关的合作方案。选择顺德的原因，除了容奇港可以直通香港之外，也不排除另外一个考虑，规避宝安外逃之潮。毕竟，陷于偷渡漩涡中的宝安太引人关注了。

对此，原顺德县革委会主任、县委书记黎子流在接受李少魁采访时的一段话也许可以作为参考："顺德县农副产品出口一直搞得很好，20世纪70年代就是国家外贸战线的先进县。所以，省纺织品进出口公司找到顺德承接来料加工装配业务是顺理成章的事情。当时的限制很死，不能借外债，更不可能租赁进口设备，在那个条件下，没有中央批准，不通过国务院，顺德县、广东省都不可能办成任何涉外的事情。"⊖

1979年6月12日，顺德县革委会向习仲勋、杨尚昆做了一次正式的书面汇报，在这份题为《开展来料加工业务大有可为》的汇报材料中，全面回顾了8个月以来的情况：收取工缴费1 276 234港元，其中扣除偿还设备款281 337港元，实际外汇收入为993 383港元，折合美钞210 599美元。按照政策，企业有15%的外汇留成指标，有31 589美元。与此同时，还解决了720人的就业，工人月均工资52~56元。产品已销往美国、西德、我国香港地区。

这仅仅是一个开始。三年之后，大进制衣厂已完成了外商投资设备款偿还，走上了自主发展的道路。到1991年，大进制衣厂已成为一家

⊖ 李少魁. 第一块石头 [M]. 顺德：顺德区社会科学界联合会，2011.

员工2300人,年产值8135.5万元,年上缴利税534.4万元的企业。在20世纪80年代中期的顺德,像大进制衣厂一样的"三来一补"企业已达到600多家。

20世纪80年代后,随着《开展对外加工装配和中小型补偿贸易办法》的全面实施和对利用外资的进一步放宽,大量进入珠三角的港澳台投资,选择了离香港更近、交通条件也更加便利的东莞,而顺德在注意引进外资的同时,开始大力发展本土乡镇企业,创造了一种与东莞完全不同的发展模式。

从宝安的"自下而上"到顺德的"自上而下",这个过程显示出政府顺应需求,开放打开的决心。当中央发出"改革开放"的构想之时,如何走出一条可行的路,需要地方政府管理者和敢于冒险先行者拿出自己的方案,同时,他们也要为自己的前途负责,担当风险。这有时意味着突破某些既定的规则,但是又要获得认可与支持。顺德人拿出了自己的行动方案,随后展开了属于自己的新篇章。

最艰难、最沉重的那一扇国门已经被推开,太平洋的南风扑面而来,接下来就要看顺德这个小地方的大作为了。

第二章 归来的"英雄"

离开与归来

"1947年,杨钊生于广东惠州西子湖畔,1976年,未满30岁的杨钊来到香港,进入一家制衣厂当杂工。"这是我们目前能够找到的关于杨钊早年情况的很有限的资料。

没有人知道,在1976年,杨钊是怎么到香港的。但我们现在能够知道的是,当时如果没有过硬的关系,一个内地农民要到达香港,唯一的途径就是偷渡。在当时,这可是一种叛国行为。

杨钊的出生地惠州,一向是偷渡最严重的地区之一。顺德虽离香港还有较远的距离,但也从来不乏偷渡者。编纂于1996年的《顺德县志》对于偷渡的记录语焉不详,既不使用"逃港",也不说"叛逃",只说是"偷渡港澳",而且惜墨如金。即便如此,仍然有迹可循,在"打击刑事犯罪"一节中有如下记录:1954年年初,查获伦教一个有20余人参与的从香港走私货物入境,偷运地主、恶霸和反革命分子出境的团伙犯罪大案。㊀

与改革开放之后珠江三角洲各地想方设法让居民更加方便地来往港澳的情况完全相反,在此前相当长的时期内,公安部门的一个重要职

㊀ 顺德县地方志编纂委员会.顺德县志[M].北京:中华书局,1996.

责，就是想方法设法阻止内地居民去港澳，也不让港澳居民来内地。

据《顺德县志》有限的记载，顺德人员违法偷渡港澳或国外，始于1953年，以后逐年增多，1962年达到131宗，486人。1963年起又由农村蔓延到乡镇，还有机关干部和职工也加入其中。为防止偷渡外流，从1962年起，成立收容站，专门收审、教育、遣送偷渡外流人员。到1978年，在仙塘、均安、杏坛都设有收容分站。㊀

"广东群众偷渡外逃到港澳，这是广东的一个特殊问题，也是一个老大难问题。"㊁

如今看来，习仲勋1979年6月20日在惠阳地委反偷渡会议上讲的这句话意味深长。所谓特殊性就在于它是两种社会制度的分界线，是两地人民生活水平的对比线，同时也是内地政治气候的高压线。所谓老大难问题，就在于它首先是一个思想问题和观念问题，当时很多人都把偷渡问题看成是敌我矛盾，忽略了背后的经济因素。只要思想解放了，观念变革了，这个问题也就迎刃而解了。

20世纪80年代之后，偷渡潮似乎在一夜之间，如潮水般退去。政策放宽了，土地承包了，农民看见希望了，这条高压线也就不值得再去触碰了。

跟随着杨钊的步伐，一批又一批的港澳同胞跨过往日戒备森严的边防线，走进了深圳，走进了东莞，走进了顺德，走进了广东。他们不仅带来了资金和设备，也带来了订单和技术，更重要的是他们背后庞大的国际市场和成熟的国际贸易平台与信息渠道。

他们中，当然也不乏早些年偷渡出去的"逃犯"。在东莞，曾经大约有20%的青年偷渡到了香港，现在他们回来了。一位原公社党委书记说："我们现在对他们另眼相看。"10年前，他的主要职责之一，就是

㊀ 顺德县地方志编纂委员会. 顺德县志 [M]. 北京：中华书局，1996.
㊁ 《习仲勋主政广东》编委会. 习仲勋主政广东 [M]. 北京：中共党史出版社，2007.

防止偷渡和拘押偷渡犯。"过去我们把他们当作坏人,但现在我们认为他们富有冒险精神,才能出众。"10年后这位书记成了县政府官员,职责是联系以前偷渡到香港的人,鼓励他们回来投资。据东莞官员估计,与香港签订的合同中,约50%是与原来的东莞人签订的。㊀

顺德的情况与东莞有所不同,由于地理上距离香港更远,偷渡出去的人显然没有东莞那么多。但顺德是著名的侨乡,全县共有华侨与港澳同胞40多万人,分布在50多个国家和地区,其中港澳地区约有30万人,他们的亲人遍布全县各个村镇。而当时顺德全县才有80万人口,华侨与港澳同胞几乎相当于全县人口的一半。

顺德华侨及港澳同胞极富爱国爱乡精神,在历史上曾热心支持国民革命、抗日战争与解放战争。新中国成立后,还组建华侨投资公司兴办企业。在1961~1962年经济困难时期,他们也曾慷慨解囊,购买化肥、农具、车辆支持家乡建设,为家乡亲人汇钱送物改善生活。可以说,这些人都是人们心目中的英雄,他们早年背井离乡,在异地他乡辛苦打拼,功成名就之后还是情牵故土,不忘初心。

信任与英雄

但是,与全国其他地区一样,20世纪60年代以来,特别是"文化大革命"期间,顺德也有许多归侨和侨眷因"海外关系"而受到诬陷、迫害,还有很多华侨的房屋、财产被没收,极大地伤害了他们的感情。

在这种情况下,一旦政策向着有利的方向发展,顺德就立即行动起来,成为广东省内最早落实侨务政策的地区之一。而且,落实的方式也颇有深意。

㊀ 傅高义. 先行一步:改革中的广东 [M]. 凌可丰,丁安华,译. 广州:广东人民出版社,2008.

第二章 归来的"英雄"

1978年5月，顺德县委县政府召开批判极"左"路线大会，参加的干部和归侨、侨眷代表1000多人，县委组织部当众烧毁了干部"海外关系"登记表，重新宣传"一视同仁"的政策。㊀

紧接着，又经过调查核实，改变华侨、港澳地主和华侨富农的成分，其中包括华侨地主404户、富农202户、港澳地主984户、富农295户。与此同时，积极落实华侨房屋政策，退还和赔偿华侨房屋财产。㊁

这些消息很快传到海外和港澳地区，极大地激发了港澳同胞和海外华侨支持家乡建设的热情。他们在全县举办了许多"三来一补"企业和"三资"企业（中外合资企业、中外合作企业和外商独资企业），至1991年，全县三资企业共636家，实际利用外资2.17亿美元。㊂

与此同时，港澳和海外乡亲的各种捐款，也为刚刚开始城市化进程的顺德注入了源源不断的动力。据不完全统计，从1980年至1990年间，侨胞及港澳同胞独资兴建或与县内合作扩建中学24所，小学91所，幼儿园51所，图书馆2所，还设立了各类奖教奖学基金会32个。除此之外，截至1991年，全县共接受海外乡亲捐款3.72亿港元，这些捐款除用于教育外，还新建、扩建医院、医疗站40所，修筑乡村公路239公里、桥梁95座、会堂9座、康乐体育中心6所、敬老院16所。㊃

正是由于有了这些捐款解决燃眉之急，顺德县政府才能集中更多的财政资金修筑"五路八桥"等更大的工程，成为当时全国公路网最密集的县，修建了全国第一座县级公路立交桥、全国第一家县级四星级的宾馆，拉开了城乡一体化建设的大幕，一个又一个特征明显的专业镇如雨后春笋般拔地而起，融入了世界产业分工的链条。

在此过程中，有几个香港商界的知名人物为顺德今后的发展起到了

㊀ 招汝基，邓俭，李允冠，杨文灿. 先行者的30年：追寻中国改革的顺德足迹[M]. 北京：新华出版社，2008.

㊁㊂㊃ 顺德县地方志编纂委员会. 顺德县志[M]. 北京：中华书局，1996.

重要作用，产生了深远的影响。

翁祐，顺德伦教人，香港蚬壳电器工业（集团）有限公司主席。1978年开始，他先后投资2亿多港元，与顺德北滘镇合作兴办了蚬华电器制造厂和蚬华微波炉厂。可以说，正是他为早期顺德家电业的发展奠定了一块最重要的基石。

同时，作为香港顺德联谊总会首席荣誉会长，他在支持顺德建设方面不遗余力。早在1983年，他便捐资在家乡伦教兴建翁祐中学，历任校董会主席，并设立奖教奖学金。此外，还捐资助建羊额何显潮纪念小学、伦教中学、北滘中学、杏坛南朗小学、顺德医院、顺德体育中心、顺德市慈善基金等，其中，他于2000年捐巨资2000万元助建顺德职业技术学院，历年来捐资总额超过3500万元。

李兆基，顺德大良人，香港著名地产发展商，恒基兆业、中华煤气主席，新鸿基地产发展有限公司副主席。2016年1月《福布斯》杂志公布的香港富豪榜第二位，排名仅次于首富李嘉诚。李兆基一生致力于公益事业，捐资遍及世界各地，仅在顺德就捐资超过亿元。其中包括1978年与郑裕彤先生一起捐资180万元扩建顺德华侨中学，1980年捐资310万港元兴建"顺德医院"，1991年捐赠500万港元助建顺德体育中心，1994年与郑裕彤各出资8000万元人民币兴建两所高级中学——"顺德李兆基中学"和"顺德郑裕彤中学"。1996年，顺德举行首届教育基金百万行，已是世界第四大富豪的李兆基不但捐资，而且亲自参加全程活动。

郑裕彤，顺德伦教人，香港新世界发展有限公司首任主席，香港周大福珠宝金行有限公司名誉主席，香港恒生银行董事。2010年3月，《福布斯》杂志公布他是香港第三大富豪。郑裕彤在伦教投资兴建的周大福珠宝首饰加工厂，奠定了今天伦教珠宝首饰产业的基础。他在顺德投资兴建的新世界酒店长期以来都是代表顺德城市化与国际化的地标性建筑。改革开放以来，郑裕彤累计为顺德教育、卫生、养老等各项事业捐资逾2亿元。

可见，正是边防线上的开放，成为农村工业化的第一驱动力，将源源不断的血液和力量输入了急需资金的顺德。

港澳同胞和海外华侨不仅在顺德投资办厂，推进了顺德的工业化进程，同时还大量捐资修建学校、医院、图书馆等基础设施，极大地促进了顺德的城市化进程。

与后来主要面向国内市场的乡镇企业不同，"三来一补"企业从一开始就让顺德站在了国际贸易的链条上，让顺德人参与到了国际性的产业转移与产业分工之中，开阔了眼界，增长了见识。

实际上，关于海外侨胞、港澳同胞对广东改革开放中的巨大作用，广东省委和中央也都有着清醒的认识。1979年4月，习仲勋在中央工作会议上就提出："广东邻近港澳，华侨众多，应充分利用这个有利条件，积极开展对外经济技术交流。这方面，希望中央多给点权，让广东先走一步，放手干。"⊖

这是一股强大的驱动力，它的强大之处就在于上下齐心，里应外合。顺德之所以崛起，与这些归来的"英雄"密不可分。他们的到来，无疑让人们看到了政府的决心，看到了希望，更重要的是，看到了完全与过去不同的政策环境，以及真正的改变。 正是在这股力量的驱动和感召之下，一大批昨天还在田间地头春耕秋收的农民，纷纷洗脚上田，与归来的"英雄"们一起，放眼世界，踏上了波澜壮阔的农村工业化历程。

⊖ 《习仲勋主政广东》编委会. 习仲勋主政广东[M]. 北京：中共党史出版社，2007.

第三章 农村工业化

对于任何一个国家来说，工业化都是现代化的前提和基础，没有工业化就没有现代化。

在人类历史上，工业化是一个漫长的过程。如果从18世纪30年代英国工业革命算起，至19世纪30年代，机器大工业在生产中占据统治地位，标志着英国产业革命初步完成，那么，英国的工业化过程持续了大约100年。

在此过程中，美国、法国、德国等西方国家相继进入工业化过程，至18世纪80年代基本上完成了工业化。在亚洲，日本自明治维新后开始工业化进程，到19世纪初，也基本上完成了工业化。至此，世界主要资本主义国家历经大约200年的时间，完成了工业化过程。

中国的工业化，如果从清末洋务运动算起，至1949年新中国成立前，经过近百年时间的缓慢发展，仍然没有建立起现代工业体系，工业的基础也十分薄弱。1953年，新中国第一个"五年计划"明确提出社会主义工业化。一直到1978年改革开放前，历经25年的发展，才基本完成了国家工业化的原始积累，但仍然没有改变我国是一个农业大国的基本面貌。

新中国的工业化历程充满了曲折与痛苦，其结果是通过农业集体化的高积累和城乡剪刀差的高利润来实现的。在城乡二元格局下，一方面，城市工业特别是重工业得到了高度重视和快速积累；另一方面，广大农村和农民被束缚在人民公社的土地上，通过国家统购统销，以极端低廉的农产品价格换取高昂的工业品，甚至饿着肚子支援城市的工业发展。

以这样的方式，经过20多年的发展，新中国才逐步建立起较为完备的工业体系。在此过程中，逐步建立起来的涵盖各个重要生产领域的大型国有企业和遍及全国各地的社队企业，是一笔丰厚的历史财富。前者是国民经济的命脉，是国计民生的大业；而后者则为中国民营企业的发展提供了坚实的基础。这些在当时还默默无闻的企业，将成为今后中国参与国际竞争的两支生力军。

但是，一个值得注意的问题是，中国在改革开放之前的工业化积累，是在与世界经济完全隔绝的情况下，通过内部的动力和城乡之间的自我循环来实现的。

改革开放之后，中国努力融入世界。一方面，世界经济的冷暖变化对中国产生着影响；另一方面，中国又要夯实自己的经济基础。**40年来，不管一部分人竭力追捧也好，反复唱衰也罢，中国依然按照自己设定的目标和自己设定的道路，义无反顾地勇往直前。**

这不能不说是世界经济史上的一个奇观。就连诺贝尔经济学奖获得者罗纳德·哈里·科斯（Ronald H. Coase）也认为，中国的经济发展，无法用传统的西方经济学来解释。

哈佛大学中亚研究所创建者费正清（John King Fairbank）晚年时也认为，西方学者普遍公认的"冲击—反应模式"无法解释中国的现代化过程。他说，中国的现代化发展，很可能不是"冲击—反应"的结果，而是自身内在基因变革和内在发展冲动的结果。所以，中国的现代化道路具有它自身的内在性和动力源。

那么，这种动力和需求，或者说是内在性和动力源到底在哪里呢？

中国很大，千头万绪；顺德很小，却是个极具代表性的地方。我们

研究顺德40年发展历程的目的就是，试图通过剖析顺德，发现一些中国县域以及小城镇走向现代化的基因图谱。

南国丝都

历史总是在不经意处留下一些伏笔，为后来者提供必要的路径和依据。如今，当我们回过头来仔细翻阅以往的历史时，才发现市场经济的因素早就蛰伏在顺德这片土地上，几经涌动，几经沉浮，终于在一个伟大的时代里变成了春雷震动的大潮、实业兴邦的梦想。

历史上，顺德县因为人多地少，很早就开始了从自给自足的自然经济向商品性农业发展的过程。史料中不断出现的"毁稻树桑"，就是这一变化的标志性事件。

早在宋代，由于中原战乱，北方移民不断南迁，珠三角地区的人地矛盾日渐显现。位于珠三角腹地的顺德、南海等地，由于土地肥沃，自然条件优越，移民数量更多，人多地少的矛盾也更为突出，传统的农业生产已经无法满足越来越多的粮食需求。

爆发于明正统年间的黄萧养起义，直接原因之一就是人口与土地矛盾尖锐而引发的沙田争斗。起义失败后，朝廷为加强对起义策源地的管治，于明景泰三年（1452年），"割南海三都膏腴之地"，设立顺德县。

既然是"膏腴之地"，则必然是人口稠密地区，加之建县较晚，所辖面积也只有806平方公里，是珠三角各县中面积最小的县。但是，顺德人口增加却非常迅速。景泰三年（1452年）建县时只有7万人，嘉庆二十三年（1818年）已达到近49万人，道光二十九年（1849年）达到103万人，宣统元年（1909年）又增至135万人。[一]

伴随着人口的增加，沙田开发面积不断增加，由此引发的争斗也日

[一] 顺德县地方志编纂委员会. 顺德县志[M]. 北京：中华书局，1996.

趋激烈。特别是顺德与香山（今中山）之间的沙田诉讼，不绝于史书。其中一个极端的例子发生在明末清初。

那一年，浙江进士周齐曾被朝廷派到顺德出任县令，他在上任途中就听说了崇祯皇帝在煤山上吊自杀的消息，强忍悲愤，来到顺德，闭门不出。后来他了解到香山与顺德互争沙田的很多官司都被积压下来无法处理，于是他一反常态，雷厉风行，将香山的地主豪强数十人捕拿归案，沉入江中溺毙。最终，周齐曾被革除官职时，顺德县百姓为表达抗议，连续几天关闭城门和罢市。○

由此可见，越来越多的人口使土地越来越显得珍贵。于是，人们一方面开始大规模地进行沙田围垦，不断增加土地面积；另一方面开始想方设法提升单位土地的产出效益。他们开始发展养鱼业和果木种植业，提升土地的产量，增加商品性农业收入，再通过地区间的交换获取粮食。在此过程中，结合兴修水利，筑堰为塘，叠土成基，发展出了"塘中养鱼，基上种树"的基塘农业，这种"果基鱼塘"的开发，使花果种植业有了较快的发展，商品经济就此萌芽。

进入明代嘉靖朝以后，由于受到丝绸大量出口的影响，国内外市场对蚕丝的需求不断增长，刺激了蚕桑业的快速发展。在顺德，果基鱼塘的生产方式日益向桑基鱼塘转变，形成了"塘中养鱼，塘基种桑，桑叶养蚕，蚕沙（粪便）养鱼，含有鱼粪的塘泥又作为桑基肥料"的良性循环的人工生态系统。

与果基鱼塘相比，桑基鱼塘的生产效率更高，民间也有"桑茂、蚕壮、鱼肥大，塘肥、基好、蚕茧多"的评价。据说，这种生产模式后来被联合国教科文组织列为全球农业文化遗产，申报者是浙江湖州。

由于生产效率的提高和需求量的增长，清乾隆至光绪年间，顺德

○ 科大卫. 皇帝与祖宗：华南的国家与宗族[M]. 卜永坚，译. 南京：江苏人民出版社，2010.

曾两度掀起"挖田为塘,毁稻树桑"的高潮。到光绪末年,全县有桑基 30 万亩㊀,鱼塘 20 万亩,占全县耕地总面积 91 万亩的 55% 以上。塘鱼、桑蚕、蚕丝三项年产值达 12 760 万两白银。

顺德人"毁稻树桑"的积极性如此之高,主要是因为种植水稻的收益远低于桑蚕养殖业。

据《广东新语》记载:"茧即成,大蚕茧四千,小者六千,可获丝一斤……计一妇之力,岁可得丝四十余斤。桑叶一月一摘,摘已复生,计地一亩,月可得叶五百斤,蚕食之得丝四斤。家有十亩之地,以桑以蚕,亦可充八口之食矣。"㊁

后世学者据此推断,当时一亩地种植水稻与养殖桑蚕的收益之比是 1∶3。农学家根据《广东新语》的记载,也认为珠三角蚕桑产量高于江南地区。㊂

但是,桑基鱼塘无论有多么完美,它都不是一个封闭的内循环系统。因为桑基鱼塘本身并不能生产稻米,还需要大量的粮食输入才能维持它的生产和循环。因此,桑基鱼塘必须依赖开放的市场和贸易,与之相伴随的是各类乡村墟市的增加和交易的活跃。

随着桑蚕业的发展,顺德逐渐成为珠三角地区最主要的蚕丝贸易基地。清末,墟市数量明显增加,同时还涌现了一批以蚕丝贸易为特色的专业化墟市。至民国初期,已形成了容奇、伦教、水藤、甘竹、桂洲、勒流、陈村、乐从、杏坛、龙江尾等 11 个远近闻名的蚕丝集散市场。

桑蚕业的兴盛带动了手工缫丝业的发展,19 世纪开始,西方机器缫丝技术被逐步引入顺德。同治十三年(1874 年),顺德第一家机器缫丝厂在龙山建立,带动全县机器缫丝业迅速兴起,到光绪十三年(1887

㊀ 1 亩 = 666.667 平方米。
㊁ 屈大均. 广东新语 [M]. 北京:中华书局,1985.
㊂ 吴建明. 南国丝都:顺德蚕桑丝绸业发展史研究 [M]. 北京:人民出版社,2011.

年），全县丝厂已达42家，宣统三年（1911年）达142家，成为广东蚕丝业的主要生产基地。

据《顺德县志》载：清宣统年间，较大型的机器缫丝厂142家，产业工人6万多人，20世纪20年代初丝业全盛时期，机器缫丝厂135家，踩絚手工场200多家，丝织厂400家以上，晒莨厂500多家，工人八九万人。还有其他各类手工业者，共有两三万人。

有人据此推断，当时仅顺德一地的产业工人总数已超过上海，是中国工业化程度最高的地方。[一]

实际上，顺德大部分在工厂中劳动的工人并非"一无所有的劳动者"，他们的特点是离土不离乡，其中相当一部分还有鱼塘、桑田及工具和房屋等生产资产和私有财产，在工厂中的工资收入也不是唯一的经济来源。因此，他们与上海的产业工人还是有一定区别的。

让人感慨的是，这种"离土不离乡"的特点将在以后乡镇企业的崛起过程中发挥独特的作用。实际上，这也是中国农村工业化的最大特点和最重要的基础。

为了将生丝运往广州等地，水路交通运输也有了很大发展，出现了"一船丝远出，一船白银归"的景象。丝业的发展也带动了金融，顺德丝业最盛时期，全县有钱庄（银号）44家，占珠三角私人钱庄总数的65.2%，广州50%的银行家和55%的金融资本都来自顺德。[二]顺德被外界称为"南国丝都，广东银行"。

第一次世界大战后，由于国际市场纺织品原料紧缺，生丝价格暴涨，顺德县蚕丝业进入十年鼎盛时期。与此同时，岑国华、薛广森等一批近现代企业家也应运而生，实业兴邦的梦想像基因一样深深地植入顺德的历史文化中。

[一] 吴建明. 南国丝都：顺德蚕桑丝绸业发展史研究 [M]. 北京：人民出版社，2011.
[二] 顺德县地方志编纂委员会. 顺德县志 [M]. 北京：中华书局，1996.

在《顺德县志》中记录了两个颇具代表性的人物：

薛广森（1865—1943），顺德龙江美里坊人。少时读过三年私塾，17岁到香港谋生，在船厂做工，学成一手出色的机械技术。后应聘回顺德在丝厂工作，得到丝商曾秋樵的赏识，委办大良顺成隆机器厂。光绪三十三年，自行招股在乐从开办顺栈机器厂，仍兼顺成隆厂经理，两厂均经营缫丝机械维修配套，业务兴旺。民国元年，与人合作在广州创办协同和机器厂，发现刚问世的柴油机很有发展前途，遂借为英国青龙号油轮检修机器之机，设法将船上柴油机全面拆卸，绘出图纸，测得数据，于民国四年成功制造出第一台国产柴油机。由于对机体结构做了若干改进，遂获得合法专利权，生产规模不断扩大，是为广州柴油机厂的前身。民国七年，薛广森、陈沛霖与梁墨缘（顺德县人，时任三水县西南联商航运公司经理）合作，集股金10万银圆，创办粤海航运公司，全部舰船都率先使用了自产柴油机，占据竞争优势，业务遍及粤桂两省，有力地推动了华南水运业的发展，柴油机也得到了广泛推广，订货量大增。此后，薛广森业务范围涉及碾米、造纸、缫丝、电筒等行业，所到之处，一方面通过现代技术与机器设备的更新提高生产效率，另一方面通过集股和利润再投资，不断扩大生产规模，成为广东商界举足轻重的人物。抗日战争爆发后，因气绝日伪商会笼络，所办企业屡遭打击，终至倾家荡产，举家搬回乡下，在悲愤交加中度完余年。去世后，挚友梁墨缘亲撰挽联"粤海交通领袖，岭南机轴先模"，概括薛广森一生业绩。

岑国华（1886—1942），顺德葛岸西村人。出身蚕农家庭，少时读过两年私塾，早年在广州丝厂做学徒。后回到顺德县自行招股，先后在桂洲和葛岸开办大和生、瑞栈两家丝厂。民国8年（1919年），率先采用日本新式缫丝机，产量、质量得到显著提高，引来同行竞相仿效，带动全省生丝出口量激增。此后又陆续在南海和石湾开办祐昌、永昌两家大厂，还斥资在岭南大学设立生丝研究所，致力改进生产技术。岑国华注重品牌，创立的鸡球牌粗丝和明珠牌、飞轮牌精丝，在国际市场广受欢迎，订货量日增。岑国华抓住时机及时集股扩大生产，属下丝厂发展到18家，同时将业务扩展到广州，直接与各国丝商交易。由于讲究信誉，经营有方，近40家非属下丝厂也长期委托代售，岑国华所经营丝庄、洋行常年营业额在1000万两银圆以上，居全市同行之冠。为资金周折方便，他又在广州十三行开设了四家银号。由于社会声望不断提升，曾一度担任广州商会会长。20世纪30年代，受国际经济危机影响，蚕丝销量日减，岑国华属下多家丝厂相继歇业。广州沦陷后，在香港开设分号，艰苦支撑。1941年太平洋战争爆发后，2000担生丝在运往印度途中被炸沉，香港商号又遭到日军炮轰，不久岑国华去世，年仅56岁。

薛广森、岑国华只是那个时代顺德人中的代表，他们依靠自己的聪明才智，探索了在顺德乃至广东和中国实现近现代工业化的可能性，培养了第一代在现代工厂中劳动的工人，也品尝了第一代中国民营企业家的艰辛，体会了家国民运休戚相关的时代风云和个人沉浮。在国家主权与经济主权并不完整的半封建半殖民地社会，实业兴邦的梦想终究逃不脱历史的宿命。

薛广森、岑国华在事业发展过程中，广泛采用集股方式，成功地将股份制合作引进了顺德，使现代企业组织方式广为人知。同时，他们还参与银号、钱庄、银行等金融业务，推动现代金融业的转型发展，为探索金融业与实业的融合发展做出了有益尝试。

60多年之后，当顺德以石破天惊的"产权改革"引起举国关注时，我们似乎可以从这一段历史中发现顺德人对于"产权"的重视由来已久。同时也可以看到，**正是由于产权关系的清晰和明确，决定了20世纪初顺德蚕丝业的兴盛，也决定了20世纪末，顺德民营企业的异军突起。**

社队企业

历史上，我国大部分农村地区都处在自给自足的自然经济状态中。但是，农民出于生产和生活所需，利用地区间的自然与经济差异，发展小作坊或其他形式的事业以补充家庭收入的做法也有着悠久的历史。比如，农耕之余的捕猎、打渔、采药、木工、建筑，或外出打短工等。

1949年，新中国成立之初，为了尽快恢复国民经济，对农村事业采取了一系列扶持政策，从而增加了农民收入，活跃了市场。据统计，到1952年，全国农村副业产值已由1949年的11.6亿元增长到18.3亿元，增长57.8%，农民收入增长30%。㊀

1953年起，我国开始实施第一个"五年计划"，提出以实现工业化为目标，在全国范围内实现对农业、手工业和资本主义工商业的社会主义改造，同时要求各地积极发展副事业生产。随着合作化高潮的到来，一些乡镇组织了手工业合作社，一些农业合作社内部组织了事业组、事业队，这些都成为合作社的集体副业，各类能工巧匠则成为农村副业骨干力量，如农村中的铁匠、木工等传统手工业者和熬糖、煮酒、碾米、轧棉花、烧砖瓦、挖煤、做鞭炮等生产者由一家一户的独立经营逐步向集体化发展，办起了依附于农业的小企业。㊁

这种小企业就是后来社队企业的雏形。从1958年毛泽东号召"人民公社必须大办工业"开始，到中央做出"大办钢铁"的决议，社队企业的数量不断激增，遍及中国农村。尽管这些企业因为"一大二公"等原因而效益低下，但在农村工业化、农民办企业等方面的积极尝试却有着非同寻常的意义。

顺德是社队企业发展较快的地区之一。从1949年到1979年的30

㊀㊁ 汤鹏主. 中国乡镇企业兴衰变迁（1978—2002）[M]. 北京：北京理工大学出版社，2013.

年间，顺德全县共有工业和手工业企业3013家。职工总人数20 189人，占全县总人口的4.9%；工业总产值6423万元（1990年的不变价），占工农业总产值的17.82%。这些企业经过社会主义改造，以及后来的调整，构成了三类不同性质的企业。这三种不同类型的企业，在随后的改革开放中走出了三种道路，演绎了三种完全不同的命运。

国营企业　新中国成立初期，顺德县国营工业只有一家，是建于1935年的顺德糖厂；1955～1956年，经过三年社会主义改造后，基本上形成了以县属国营、集体为主的经济结构。到1957年，全县共有国营工业36家，产值9349万元；1965年增加到48家，产值14 301万元，占全县工业总产值的66.13%。1978年，减少为47家，产值3.5亿元，占全县工业总产值的比重下降到37.22%。

县属集体企业　在社会主义改造过程中，先后对全县手工业72个行业的6153家企业、12 594人实行了手工业合作化，组成了100多个合作社与生产小组，经过反反复复的调整，到1976年年底，共有17家企业、4260人，统归县二轻局管理。集体企业在20世纪80年代发展较快，到1991年已达到47家，其中包括万家乐集团公司和华宝空调器厂，年产值9.39亿元，占全县工业产值的8.8%。

乡镇集体企业　顺德县从1954年开始，将大批农村圩镇的手工业者纳入生产合作社。1956年后，规模进一步扩大，开设了一批小工厂、小工场，成为社队企业发展的雏形。到1958年"大跃进"时期，又把各公社、大队有一技之长的手工业者组织起来开办农机修理、农具制作、服装加工、建材烧制等场所。到1958年公社管理的工业企业共2025家，产值3242万元，占全县工业产值的27%。

此后经过反复调整，到1965年，全县社队企业只剩下84家。1966年后，受"文化大革命"影响，社队企业被扣上"资本主义"的帽子，进入发展缓慢期。1975年，广东省委提出"围绕农业办企业，办好企业促农业"，社队企业获得较快发展。到 1978 年，全县共有社镇（街）办企业 268 家，队办企业 1343 家，从业人数 7.84 万人。

更重要的是，这些社队企业已经改变了以前以机械、农具、砖瓦、木器、石料、粮油加工等为主的业务构成，开始涵盖机械、五金、机电、塑料、化工、五金和建材等业务范围，逐步形成了各具特色的优势，很多企业的产品被纳入国家计划。一批产值超百万元、超千万元的明星企业正在积蓄力量。

1978 年年底，当 18 位小岗村的农民在包产到户的"生死状"上按下红手印的时候，一个改变中国的决议也正在北京酝酿成型。1978 年 12 月 22 日，中共十一届三中全会做出了改革开放的重大决定，从此以后，包产到户从偷偷摸摸的行为变成了公开的行为。

实际上，中国农民对包产到户的努力从来就没有停止过。周其仁教授在《改革的逻辑》中说："我们现在知道最早的包产到户，发生在 1956 年下半年的浙江永嘉县，当时也得到了县委领导的支持，但是，高层不能接受，结果是县委书记李云河被革职，遣返老家务农达 21 年之久"。[一]

无独有偶，我们在查阅资料时也找到了发生在顺德的一个同样的案例，"1956 年，时任顺德县副县长兼杏坛区委书记赵汝安，曾在新联北沙、小海等落后社队搞过鱼塘包产到户，佛山地委发现后，下令立即纠正，赵汝安也被戴上'右倾'的大帽子。"[二]

但是，从 1978 年开始，在顶层设计方面致力推动思想解放的大背景下，再也没有什么力量能够扭转历史的潮流了。因为在实事求是的路线指导下，最大的实事就是老百姓的肚子，所以，农村改革的第一动力

[一] 周其仁. 改革的逻辑 [M]. 北京：中信出版社，2007.
[二] 傅高义. 先行一步：改革中的广东 [M]. 凌可丰，丁安华，译. 广州：广东人民出版社，2008.

是农民的肚子!

这是一股强大的力量。它产生在中国最深厚最广泛的地方,代表着最广大的群体,代表着最强烈的渴望,像一股奔腾在地下的熔岩,只需要一个喷涌而出的时机和出口,就会喷发出强大的力量。

珠江模式

1992年3月,著名社会学家费孝通抽出了十天的宝贵时间,在顺德进行了一次实地考察和访问,回去后写下了《珠江模式再认识》一文,系统地阐述了他对顺德乡镇企业的认识和对"珠江模式"的深化思考。

费老此行的主要目的是考察"三来一补"对珠三角乡镇企业的影响,但到顺德后才发现,曾经显赫一时的"三来一补"企业,在顺德只剩下了6家。与此同时,东莞的"三来一补"企业仍然发展得如火如荼,到1990年已达4500家之多。他由此得出一个结论:"如果说东莞所代表的是改革开放后珠江三角洲经济发展的初期状态,顺德所表现的是比初期高出了一个台阶的后续状态。"[1]费老进一步指出:"顺德的发展从时间上说是比东莞晚了一步,大概是从80年代才露头角……但从发展的速度和档次上看,东莞却已落后于顺德。东莞还在逐步从三来一补基础上扩大自主的合资合作方式,而顺德已经造船出海了"。[2]

无论1978年的第一家"三来一补"企业到底是在顺德还是在东莞,事实证明,经过十多年的较量,在"三来一补"的竞争中,顺德确实已经败下阵来。由于东莞距离香港更近,居住在香港的乡亲和偷渡到香港的人也更多,在东莞办厂的港商中至少有一半是回乡的本地人。

---

[1][2] 费孝通. 行行重行行:中国城乡及区域发展调查(下)[M]. 北京:群言出版社,2014.

第一篇 选 择

与此相比,处于珠江西岸的顺德由于受距离和交通的限制,明显不占优势。但也正因为如此,才迫使顺德人发挥商品意识强烈、手工业氛围深厚、社队企业完备等优势,从"借船出海"向"造船出海"转变。

由于顺德集体企业本身的实力较强,在通过初期"三来一补"的尝试之后,并不甘心于让外商在利润上得大头,于是在偿还了外商投资的设备款之后,立即采取了更为灵活的合作方式,组建自主经营的合资企业。同时又通过反求工程,通过仿制、升级、创新等方式参与市场竞争,并逐渐形成了自有品牌。

费孝通将顺德这种"不再以外商为主体利用内地的土地和劳动力进行生产,而是相反地由内地乡镇企业为主体吸收外来资金和先进技术设厂生产"的过程,称为嫁接外资的过程,并称其为从"借船"到"造船"的转化。

他在书中还举了两个例子,引录如下:

顺德县均安镇磁性材料厂就是一个转化的例子,它原来是镇办的生产发电机和柴油机的专业工厂,1982年通过接受港商来料加工磁性材料,学会了压制、充磁技术。1984年自制磁粉获得成功,建成了一个由铁磷为原材料制成磁钢的国产化工厂,现在产值达5000万元,已是国内磁性材料行业里领先的公司。

顺德的北滘镇,被誉为"风扇城"。这地方风扇企业的发展为我们提供了另一个嫁接的具体例子。早在公社时期,北滘镇办了一家生产酱料和塑料热水瓶塞的工厂——裕华风扇。区鉴泉(现在已是全国十大农民企业家之一)1970年出任该厂厂长,由于产品滞销,决定转产做塑料电风扇。他通过香港的顺德老乡学会了技术,并取得了市场信息。1985年他通过外贸公司把产品出口到东南亚,赚取了外汇去国外进口设备,提升了风扇的质量和款式,生产了120万台风扇,占全国风扇总产量的4%,产值近1亿元,为顺德建立了"风扇城"的美誉。裕华风扇又带动该镇创办了

"美的"和"南方"两个风扇厂,并吸引了香港风扇大王翁祐。1989年,他把在香港的厂搬到北滘镇,合资开办了蚬华电器制造厂,年产风扇500万台,产品90%出口。现在顺德出产的电风扇已占到全国风扇的1/7,出口的风扇占了美国风扇市场的20%、加拿大市场的60%。这四家风扇厂都是产出上亿元的乡镇企业。顺德县又创办了像这些风扇厂一样的外向型企业23家,成了20世纪90年代全国工农业总产值最高的县级标兵。

在顺德的观感和体会,极大地改变了费孝通对"珠江模式"的认识。在中国城镇化研究领域,费孝通最早提出了"苏南模式"和"温州模式",此后又提出了"珠江模式"。

苏南模式的特点是以乡镇政府为主组织资源。政府出面组织土地、资本和劳动力等生产资料,出资办企业,并由政府指派所谓的能人来担任企业负责人。这种组织方式将能人(企业家)和社会闲散资本结合起来,很快跨越了资本原始积累阶段,实现了苏南乡镇企业在全国的领先发展。在计划经济向市场经济转轨初期,政府直接干涉企业,动员和组织生产活动,具有速度快、成本低等优势,因而成为首选形式。

温州模式是指以家庭工业和专业化市场的方式发展非农产业,从而形成小商品、大市场的发展格局。小商品是指生产规模、技术含量和运输成本都较低的商品,大市场是指温州人在全国建立的市场网络。

费孝通在1989年提出的"珠江模式"是指珠江三角洲借助邻近香港的地缘优势普遍发展"三来一补"企业,与香港形成前店后厂的格局,可以理解为引进外资和发展外向型经济为主的一种经济模式。

但是,经过这次在顺德的考察后,他认为需要对珠江模式再认识。他主要是看到了珠江三角洲对香港经济辐射做出反应的10年的经过,"他们首先接受港商,采用三来一补的企业形式引进了现代工业,培养了人才,并在这个基础上把外资和现代技术、经营方法嫁接上乡镇企业,扩大了合资企业的范围和方式,创造了具有社会主义性质的集体企业，繁荣了地方经济，提高了综合实力。这些应当说是珠江三角洲城乡经济发展的路子，也就是我们所谓的珠江模式的特点。"①

费孝通还巧妙地借用流行语来表述东莞、顺德、南海、中山四只小老虎各自的特点："东莞是洋枪队，顺德是地方部队，南海是游击队，中山是国家队。"意思是东莞以外商经营的三来一补企业为主；顺德则以镇办企业为主；南海的村办小企业十分发达，成了"满天星斗"；中山则以市属企业为主。从费老的研究中，我们看到了顺德发展的独特性。

改革开放拉开了序幕，每一个人都做出了选择。**顺德的选择得益于它的产权意识以及工商意识，同时，也得益于它坚持走自己的道路。顺德能够走出一条自己的工业化之路，也许是因为顺德人所具有的广阔的市场概念**，它可以与珠三角其他地区，包括港澳开展交往，以顺德为基点，通向四面八方，可以更主动地去响应中央的政策，而不至于被动地受限于自己的地理局限性。他们创造性地依赖于本地企业，并扩展到每一个可能的市场中，由此发展出自己的模式，使得顺德获得了更大的自主发展空间。

---

① 费孝通. 行行重行行：中国城乡及区域发展调查（下）[M]. 北京：群言出版社，2014.

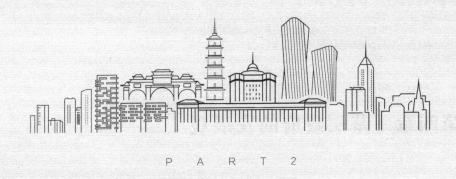

PART 2
第二篇

不要错了大路向

周其仁教授在《挑灯看剑》一书中说:"最危险的是在大时代的机遇面前行差踏错,转错了大路向。"确保不要错了大路向的责任,就落在了顺德政府身上。在改革开放的初期,一个无法逃避的现实是,政府的角色显得极为重要,政府管理者们需要很好地理解中央的方针大略,审慎地理解关乎民众生死的是责任而不是权力,顺应人性与市场,理解发展规律。在一个大变革的时间点,如何做出选择,能否做出选择,关乎着一个地区,以及地区中每一个人的未来命运。

第四章　基层政府的发展观

五子登科

五子登科，本是一句民间俗语，据说来源于《三字经》中的"窦燕山，有义方，教五子，名俱扬"。顺德学者李健明经过13年的考证，终于得出一个结论：《三字经》的作者之一区适子（1234—1324），是顺德陈村人。

如果真是这样的话，历史就有了一段巧合。因为800年之后，有一名来自顺德陈村的官员，因为"五子登科"，同样被人们记住。他也是先后两次在顺德见到邓小平的人。

这个人就是欧广源，是改革开放初期的又一任顺德县委书记。欧广源接任顺德县委书记的那一年，发生了两件事。

第一件事是1992年1月19日，邓小平在从珠海到广州途中来到顺德，在清晖园听取了欧广源等顺德县领导的汇报。时隔8年之后，他在顺德又一次见到邓小平。那次，邓小平问他多少岁，他说44岁，邓小平笑着说，我88岁，大你一倍。

第二件事是1992年3月1日，中央转发的4号文件正式将社队企业改称为乡镇企业。文件明确指出：现有社队企业是农村经济的重要支柱，有些是城市大工业不可或缺的助手；建议社队企业改称乡镇企业……发展多种经营是我国实现农村现代化必须始终坚持的战略方针，乡镇企业是各种经营的重要组成部分，是农业生产的重要支柱，是广大农民走向共同富裕的重要途径，是国家财政收入的重要来源。此后，国家又陆续出台了支持乡镇企业发展的各项规定和措施。

正是在这样的背景下，欧广源提出了他的"五子登科"论。那一年，他和顺德县委县政府一班人到江浙考察，向苏南模式取经，看乡镇企业，看城市建设，受到了很大的震撼。回来之后，经过一段时间的调研和思考，他提出了"五子登科"这个看似风趣而又不失深刻内涵的发展理念。

所谓"五子登科"，就是路子、班子、才子、票子、点子五个当时顺德发展要解决的关键词。

路子——就是要瞄准一个方向，找到一条顺德发展的路径。这条路子就是后来被称为顺德模式的"三个为主"，即以工业企业为主、集体企业为主、骨干企业为主。正是这条路子，让顺德在激烈的竞争中与东莞、中山、南海实现了错位发展，同时又很好地发挥了多年来社队企业的优势。

路子的意思，还包括交通基础设施建设，工业化的发展必须与城市化相配套，但顺德毕竟是个农业县，又是著名的水乡河网之地，交通路网、电力通信、城市建设都严重滞后。

于是，一轮以改善投资环境为名义的基础设施建设工程全面展开。"六五"期间，新建公路153公里，修建桥梁143座，镇级以上公路实现水泥（柏油）化路面。在三洪奇大桥、细滘大桥、容奇大桥修建过程中率先采用港澳同胞贷款、地方集资兴建，并通过收取过桥费还本付息的办法，为加快交通建设闯出了一条新路。后来政府扩建容奇港，并经国务院批准，开通了香港直航。

与此同时，增强电力建设，新增发电能力4.1万千瓦，加快通信设施建设，实现全县电话自动化。为做好外商接待工作，兴建了全国县级第一家四星级的仙泉酒店。同时加强规划，高标准推行县城和城镇建设。

班子——要配强各级党政班子，特别是提拔一批年富力强的年轻干部担任镇委书记。

才子——就是人才。除了引进人才，还包括改革企业人事制度安排，充分调动干部的积极性。

票子——就是要加大招商引资力度，同时借助于银行贷款。

点子——就是用足用活政策，拿出具体措施。

"五子登科"是一个充满了中国基层智慧的总结，智慧之处就在于上承中央政府的重大决策与时代特点，同时又紧扣顺德实际，用通俗易懂的话语表达了一个地方政府在历史转折关头抓住机遇，快速发展的迫切要求。在信息沟通还不便捷的情况下，这些话语很快传遍了顺德的各个地方，并且成为人们的行动指南。

实际上，在中国改革开放的过程中，有很多地方以各种充满民间智慧的语言解释来自北京的官方文件，都产生了非常实用的效果。

三个为主

包产到户的直接结果就是劳动生产率的大幅提升。它带来了两个问题，一是钱多了怎么用的问题，二是人闲了怎么办的问题。

第一个问题，过去在"以粮为纲"的限制下，农民无法因地制宜，种什么、种多少都要听命于上级下达的指令，干多干少一个样。包产到户后，农民的生产积极性增强，一方面可以通过精耕细作增加产量，另一方面可以通过家庭养殖和多种经营增加收入。于是，一批养殖户、专业户、万元户、致富能手纷纷涌现，农民手里有了多余的钱，实现了资本的原始积累。

第二个问题，顺德人多地少，劳动生产率提高之后，产生了大量农村富余劳动力，这些劳动力的转移和就业问题如何解决？在当时，人口流动还没有放开，农村人口进入城市还面临着很多麻烦，这是一个考验。

于是，乡镇企业就在这两个问题的缝隙中找到了发展的土壤，而很多地方政府也从中找到了解决这两个问题的一个总方法——大力发展乡镇企业。这是一个多方得益的选择：对于乡镇企业来说，一边是资金，一边是劳动力，可谓左右逢源；对于政府来说，一方面是税收，另一方面是解决就业，可谓一举两得；而对于数以万计的劳动者来说，一边是家园，一边是工作，离土不离乡，何乐而不为？

但是，万事开头难。1975年，顺德县1188家企业的全部产值只有8000多万元。包产到户后，农民有了更多的时间搞副业、办工业，各种各样的经济联合体也在不断涌现。进入20世纪80年代之后，对于乡镇企业的管理仍然是"三就地"（就地取材、就地加工、就地销售），主要是为国家大型企业服务，甚至提出只能允许20%的农村劳动力办工业。

怎么办？这个问题摆在了顺德县委班子面前。各个地区间存在的自然地理的差异性，决定了各个地区发展模式的差异，这种差异也表现在不同地区历史人文环境以及当政者，尤其是县委书记的个人风格方面。甚至可以说，**在同样的条件下，改革开放之初的几任县委书记，决定了一个县在今后相当长时期内的经济地位。在我们回顾改革开放早期历史时，这是应该引起关注的一个现象，或可称之为改革开放之初的"县委书记现象"。**

改革开放之初，在中国各地涌现了一批这样的县委书记。顺德的黎子流、欧广源，南海的梁广大，是这一时期县委书记中的代表者。他们的共同特点是：**有着浓重的地方文化风格和家乡情结，有着扎实的基层工作经验，同时又经历过"文革"十年，对基层民众的需求有着切身体会**。这样的县委书记，一旦国家政策发生有利于社会经济发展的转变，就能敏锐地领会到政策的走向和中央的精神。在落实这些政策的过程中，他们敢于担当，勇于探索，能够领导开创性的工作。

中国共产党一向重视发挥县委书记的作用，**县委书记出身的中共中央总书记习近平就曾说过**："郡县治，天下安。我多次讲过，在我们党的组织结构和国家政权结构中，县一级处在承上启下的关键环节，是发展经济、保障民生、维护稳定的重要基础，也是干部干事创业、锻炼成长的基本功训练基地。县委是我们党执政兴国的'一线指挥部'，县委书记就是'一线总指挥'，是我们党在县域治国理政的重要骨干力量。"⊖

1979年，中央批准广东省在对外经济活动中实施更加灵活的政策，对于时任顺德县委书记来说，这就是一个可以突破限制顺德发展条条框框的大好时机。

1980年7月5日，顺德县委召开农村经济工作会议，研究如何发挥市场优势，扬长避短，促使农村尽快富裕起来。此后几年，县委县政府多次召开此类会议，并深入基层开展调查研究，统一各级领导班子的思想。县委县政府在推行农村经济体制改革、完善生产承包责任制的同时，大力发展乡镇企业，开拓解决农村剩余劳动力就业、缩小城乡差距的路子。在多年的实践中，县委县政府创造出乡镇企业以镇办为主，组建乡镇企业集团、创造名牌产品的发展模式，被誉为"顺德模式"。

顺德模式的特点并不是一开始就明确下来的，而是在发展过程中不断总结和完善，**最终总结为"三个为主"，即工业为主、集体企业为主、骨干企业为主**。以"三个为主"为主要特征的顺德模式与南海模式、东莞模式形成了珠三角地区改革开放初期最主要的发展模式，并且各具

⊖ http://elite.youth.cn/gnb/201507/t20150706_6830086.htm.

特点。

其中，南海模式的主要特点在于由股份合作组织直接出租土地或修建厂房再出租，村里的农民出资入股，凭股权分享土地非农化的增值收益。它的弊端是股民对合作组织监督困难。南海市是较早探索集体建设用地流转的地区，并已发展形成了"南海模式"。这种手续简捷、价格低廉且租期较有弹性的供地方式引来了大量企业在南海落户生根，促进了南海的快速工业化、城市化。与顺德南海相比，从"三来一补"起步的东莞模式则带有更加明显的外向性特点，形成了以外资为主、外来技术为主、出口导向为主的外向型发展模式。

顺德模式在经过20世纪90年代的产权制度改革后，转变为以民营企业为主、以制造业为主、以龙头企业为主，形成了完善的家电、机械等支柱产业集群，同时也产生了美的、科龙、格兰仕、万和、联塑、科达等一批行业龙头企业，并且产生了美的、碧桂园两家世界500强企业。在整个广东，除深圳之外，顺德是民营企业品牌最集中、上市企业最多的地区。至2017年，顺德上市企业总数已达23家。

与海南、东莞相比，在初级工业化过程中，顺德政府发挥了更加重要的主导作用。顺德政府的管理者们**积极开拓进取，认真理解中央政策，让地区发展符合中央的要求，符合顺德实际并现实可行，而且要取得成效，这需要管理者们主动尝试，拥有智慧，并熟悉民情民风，将自己所管辖区域治理得生机勃勃**。无论是20世纪80年代的"顺德模式"，还是90年代的产权改革，政府对经济发展的推动作用尤其重要。

第五章　基层政府的管理者

1984年1月19日，邓小平来到顺德。

据说，这是由于从珠海到广州交通不便，所以中途在顺德休息一下。在广东四大名园之一的清晖园，邓小平听取了顺德县委书记欧广源和县长吕根的汇报。那次时间很短，顺德人向他汇报了农业、家电业和养殖业的发展情况。邓小平说：这个地方，要尽快发展起来，尽快富裕起来。

在这被称为"邓小平第一次南方谈话"的考察中，面对经济特区"姓资姓社"的争论，邓小平看得多、听得多、说得少。最后，他用两幅题词结束了所有的争论。一幅是对深圳的题词："深圳的发展和经验证明，我们建立经济特区的政策是正确的。"另一幅是对珠海的题词："珠海经济特区好。"

在媒体的正式报道中，邓小平在顺德的这个细节被省略了。但是，对于顺德来说，这是一个重要的历史时刻。

自改革开放以来，江泽民、胡锦涛、习近平等都在顺德留下了足迹。这是国家最高层面对一个基层地方的重视与关怀，对顺德人而言，这是极大的鼓舞与鞭策。对于改革开放的设计者和掌舵者来说，改变这个国家的面貌是一个庞大的系统工程，每项重大的国计民生政策只有在最基层的县域里落到实处，取得成功，才能改变这个国家的面貌。

在空间距离上，顺德与北京相距 2000 多公里。一个是国家政治中心，一个是国家政治体系和经济体系的基本单元，二者之间，不仅隔着遥远的空间距离，还隔着复杂的行政层级。

但是，**在过去 40 年的时间里，北京的声音总是能以最快的速度变成这片土地上的生动实践**。其中的原因，就是在代表广大人民群众的利益，实事求是，解放思想这些最基本的原则上，基层管理者与中央有着共同的心声与目标。也许，这也是顺德总能先行一步的秘密和动力所在。

七千人大会上的发言

所有的改革都从争议中开始。

顺德包产到户的时候，上边还没有政策，直到 1980 年 9 月 27 日中央印发《关于进一步加强和完善农业生产责任制的几个问题》时，也只是明确：长期"吃粮靠返销，生产靠贷款，生活靠救济"的生产队才能包产到户，这就是当时人人羡慕的"三靠"地区。但顺德不是"三靠"地区，真正符合顺德情况的政策要等到 1982 年 1 月 1 日，我们历史上的第一个关于农村工作的"一号文件"正式出台之后才能名正言顺。

但是，群众早就进行了静悄悄的探索。早在 1979 年春，大良公社逢沙大队兆一生产队率先实行了包产到户。紧接着，永丰生产队也实行了包产到户。对这种完全违背政策的做法，顺德县委县政府不仅没有及时制止，反而进行了表彰和推广。

30 年后，时任顺德县委书记黎子流在接受记者采访时说：当时有 5 个公社的书记表示，一定要包产到户，不让包产到户宁可不做公社书记。"因为大家都看到，'文革'十年中，顺德有 30 万亩鱼塘，平均每亩才增产一斤，甚至连一条鱼都不到。这是为什么？因为平均主义违反了按劳分配的原则，挫伤了农民的积极性。实行包产到户以后，农民有了自主权、经营权，积极性如原子弹爆炸般爆发了出来。每亩鱼塘从产鱼 300 公斤提高到每亩一两千斤。"㊀

"但是，实行包产到户当时碰到了不少挫折。"黎子流说，当时地委就有领导说，顺德搞包产到户是"三自一包""再搞下去，你黎子流连党籍都保不住"。当时顺德一方面要应付上边的要求，一方面要掩护群众包产到户。"我说我们搞的是'联产到户'，不是'包产到户'。"黎子流说，由于群众的力量不可阻挡，而顺德的工作也是以群众的利益为出发点，"我们终于顶住压力，在顺德默默地总结，默默地推行包产到户，包产到户后来也成了 8 亿中国农民的方向。"㊁

黎子流的这段话，在当年的一份资料中得到了验证。1979 年 3 月，顺德举行了一次规模浩大的七千人大会。在这次会议上，县委书记黎子流做了题为《解放思想，迈开大步，努力跟上全党工作重点转移的新形势》的长篇报告。在这篇报告中，只有小学文化程度的黎子流，以落实十一届三中全会的精神为切入点，用朴实生动的语言表达了认清形势，解放思想的重要性。在讲话中，他还引用毛主席语录，引经据典地展开论述，至今读来，仍能感受到直击心灵的力量。

首先，要实事求是地正确估计社会主义时期的阶级斗争，抓准当前社会的主要矛盾，弄清工作重点转移的指导思想，这是十分重要的，社会主义历史阶段存在阶级斗争。但是，我们应该看到，解放二十年来，我国的阶级关系已经发生了根本的变化，正如毛泽东同志所说的：在我国，大规模的疾风暴雨式的群众阶级斗争已经基本结束。

我们的根本任务已经由解放生产力变为在新的生产关系下面保护和发展生产力（《毛泽东选集》第五卷，377 页）。显然，任何时候都以阶级

㊀㊁ 中共顺德区委宣传部，珠江商报社．见证与突破：顺德改革开放三十年回眸与前瞻 [M]．广州：广东人民出版社，2008．

斗争为纲,不符合马克思主义的基本原理。过去,"四人帮"把"阶级斗争"绝对化、普遍化,要求时时、事事、处处"以阶级斗争为纲"。在这种反动理论的指导下,他们"睁大眼睛"找阶级矛盾,千方百计制造"阶级敌人",疑神疑鬼,草木皆兵,动辄就是"阶级斗争新动向"。于是一个政治运动,接着一个政治运动,一场阶级斗争,跟着场阶级斗争,无休无止,没完没了。说什么"党内也有一个资产阶级",对干部要做"阶级分析",工人、农民和知识分子之间是"阶级矛盾",人民内部都是"阶级关系"。结果老干部成了"民主派——走资派",很多基本群众变成"资本主义代表人物""暴发户""新生资产阶级分子""反革命"。穷队要进驻、解剖,查阶级斗争新动向;富了,说是扩大资产阶级法权,资本主义泛滥;甚至种一棵蕉、几棵菜,办个砖厂,搞点收入都认为是越轨行为,连一担粪往哪里担,也说反映着路线斗争,结果一天到晚、一年到头,你斗我,我斗你,把我们的干部队伍和基本群众都搞得四分五裂,人为地造成了很多隔阂,严重地破坏了无产阶级和人民内部的团结,制造了许多"敌人",社会主义集体生产却越搞越差,社会主义和资本主义的界线是非不明,这都是对现实社会唯心的阶级估量和错误的工作指导的结果。

这篇讲话共计一万多字,可以说这是一个远离北京的基层地方政府班子与中央高层决策之间遥相呼应的心声,也表达了**中国基层对一个旧时代毫无眷恋的告别,对一个新时代迫不及待的渴望。**

黎子流,于1932年出生于顺德龙江的一个农民家庭,少年时代只上过半年的私塾,后来在湛江上过两年小学,是三年级和四年级,用他自己的话说,只上过两年半的学。从10岁开始,这个农民家的孩子就开始下地干活儿了。

共产党和新中国改变了他的命运。1951年7月,他被选派为顺德县大洲乡土改队员,任小组长。时年,黎子流只有19岁。后来,在龙山乡,他是乡亲们以原始方法选票推选的副乡长、乡长。

1953年4月，他光荣地加入中国共产党。

1958年，26岁的黎子流已是公社书记，适逢如火如荼的"大跃进"，这个血气方刚的年青人事事冲在前面。因此，到了"反五风"时，他因为犯了"强迫命令风"的错误，遭到万人批斗，被解除职务劳动改造，到1961后复职再任公社书记。1964年"四清"运动时，黎子流再次靠边站，反复遭到群众批斗，半年之后复职。1966年"文化大革命"时，他再一次受到冲击，被列为"三反分子"和"走资派"，接受了100多场批斗，还被监禁两年，直到1975年获得解放，重新走上工作岗位，出任顺德县委书记。

也许，正是这段三起三落的个人经历和基层劳动的历练，让他对存在的问题、农民的疾苦、社会的弊端有着更加清醒的认识。所以，**当一个新的转机到来时，他能够在快速的反思中发现希望，并且对于上级的文件有着更加准确的理解，能够在新思想的指引下走得更快，也更加坚定。**

一位记者这样描写他：黎子流思维敏捷，说话像打机关枪，快速而又直截了当，没有那种拖泥带水的语助词，充分体现着一种雄气和自信。他走起路来快步流星，一往无前的样子，体现出一种干劲十足和无所畏惧的精神。㊀

1978年5月11日，《光明日报》发表了《实践是检验真理的唯一标准》一文，紧接着《人民日报》于12日、《南方日报》于13日全文转载。这篇文章引起了全国范围内的"真理标准大讨论"。从7月到9月，广东省委在广州连续举行真理标准问题学习讨论会，习仲勋和与会者一起，联系广东实际，用实践标准总结解放后28年来的历史教训。9月20日，《人民日报》以《实事求是 解放思想 加快前进步伐》为题，报道了习仲勋主持召开的这次学习会。会议之后，习仲勋要求全省各地

㊀ 招汝基，邓俭，李允冠，杨文灿. 先行者的30年：追寻中国改革的顺德足迹[M]. 北京：新华出版社，2008.

联系实际，广泛开展学习和讨论。

这些文章，如电光火石一般，点燃了顺德人突破禁区的勇气。当很多地方还在等待、观望的时候，顺德人已经先走一步，召开了七千人大会，全面落实党的十一届三中全会精神，吹响了改革开放的进军号。

中国女排与香港电视节目

有争议的事情还在不断地发生。

国门重启之后，很多港澳乡亲回到故乡，都喜欢给自己的亲人带上一两件电器。电视机、录音机、电冰箱就这样走进了顺德人的生活，同时也启发了他们从模仿走向制造的创业火花。

与电视一起进入国门的，是丰富多彩的香港电视节目。当时的电视节目都靠天线接收，但信号微弱，于是人们使用各种方法制作接收能力更强的天线，其中最好用的就是用几根金属材料横竖交叉做成的状如鱼骨的天线，用一根竹竿立在屋顶，就可以接收到香港的电视信号。

但这是绝对不允许的，一场激烈的争论也由此开始。有人说"香港电视节目每天在放毒"，有人说"香港电视节目宣传资产阶级腐朽的生活方式"。当时，从中央到地方，都明禁收看香港电视节目，自觉抵制"精神污染"。

香港电视节目真的有那么可怕吗？很多年后，面对记者的采访，黎子流讲了一个"鱼骨天线"的故事。

20世纪80年代，中国女排"冲出亚洲，走向世界"，女排的每一次比赛都牵动着国人的神经。但是内地的电视没有直播，香港的电视却可以现场直播。有一天，两个孩子说："爸爸，你今天到楼下去睡觉。我们一定要把天线装上，但是天亮前一定会拆掉。"天线装上之后，"我也看了几个晚上。"黎子流说，根本没有想象的那么可怕。

1984年5月，中共中央总书记胡耀邦途经顺德接见县委领导，问黎子流对香港电视节目有什么看法。黎子流说，总书记想听真话还是假话？胡耀邦说，当然是听真话。于是黎子流就说，我个人的看法有三点：第一，它不反社会主义；第二，它不反党；第三，它不是黄色的。现在科技这么发达，禁是禁不了的，只能安装公共天线，有所借鉴，有所抵制。后来顺德县委还专门召开了一个会议，讨论要不要禁止群众收看香港电视节目，后来做出的决定是按照"排污不排外"的原则，接受先进科技。

"排污不排外"是省委书记任仲夷的一句话，被顺德人拿来当成解决问题的钥匙。这件事也引起了争议，地委的一位领导知道后说，"鱼骨天线上天，五星红旗落地。"有人说，"鱼骨天线不拆，你黎子流党籍都保不住。"但黎子流有自己的想法，**"自己的家里都这样，别人的家里也一样。群众想干的事你要制止，除非是每家都派一个警察，问题是警察也想看，你怎么办？"**

后来的情况是，香港电视节目成为广东人每日必看的电视节目，这些电视节目不仅改变了珠三角各地干部群众的思想观念，也成了他们了解世界、增长见识的重要窗口。2015年4月，当香港亚视终于停播的时候，还有很多人依依不舍，但那也不过是一种情感的寄托。

如今，随着内地电视的普及和节目水平的提升，香港卫视的节目再也无法吸引人们的注意力了。

另一个争议也来自香港。1983年6月，顺德县农民业余龙舟队被邀请参加在香港举办的第八届国际龙舟赛。去还是不去？这在当时是一个问题。

划龙舟本来是一项传统的民族文化活动，特别是在我国南方，更是有着深厚的历史渊源，已有千百年的历史，成为一种与民俗民风相结合的重大活动。据《顺德县志》载："顺德端午斗龙舟，村村皆然。"清代屈大均在《广东新语》中也记载："顺德龙江，岁五六月斗龙船。斗之日，以江身之不大不小，其水直而不弯者为龙船场……斗得全胜还埠者，则广召亲朋燕饮，其埠必年丰人乐，贸易以饶云。"在杏坛北水乡有一块清代石匾，上刻"压尽群龙"四个大字，可见当时龙舟夺冠的盛况与荣耀。

新中国成立后，50年代，龙舟比赛有了更大的发展，除了传统的端午节之外，在国庆节、中秋节也经常举行。但在"文化大革命"期间，划龙舟被当作"四旧"破除，遭到批判，认为划龙舟有三大罪状：一是封建糟粕，二是大吃大喝，三是破坏生产。

在顺德有一句广为流传的话："扒得快，好世界。"改革开放以后，顺德是珠三角地区最早恢复划龙舟的地方。黎子流也经常以此来激励人们改革的勇气："赛龙舟都够胆了，还有什么不敢干的。"

尽管如此，到香港比赛还是遇到了阻碍，上级领导担心参赛选手"出去就不回来了"，不敢批准。黎子流就拿自己的乌纱帽做担保争取上级支持，他对参赛的选手们说："你们不回来，我的乌纱帽丢了无所谓，关键是影响顺德的声誉。"选手们纷纷表示，香港好是香港的事，他们不仅要回来，还要带着荣誉回来。后来，顺德队一举夺得两项冠军。当时已调到江门工作的黎子流闻讯称赞道，这不是简单的划龙舟，农民们代表顺德去香港比赛拿了冠军，精神会变成物质。值得一提的是，等黎子流到广州当市长的时候，广州还没有恢复划龙舟，还认为是破坏生产。[一]

在改革开放初期，如何处理好与港澳和海外乡亲的关系，既考验一个执政者的胸襟气度，也考验他们的勇气和担当。

黎子流常说，过去我们伤害了华侨的心，现在又要争取他们的支持，没有诚意是不行的。1978年，顺德乡亲何贤、郑裕彤、李兆基等香港著名工商界人士第一次来到顺德，黎子流穿着中山装、解放鞋去接待他们。人们说，"共产党的书记变了，以前是访贫问苦，现在去接待

[一] 招汝基，邓俭，李允冠，杨文灿. 先行者的30年：追寻中国改革的顺德足迹[M]. 北京：新华出版社，2008.

有钱的资本家。"他给大家做工作,"不管怎么样,就算立场不同,起码也是自己的乡亲,是我们的朋友,我们就应该以礼相待。"

后来,这些港澳乡亲试探性地提出,他们想修建顺德华侨中学,行不行呢?黎子流当场表态:"这是好事啊,当然可以啦。"但自己心里还是有矛盾,有压力。后来,还是说服了自己,也说服了大家,如果有什么不对,也就是撤职而已,但是不能再伤这些乡亲们的心了。"结果这个事情一办成,思想解放了,五湖四海的人都敢来了。"

1989年年底,黎子流调任广东省特区办主任。1990年5月至1996年8月,其历任广州市副市长、代市长、市长。当时的广州,由于受传统观念制约,在许多方面还赶不上周边的县区,整个社会缺乏一种进取的精神、创业的氛围。广东市民对"找一个文化水平低,又不会讲普通话的人来当市长",议论纷纷。

黎子流回忆:"当时的广州自认为是广东老大,盲目自满,故步自封,觉得珠江三角洲其他地方是因为不遵纪守法,所以才富裕起来。我一个人进入广州,要说服大家,只能借助珠三角这股闯劲儿、干劲儿。"

在黎子流的推动下,1991年开始,广州大批组织干部外出参观学习,改变观念。"省外学习就到上海、山东、江苏、浙江;省内参观就到特区,到周边的顺德、南海、东莞。一出去才发现,人家是靠真本领、靠科技进步,是靠大胆改革和开放,才能快速发展生产力。所以,思想转变了,观念也改变了,而且从下到上,提出了很多新的想法。1992年邓小平南方谈话之后,思路更加明确了,要建设现代化大都市。"黎子流说,"当时很难,也很吃力,但邓小平南方谈话之后,就如虎添翼。所以,我认为**思想解放是最大的功劳,一切都从这里开始**。"

在建设现代化大都市的目标之下,广州开始全面发力城市建设,大搞基础设施,改变城市交通和市容市貌。由于拆迁量很大,那一段时间,黎子流得到了一个称号"黎拆楼"。在解决民生用电问题上,市政府做了大量工作，制定了五条措施，但推动起来还是遇到了很大的阻力。在一次会议上，黎子流誓言一定要按计划解决民生用电问题，并说出来以后广为流传的那句话："得就得，唔得返顺德。"

黎子流是那个时代敢于担当的基层党员代表，正是一大批像他这样长期工作于基层、最了解基层的改革者，把来自北京的想法变成了自上而下的生动实践，又用这些自下而上的实践丰富了关于改革开放的理论体系。这也正是**改革开放以"实践是检验真理的唯一标准"拉开解放思想的序幕，然后在没有任何经验的情况下，从实践中来，到实践中去，是摸索出中国模式与中国道路的精髓所在。**

从顺德的角度来说，黎子流是改革开放之后第一代县委书记的代表，在这些基层政府管理者身上所体现出来的勇气、胆识和作风直接决定着一个地方与北京之间的默契程度。正是一大批来自基层的改革者，作为县域基层组织的带头人，在很大程度上保证了改革开放的大政方针和政策能够迅速地在中国各地快速得到贯彻落实，并取得丰富的实践经验，再将基层的经验反馈到上级和中央，起到不断完善的作用。

20世纪80年代以后，历史上长期偏居南方一隅，默默无闻的顺德，一跃而成为全国县域经济的明星，长期位居中国百强县之首，这既是改革开放的大环境所决定的，也与改革开放初期那些敢想敢干、敢于担当的地方干部有着密切的关系。某种程度上说，正是他们的行事风格和工作作风，在很大程度上决定了一个地区在今后相当长时间内的经济面貌与精神气质。

在"摸着石头过河"的改革开放初期，来自基层的实践总是先于具体文件的指示。因此，能否准确地领会中央的意图，在很大程度上决定着一个地方发展的速度与效率，决定着一个地方能否抓住先机，先行一步，脱颖而出。

在中国改革开放的历史上，地方基层管理者们应该占据一席之地。

第六章　基层政府的改革

2018年3月,在北京举行的全国两会发布了国务院机构改革方案。这场意义深远的改革引起了举国上下的关注。

对于顺德而言,在过去的40年间,改革早已成为常态。他们所期待的是一场更加彻底的顶层设计,以便使多年来先行先试的基层改革得到更广泛的认可,将更多先行先试的改革成果纳入更加高效的运转体系。

近10年来,顺德旅游的管理和归口经历了反反复复的"折腾"。先是从经济线划到文化线,又从文化线划到经济线,再从经济线划到文化线;机构设置也从经济促进局的一个科,到对外挂牌的一个局,后又与文化体育局合并为文体旅游局,然后再回到经济促进局,又回到文体旅游局;办公地点从顺德区政府大楼的2楼搬到11楼,又从11楼搬到2楼,最后又往来于两个楼层之间,办公地点在2楼,开会地点在11楼;主管领导从分管经济的副区长,换成主管宣传的区委常委……历经10年的反复,工作人员对于部门的调整和归属,早已见怪不怪了。

"反正归到哪里,都是一样的工作。"对于机构改革,旅游局的工作人员早就适应了。

适应了的,还有随着部门调整而不断变化的工作方式和工作重点。

对于顺德来说,每年一度的"顺德美食文化节"是一件大事,已经连续举办了11届，亦成为享誉珠三角的美食盛宴。但是，不同的部门管理，就有着不同的侧重点。在归属经济线时，侧重于产业属性，关注的重点是餐饮业的发展和对家电、花卉等其他相关产业链的带动。在归属文化线时，则侧重于城市形象展示，关注的重点是地方文化属性与城市品牌的提升。

这似乎是一个两者不可兼顾的定位。但经过10年的发展，顺德美食文化节已经成功地完成了在两个不同定位、不同侧重点之间的有机融合，巧妙腾挪。如今，美食节既是一场规模盛大的全民文化旅游活动，也是一场全产业链展示的产业推介活动。每年的美食文化节从5月到10月，历时近半年，活动内容多达数十项，从美食文化挖掘到餐饮行业评选，从全民参与的私房菜大赛到全产业链展示的主会场活动，美食节涵盖了文化、旅游、产业、宣传、侨务等各种诉求的系列活动，已成为全国有名的美食文化节庆活动之一。

与旅游同样经历分分合合的还有工商、质监、科技、国土、城建、环保、交通等几十个部门。

现在，随着党和国家机构改革方案的确定，顺德自20世纪90年代以来不断推进的行政体制改革和大部制改革，得到了顶层设计的认可，尤其是在改革过程中采取的党政合署办公，一套人马，两块牌子，甚至一套人马，三四块牌子，乃至于一个部门对接上级四五个部门的尴尬局面终将成为历史。

转变政府角色的综合改革

始于20世纪90年代的产权制度改革，曾经让顺德走到了历史的风口浪尖，引起举国关注，原因就在于，产权改革是中国改革开放过程中，从计划经济到市场经济必须跨越的一个"雷区"，顺德则是第一个闯入这个"雷区"的先行者。

产权制度之所以称为"雷区",是因为产权结构关系到所有制结构,在很长一段时间内,所有制问题被看成是资本主义与社会主义的本质区别。

顺德是个人多地少的地方,60万农民耕作30万亩土地,养殖30万亩鱼塘,农村生产力的大解放,一下子把"农村富余劳动力转移到哪里去"的问题摆在了党委政府面前。当时,农民进城打工还受到严格限制,自己做生意也没有足够的资本。在这种情况下,顺德人找到了一条充分利用原有的社队企业基础,发挥沿海开放地区优势,既能解决富余劳动力,又能增加集体收入的路子——大办集体企业,大力发展乡镇工业,逐渐创出了"集体经济为主、工业企业为主、骨干企业为主"的"顺德模式"。

在整个20世纪80年代,顺德乡镇工业产值每隔两三年就翻一番,从根本上改变了农村产业结构。1980～1989年的10年间,全县工业产值与农业产值的比例从7∶3变成了9∶1。如果从1978年算起,仅仅用了12年的时间,顺德就完成了初级工业化,从一个农业小县变成了工业大县。

在"顺德模式"主导下,政府积极引导乡镇企业搞规模经营,从产品质量、管理水平、设备技术和发展后劲等方面下功夫,促使企业上等级,上水平,争创省优、部优、国优各等级的名优产品,出现了一批全省、全国的骨干企业和行业龙头企业。科龙、容升、华宝、爱德、美的、万家乐都是那个时期闻名全国的名牌产品和名牌企业,它们的产品不仅占据全国市场,而且远销东南亚。在政府扶持和龙头企业带动下,顺德以家用电器为主的经济规模越搞越大,成为全国有名的"家电王国"。

经过10多年的努力,顺德规模经济取得瞩目成就。到20世纪80年代中后期,顺德占据了全国十大乡镇企业的半数以上,成为全国最大的家用电器和燃气具生产基地。当时还有媒体算过一笔账,得出的结论是,顺德以不到全国万分之一的面积,创造出了全国16%的名牌。

也许是由于发展太快，增量太大，那时的顺德人总是喜欢用倍数来表述发展的成就。在1995年中共顺德市委员会写给《中国改革开放》一书的《改革探索回顾》一文中，记录下了这样一些数字：到1994年，顺德工农业总值已达到280.6亿元，比1978年（下同）增长16倍；国内生产总值108.2亿元，增长9倍；财政收入14.7亿元，增长14倍；全市职工人均年收入8712元，农村人均年收入3033元，分别增长14倍和13倍……

正是以这样的速度，顺德从一个面积狭小的农业县，迅速跻身于全国百强县前列，成为声名显赫的"广东四小虎"之一。

但是，辉煌的背后，埋藏着深深的隐忧。这种隐忧就来自于曾经让顺德风光无限的"顺德模式"。

顺德模式的特点是三个为主：公有制为主，工业为主，骨干企业为主。在改革开放初期，这种模式极大地发挥了政府统筹的优势，也调动了各方面的积极性，转移了大量的农村劳动力，使顺德在短时间内实现了农村工业化和城乡一体化。

然而，顺德模式的另一个特点也很明显，那就是政企不分。在这种模式下，"领导围着经济转，政府围着企业转""全县一盘棋，一心抓经济""党政部门默默无闻地为企业打工"……这些现象，都曾被媒体当作是顺德腾飞的重要启示。

随着时间的推移和经济的发展，特别是随着短缺经济向过剩经济过渡，市场竞争不断加剧，以集体经济和公有制为主而产生的产权不清、主体不明、责权不对等的问题也日益暴露了出来。

于是，**优势变成了劣势。**由于"顺德模式"的最大特点是政府主导，所以政府既是投资主体，也是为企业提供贷款的担保人，同时还要通过各种减免和优惠政策扶持企业成长，由此而带来的"投资饥饿症"也进入了恶性循环，"厂长负盈，企业负亏，银行负债，政府负责"成

为普遍现象。

当年,《人民日报》记者朱剑红曾在一篇题为《企业改制在顺德》的报道中详细罗列了当时顺德面临的情况,至今读来,仍然触目惊心。

政府辛辛苦苦,从企业只能拿到有限的收益,却要负无限的责任。算起来,顺德市政府背上的包袱来自几个方面:一是夕阳产业,如缫丝、纺织、榨糖等老国有企业,年年亏损,靠补贴度日;二是决策失误,仓促上马的项目,如摩托车热、汽车热、空调热、房地产热中,一些项目出世便夭折,一些项目投资就亏损;三是由于缺乏约束机制而形成的虚盈实亏企业,如某丝厂年年报表利润600多万元,实际资不抵债3000多万元,另一颇负盛名的镇办企业,每年报表利润几千万元,后来资产评估发现它资不抵债几千万元;四是政策和市场变化导致企业经营失败而形成的包袱,据农行1992年对全市乡镇集体企业的调查,有259家企业已成为"包袱",经济包袱达8.2亿元,结欠银行贷款21亿元。

说起来,顺德的公有制企业在90%以上(主要是乡镇企业)……顺德企业的负债率在80%以上。

公有资产无人负责,以各种方式在悄悄流失,一些企业不是按劳分配,而是按"胆"分配。一些企业搞厂外厂,把大厂的活儿化整为零,交给亲戚朋友办的私人小厂,造成大工厂养小工厂,大公司养小公司,本应属于公有制企业的效益被巧妙地化为私有。

1993年国家在宏观调控,顺德人又一次认识了顺德经济中的弊端。政府包打天下,大大小小的公有制企业,从小吃店、理发店到资产几十亿元的现代化工厂越办越多,导致固定资产不断膨胀。仅1992年,顺德市固定资产投入达29亿元,其中国有单位投资4.82亿元,集体单位投资19.81亿元,分别比上年增长了394%和334%。[⊖]

⊖ 朱剑红. 看顺德怎样政企分开:广东顺德市综合改革报道之一[N]. 人民日报, 1997-11-05.

由于产权不清，政企不分，政府成了最大的股东，市长、镇长都变成了董事长、业务员，既要跑贷款，又要跑业务。时任顺德市市长冯润胜就曾说过，"我当了三年副县长、四年市长，其实我是最大的董事长、总经理。我每分钟都在忙企业的事，天天都是招商呀、跑项目呀、搞推销呀，时时在拍板，事事要拍板，不同意怕影响企业的积极性，同意了出了问题又是政府的。这一切都说明，政企不分已到了非解决不可的时候了。"㊀

同样的问题也困扰着时任顺德市委书记陈用志："由于产权不明，许多企业对经营行为不负责任，没有钱就贷款，有了钱就分红，欠下债务归政府。有些企业负责人大手大脚，只要借到钱，项目还没有奠基就先买奔驰。很多企业表面上看起来很风光，但是到账面上一看就没什么了。'企业负赢，政府负亏'，这种状态发展下去，后果不堪设想。"㊁

实际上，作为先发地区的顺德首先遇到的问题，也是中国改革开放遇到的问题。**到了 20 世纪 90 年代初，改革开放往哪里走的问题，不仅困扰着顺德，也困扰着中国。困境的背后，则是谁都不敢碰触的产权问题。换言之，就是"姓资"还是"姓社"的问题。**

与此同时，外部环境也发生了极大的变化。到了 20 世纪 90 年代，短缺经济已向过剩经济转变，时任顺德市委书记陈用志曾这样向记者描述当时的情况："20 世纪 80 年代办什么企业都成功，90 年代只有一半成功。当时顺德引进的企业，产品在全国是超前的，设备也是最好的，加上全国人才'东南飞'，要什么人有什么人，但也只有一半企业成功。主要原因是企业的体制已经不能适应时代的要求，而体制的核心就是产权。如果不能正视矛盾，与时俱进，不进行产权制度改革，企业的成功率就会越来越低，最终将失去发展的主动权。"㊂

㊀ 程关森，曹小鸿. 邓小平理论在顺德的成功实践：顺德市是怎样在全国率先构筑社会主义市场经济体制框架的 [N]. 经济快报，1997-10-11.

㊁㊂ 中共顺德区委宣传部，珠江商报社. 见证与突破：顺德改革开放三十年回眸与前瞻 [M]. 广州：广东人民出版社，2008.

第二篇　不要错了大路向

据陈用志回忆，激发顺德市委市政府改革决心的，除了内部潜在的危机，还有外部因素的推动。进入20世纪80年代，凭借着改革开放的时机和政策，顺德的发展很快，但下一步的改革往哪里走，大家心里没底。这个时候，中央相继提出社会主义初级阶段的理论，提出了用"三个有利于"的标准衡量改革。广东省委也提出要"杀出一条血路"，经过对中央精神和上级文件的认真学习思考，顺德市委一班人受到了很大的启发。

1989年，原新加坡副总理，时任中华人民共和国国务院经济顾问的吴庆瑞来顺德考察。在接待过程中，顺德政府提出想到新加坡参观学习的想法，吴庆瑞当即表示同意。一个月后，顺德组织党政干部到法国考察，回程中去了一趟新加坡。

按当时规定，在新加坡只能停留24小时，但是经过吴庆瑞的支持和帮助，他们在新加坡参观学习了一个星期，看了很多地方。陈用志说："看完以后很受震撼，大家都说，中国特色的社会主义发展到这个程度就好了。新加坡的特点是政治上管得很严，经济上放得很宽。可以说，新加坡的发展模式给了我们很大的启发，再加上法国考察的体会，使我们认识到，国有企业发展到一定程度，就必须进行产权改革。"

思想上的启发，参观时的震动，再加上内部越来越严重的危机感，使顺德的产权改革已经如箭在弦。

但是，他们还需要一个时机。这个时机，就是1992年春天的邓小平南方谈话。这一次，时隔8年，邓小平在从珠海前往广州途中又一次来到顺德。在珠江冰箱厂，改革开放的总设计师说出了"发展才是硬道理"这句影响深远的名言。他还说："中国穷了几千年，再穷下去就没有地位了，不改革死路一条。"在南方谈话中，他不仅对"姓资姓社"的问题给予了明确回应，提出判断改革开放"姓资姓社"的问题关键看"三个有利于"的标准；还对广东寄予厚望，希望广东继续发挥龙头作用，再上几个台阶，争取用20年时间赶上亚洲四小龙。

南方谈话的余音还在回荡，广东省委省政府就决定把顺德定为综合改革试验县，要求顺德通过深化改革，扩大开放，在建设有中国特色的社会主义和赶上亚洲经济"四小龙"方面在全省先行一步。

一个月后，3月26日，国务院批准顺德撤县建市。

同年10月，党的十四大正式提出：我国经济体制改革的目标是建立社会主义市场经济体制。

这一论述，对于顺德，是在"顺德模式"的基础上进行二次创业的明确指引。

1992年的大部制改革

撤县建市，对所有的地方来说，都是一次增加机构编制的好机会，但顺德却从撤县建市的这一年开始，掀起了一场规模宏大的机构改革。其结果是党政机构从56个精简为29个，各部门内设机构减少了125个，其他临时机构撤销了100多个，机关工作人员从1200人减少到900多人。

顺德人把这一场改革称为"拆庙搬神"。其目的是政企分开，其做法是自我革命，其结果是为在全国率先建立起社会主义市场经济框架提供了行政体制方面的保障。

从政企不分到政企分开，实际上就是从计划经济到市场经济，其中的核心问题就是产权。现在看似简单的问题，在当时却是牵一发而动全身的重大问题。这不仅涉及政府与企业的权责问题，而且涉及官员的政治前途问题，更涉及成千上万企业职工的利益问题。

因此，改革的步骤和策略也显得十分重要。抓住关键，就可能纲举目张；搞错方向，就可能功败垂成，前功尽弃。对此，顺德人有一个深刻的体会，改革不能孤军作战，也不能单兵突进，而是要进行全面的、综合性的改革，否则改革的效果就会打折扣，改革的成果也无法巩固。所以，早在产权改革之初，**顺德人就认定，经济基础的改革必须要与上层建筑的改革同步进行，否则，产权改革也无法进行下去。**

于是，顺德综合改革的突破点选在了行政体制的改革上。先理顺政府的管理职能，建立起与社会主义市场经济相适应的行政体系，然后再用高效的行政机构推动产权制度改革，最后再建设起覆盖全社会的社会保障体系，巩固改革的成果。用时任市长冯润胜的话说，"建立社会主义市场经济体制的关键是改革。政府职能改革不是单纯精简机构和公务员，而是要让政府机构通过改革来适应市场经济形势的需要。"

然而，行政体制改革也有反弹的可能。纵观许多地方的机构改革，大多陷于精简—臃肿—再精简—再臃肿的怪圈，原因就在于都是按照先转变职能，再精简机构的思路进行的，也就是说，只是减少了神仙，却还留着庙。但是，只要庙还在，就会有无法拒绝的各路神仙闻香而来。

于是，**顺德人反其道而行之，先拆庙，后搬神；先精简机构，后转变职能。**对此，时任顺德市委书记陈用志有一段精彩的论述："先转变职能，后精简机构在理论上是可行的，但在实践中却行不通。既然有庙有人，就一定会有人想方设法抓权抓利，这怎么可能转变职能呢？"⊖

从1993年开始，顺德市委政府借党政领导班子换届之机，开始了一场深刻的领导体制和机关机构改革。

这是一盘大棋，没有任何可资借鉴的经验和模式，但顺德人却下得有板有眼，有步骤有章法。我们称之为"拆庙搬神的三步走"。

第一步，建立起"一个决策中心（市委常委会），四位一体（市委、市政府、人大、政协）"的领导体制，市党政班子实行职务交叉，市人民

⊖ 戴晓军，张颂. 摸着石头过河，创建全新机制：顺德改革纪实之二（机制篇）[N]. 佛山日报，1997-09-08.

政府副市长、市人大党委会主任、市政协主席都由市委常委兼任，市委决定的事情，按各自的职责范围分别落实，做到全市一盘棋，克服互相扯皮、互相牵制的现象。

第二步，从市场经济的客观需要出发，不分党委部门或政府部门，一律按照工作性质和职能考虑，一律按四个原则进行撤并或保留。这四个原则分别是：

（1）同类合并。对性质相同或相近的机构，实行合并或合署办公，合二为一，如市委办公室与市政府办公室合并为市委市政府办公室。

（2）重组新建，并赋予新的职能。如撤销经委和乡镇企业局，成立工业发展局，负责全市工业的行政管理。

（3）保留强化。对一些部门予以保留或改称，并强化管理，如宣传部、劳动局、规划国土局、公安局等。

（4）转性分离，把一些政企不分的机构分离，把行政职能归口主管部门执行，原部门转为企业或事业单位。如商业局改为商业总公司，为纯企业单位。

第三步，转换政府职能，提高办事效率。在机构改革到位后，立即采取"五个行政"（依法行政、规范行政、高效行政、透明行政、服务行政）全面提升管理水平。通过改革，提高了效率，加强了服务，使经济建设的软环境进一步优化。

1997年，顺德率先开通"市长专线电话"，成为全国最先开通"市长专线"的城市之一。通过市长专线电话，市民可以监督政府，也可以向政府提出各种合理化的意见建议。资料显示，市长专线电话开通之后，平均每天接听电话30次，当天能办的事绝不拖到第二天，一时解决不了的，明令有关部门处理，并在10天内呈报结果。开通第一年，接听电话9120个，其中交办4504个，办结率95.6%。查阅当年的《顺德报》，几乎每天都会刊登市长专线解决有关问题的公开回复，**市长专**

线电话既是市民与政府之间无障碍沟通的一个渠道，也是展示顺德改革成果的一个窗口，透过它，人们看到了一个精干高效的政府。

通过有步骤地"拆庙搬神"，顺德党政机构从原来的56个减少到29个，人员从1200多人减少到900多人，并且多年保持机构不反弹，人员不增加。与此同时，政府从沉重的企业经营活动中腾出手来，把主要精力转向了改善营商环境，提高办事效率。

政府造环境，企业闯市场。短短几年时间，顺德基础设施建设取得了突飞猛进的发展，交通建设使顺德成为全国公路密度最高的县域，电话装机容量、电力供应水平、自来水普及率均达到全国同级前列。

改制之后，企业转变增长方式的积极性空前高涨，很多企业设立了研究所和技术开发中心，仅1994～1996年，全市共开发新产品430多个，其中有80%属于国内首创或达到国内先进水平，从而使顺德进入"全国科技实力百强市"之列。

随着宏观调控能力的增强，政府与企业的关系从事无巨细的管理转变为长远性的产业引导，并开始全面实施名牌战略。1997年6月，顺德以一县之力，在北京举办了一场轰动一时的"顺德名优产品博览会"，从全市8000多家企业中严格筛选出来的148家企业、3600多种名优产品，在中国国际贸易中心5500平方米的展览大厅集中亮相。

透过博览会，人们发现了一连串令人惊叹的数据，看到了这个面积只有806平方公里，人口只有100万的县级市创造的经济奇迹。仅1996年，顺德生产了全国37%的电风扇、22%的空调器、20%的电冰箱、52%的电饭煲、44%的微波炉、45%的燃气具和42%的消毒柜。"家电王国"的名声从此不胫而走，响彻大江南北。

在历时5天的博览会期间，田纪云、李岚清、邹家华、费孝通、程思远、李贵鲜、叶选平、万国权、何鲁丽等时任国务院、全国人大、全国政协领导和100多名部委领导、北京市和外地驻京办干部，以及30

多个国家和地区的外交使节与商社代表先后来到博览会,并给予了高度评价,海内外订单和展会邀请函纷至沓来,引起了全国经济界、学术界和媒体的热切关注。

这次博览会是顺德在经历了3年多饱受争议的产权制度改革,终于建立起社会主义市场经济框架之后的全新亮相,也是在全国以一县之力在北京举办大规模博览会的一次创举,它用18年改革开放的成果,证明了社会主义市场经济体制的强大力量,也证明了中国县域经济的无限能量。

有人说,这是从北京刮起的一股"顺德旋风"。也有人说,这是政府搭台、企业唱戏的一次神来之笔。实际上,这也是行政体制改革之后,顺德对于政府职能转变成效的一次全面检阅,是营造新型政企关系的一次大胆尝试。

政企分开的产权制度改革

20世纪90年代的产权制度改革,是顺德在80年代依靠顺德模式创造了引人瞩目的经济成就之后,又一次引起举国关注的"大事件"。其中,让人难忘的两个细节是,有人悄悄地把信写到了中央,告到了总书记那里;也有人大张旗鼓地以"可怕的顺德人"为题,让顺德改革广为人知。

对此,顺德人都坦然接受。他们的做法是少说多做,绝不争论。

在产权改革之前,顺德经济发展模式就已经暴露出许多与新的经济环境越来越不相适应的弊端。党的十四大正式确定了"我国经济体制改革的目标是建立社会主义市场经济体制"之后,顺德党委政府就对这些弊端有了更加清醒的认识。

首先,从企业投资体制来看,改革开放十几年,虽然经济发展取得了长足进步,但基本上还是沿袭了传统计划经济的方式,主要是靠政府直接投资或担保企业向银行贷款投资。这是一种政府主导下的外延扩张经济发展模式，导致固定资产投资规模不断扩大，增加政府的负债压力，让政府完全背负起投资风险和经营风险。

其次，从产业结构来看，经过"顺德模式"主导下的第一次创业，办起了为数不少的龙头企业和骨干企业，但大多数是 20 世纪 80 年代以来承接西方国家和港台地区产业转移时退出的劳动密集型产业，高技术企业不多。家电产业一家独大，也存在着很大的市场风险。

最后，从管理方式看，搞承包制、厂长责任制，只是解决暂时的激励机制问题，并不能解决约束机制问题；只解决了短期绩效的问题，并不能解决长期发展的问题。如果不让企业经营者真正与企业发展长期利益结合在一起，如果企业经营者的行为得不到有效约束，会造成不可估量的损失。

顺德市委进一步认识到，以上种种弊端的症结在于产权不明晰，责任不明确。企业没有形成真正有效的约束机制，投资者权益受到侵害。要解决这些问题，就**必须把过去以放权让利为特征的政策调整到企业制度创新，建立现代企业制度上**。

在深刻认识的基础上，**顺德确定了企业改革的指导思想：一是优化公有资产结构，改变单一公有制的产权结构，大力发展股份制和股份合作制等混合所有制结构；二是争取在解决人员负担和债务负担上有所突破，解脱政府负担，并创造平等竞争环境，使企业真正成为市场角色；三是实现政企分开和政资分离，促进政府职能转变，加强公有资产管理，保证公有资产保值增值**。

从 1993 年开始，随着市委市政府《关于转换机制发展混合型经济的试行办法》的出台，一场同样有计划、有步骤的产权改革在顺德静悄悄地展开。

产权改革本身的敏感性，注定了这场改革从一开始就会遇到种种责难。因此,"不争论、不埋怨、不停步"成为工作推进的总基调。

扎扎实实的"四步工作法"

第一步,资产评估,界定产权。对企业进行清产核资、资产评估、界定产权,从而摸清家底,为处理企业呆账、烂账和各项损失,划定用于安置退休人员和被遣散人员的开支,确定改制方案打下基础。

第二步,按照公开、公平、公正的原则,制定改制方案。将改制企业的资产、负债等数据资料公开,让企业内部和社会各界人士参与竞争,将发起人的改制方案张榜公示七天,广泛征求中层骨干和职工的意见,货比三家,择优选择改制方案和经营者。

第三步,确定改制方式,转换经营机制。按照"抓住一批,放开一批,发展一批"的思路,对关系全市民生大计、带有专属性质或基础设施的企业及高新技术企业改组为股份有限公司或有限责任公司,由政府合资或控股经营。对于大多数一般竞争性企业,实行放开:一是设备、流动资产转让给员工,把土地使用权、厂房等资产租赁给企业,实行租赁经营;二是全部资产作价转让给员工,转为股份合作制企业;三是对亏损、微利企业进行公开拍卖,转为民营企业。

第四步,进行利润清算和产权移交,完善法律手续。确定改制方式、签订改制合同后,对评估基准日到签订改制合同这段时间进行利润清算,并对资产进行重新的复核,办理产权移交手续,以法律文书把整个改制工作确定下来。

经过改革,原市镇两级1001家企业中,政府独资经营94家,控股经营48家,参股经营21家,股份合作经营235家,合伙经营249家,上市股份公司2家,租赁经营331家,停产21家。两级企业总资产,公有资产的比重由90%降至62.4%,外商及民间投资者资产占37.6%。㊀

㊀ 顺德市人民政府.完善改革 构建社会主义市场经济框架[N].顺德报,1996-07-05.

政资分离的公有资产管理改革

企业改制后，仍然有62.4%的企业属于公有资产，政府仍然负担着公有资产保值增值的责任。因此，如果不能尽快理顺管理体制，实现政资分离，仍将陷入政企不分，政府直接经营企业的困境。

为此，在政企分开的基础上，顺德进一步采取政资分离，优化公有资产的管理体制和运营体制，按照将政府的社会管理职能与政府的资产管理者职能分开，将企业出资者所有权与企业法人财产权分离的原则，既维护政府作为资产所有者的权益，又保障企业独立法人的经营自主权。经过反复研究和比较，最后决定采取**"公有资产管理委员会—公有资产投资管理机构—公有全资、控股和参股企业"三层架构来建立新的公有资产管理体系**。

第一层次：公有资产管理委员会（简称公资委）及其办公室。公资委是市、镇政府领导下专司公有资产管理的职能机构，对公有经营性资产、非经营性资产、资源性资产进行宏观管理和监督，并代表市、镇政府行使对公有资产的管理权。公资委办公室是公资委的日常办事机构，是市、镇政府管理公有资产的职能部门。

第二层次：公有资产投资管理机构，是政府全资企业，是独立企业法人的有限责任公司，受公资委的委托，负责经营授权范围内的公有资产，对授权范围内的企业行使经营管理权（包括选择经营者、重大经营决策、投资收益权）。

第三层次：政府的独资、控股、参股企业。首先按照《公司法》改组为有限责任公司或股份有限公司，独立承担经济责任。政府通过公资委授权投资管理公司行使与政府股权相一致的收益、决策和选择经营者的权利，同时承担以政府出资额为限的有限责任。投资管理公司保障企业独立法人地位，对控股、参股企业派出产权代表，以股东身份进入股东会、董事会、监事会，担任与出资额相称的职务。

实行政资分离，剥离了政府的企业管理职能，加快了政府行为向行政职能回归。从此以后，企业的事情企业自己办，政府不再直接干预企业的生产经营活动，而是让市场规律充分发挥作用。与此同时，政府也要管好自己要管的事，着重做好"政策引导、管理监督、创造环境、协调服务"等各项工作。

经过产权改革，顺德政府从繁重的企业经营事务中脱离出来，集中精力研究、制定各种经济社会发展政策及社会管理法规，将改革成果用各种法规巩固下来，建立起了有据可查、有规可依的制度体系。

经过两三年的努力，顺德市政府先后制定的政策文件约100份，超过50万字，主要有《关于实施科技进步和规模经营奖励的试行办法》《关于市委办公室、市政府办公室机构改革的决定》《关于转换机制，发展混合型经济的试行办法》《关于改革村委会，推行农村股份合作制的若干政策规定》《顺德市社会养老保险暂行规定》《顺德市企业员工劳动权益保障实施办法》《关于完善企业转换机制工作的若干规定》《关于完善市属企业养老保险、住院医疗保险及门诊医疗的通知》，等等。

阅读这些文件就可以发现，起草者和签发者都小心翼翼地避开了诸如产权制度、私营企业、非公有制等诸多敏感的字眼。因为此时此刻，顺德只是作为一个县域地区的试点，全面建立社会主义市场经济还需时日，产权制度改革仍然是一个极其敏感的"雷区"。

社会保障为改革编织"安全网"

产权改革是一场触及各方面利益的革命，其中涉及面最广泛的就是在改革过程中对广大职工群众进行基本生活保障。对于改革来说，这是保障改革的"安全网"，如果这张"安全网"织不起来，将大量的企业下岗人员推向社会，势必造成严重的社会问题，也必然会影响改革的成效。

问题在于，与城乡二元结构下城市中的国有和集体企业不同，顺德大部分企业是20世纪80年代才建立起来的乡镇企业，大部分职工都是洗脚上田的农民，并没有像城市职工一样被纳入社会保障体系。

因此，顺德的社会保障制度改革，被视为是在城市之外的乡镇一级，率先将乡镇企业员工也纳入保障体制之内，具有先行先试的示范意义，是在社会保障领域对城乡二元结构的率先破局。

据统计，1992年改革前，顺德80多家国营企业和市属企业在职职工40 625人，离退休人员有11 857人。在职工的社会保障主要由企业负责的情况下，任何企业都面临着巨大的负担。以顺德历史最悠久的国营企业顺德糖厂为例。1992年，该厂在亏损2400多万元的情况下，还要负担离退休人员费用257万元，厂办学校、医务室、粮站等福利支出37万元。据1993年7月统计，全市市属企业在有了自主权后，优化结构遣散的职工就有超过3500人，市镇两级企业退休人员达3.2万人。[一]

"企业办社会"背景下的大锅饭、终身制，不仅造成效益下滑，也使企业不堪重负。但是，企业一旦转制，这些"下岗"工人怎么办，又成了一个社会问题。

随着企业改制不断深入，还会有更多的职工被抛向社会。这是改革的代价，但这个代价该由谁来承担？

在1993年7月召开的全市经济工作会议上，市委书记陈用志指出："优化体制，理顺顺德产权是一项复杂的社会系统工程，难度相当之大……而建立和完善社会保障体系，是搞好转换机制的关键，也是稳定社会，促进经济发展的一件大事。企业制度的创新，难点之一在于社会

[一] 招汝基，邓俭，李允冠，杨文灿. 先行者的30年：追寻中国改革的顺德足迹[M]. 北京：新华出版社，2008.

保险。建立完善的社会保险制度，企业转制才能减少阻力，反之转制就会被扼杀在摇篮之中。"

1994年1月，在全市三级干部会议上，顺德市委、市政府提出了以养老保险和医疗保险为重点的社会保障体制改革方案。紧接着，中共顺德市委4号文件《关于发展混合经济的若干规定》对社会保障体系的建立做出了详细规定：

第十四条 成立顺德市德安保险股份公司，配合混合型经济的发展，承担社会保险责任。

第十五条 在转换机制中，除了亏损、破产的企业外，企业遣散人员应控制在5%左右。亏损企业的富余人员应尽量在本系统或本镇企业内重新安置，不能安置的，做遣散处理。

市属单位的固定工遣散按每年工龄干部1100元、职工1000元的标准，发给遣散费；并按每年600元的标准，由单位代续养老保险；另按每年100元的标准发给个人，由本人投住院医疗保险……

凡距法定退休年龄不足5年（含5年）的员工，不能做遣散处理，只能办理企业内部退休，并按市社会养老保险的规定，由企业为其在德安保险股份公司缴纳养老保险。在法定退休年龄前的退休待遇由企业负责发给；到达法定退休年龄时，养老待遇由德安保险股份公司给付。

第十七条 企业转换机制前已离、退休的人员（包括干部、职工），企业按每人每年工龄600元的标准向市德安保险股份公司缴费，由市德安保险股份公司统筹，负责按社会保险的有关规定及市政府对离、退休人员待遇的规定支付养老金及住院医疗保险。

从以上规定可以看出，顺德在当时的经济条件下，对社会保障制度的建立不遗余力，据《顺德报》报道，顺德每年投入社会保障的资金达2亿多元。㊀

㊀ 徐南铁. 大道苍茫：顺德产权改革解读报告[M]. 北京：人民出版社，2002.

在顺德建立社会保障制度的过程中，最重要的一个环节是在县级区域建立第一家保险公司，这在当时的中国还没有先例。在《先行者的30年》一书中，对这个过程做了详细的记载：

1991年4月26日，中国太平洋人寿保险股份有限公司成立，这是中国第一家全国性的股份制保险公司。

与此同时，顺德也在酝酿成立保险公司，这在当时的中国还没有先例，中国人民银行起初并不认可顺德成立保险公司，后来，顺德变通了"德安保险公司"名称，改为"德安保险股份公司"，这个名为股份制的保险公司实际上只有一个股东，就是顺德市政府。

1993年12月，顺德市德安保险公司召开第一次董事会会议；同月，"顺德市德安保险股份公司"成立。

1994年1月，顺德社保机构运作正式开始。1995年8月，"顺德市社会保险事业局"成立，与"顺德市德安保险股份公司"合署办公，实行两个牌子一套人马管理。两年后，更名为"顺德市德安社会保障公司"，2000年6月，"顺德市社会保险事业局"和"顺德市德安社会保障公司"撤销，设立"顺德市社会保险基金管理局"。

读这一段文字，总有一种杂乱的感觉，但回过头去看，却有着严密的内在逻辑。先是成立一个公司，然后又成立一个政府部门，之后是公司与政府部门合署办公，最后又把公司和部门合在一起变成一个政府部门。虽然公司的实际投资人和管理者都是顺德政府，但是，其中所包含的是顺德改革过程中的各种艰苦探索与灵活变通，正所谓**"遇到石头绕着走"，但改革的目标却始终如一。**

在随后的几年中，随着经济发展水平的提高，职工养老也水涨船高，顺德社会保障体系不断完善，覆盖面也越来越广，从转制企业覆盖到全社会，逐步建立起了"老有所养、病有所医、伤有所保"的社会保障体系，并在全国率先建立了第一条"全民最低生活保障线"。

"率先基本实现社会主义现代化试点"

2017年10月18日至10月24日,中国共产党第十九次全国代表大会在北京召开,大会做出了决胜全面建成小康社会,开启全面建设社会主义现代化国家新征程的战略安排。

根据这一战略安排,党的十九大确定了实现社会主义现代化的"路线图":从现在到2020年,是全面建成小康社会决胜期;从2020年到2035年,在全面建成小康社会的基础上,再奋斗15年,基本实现社会主义现代化;从2035年到21世纪中叶,在基本实现现代化的基础上,再奋斗15年,把我国建成富强民主文明和谐美丽的社会主义现代化强国。

站在新时代的新征程上,面对基本实现社会主义现代化的目标,我们需要回望来路,才能不忘初心,断续前进。

顺德被广东省委省政府确定为"率先基本实现社会主义现代化试点市"的时间是1999年7月27日。此时,顺德综合改革试点任务已基本完成。1998年的GDP达到259亿元,比1978年增加了53.69倍,年均递增16.3%,90%的原市、镇两级企业进行了转制,非公有制投资比重增加到71%。

与此同时,经过为时7年的综合改革,顺德已初步建立起社会主义市场经济的基本框架,极大地解放和发展了生产力,全市经济发展已进入由政府宏观调控、市场导向投入、企业自主经营的发展轨道。城市建设走向城乡一体化,社会各项事业走向协调发展,经济和社会管理走向规范化。顺德的经济和社会已进入一个全新的发展时期,具备了率先基本实现现代化的基础和条件。

顺德被确定为率先基本实现现代化试点市的另一个背景是:1992年,邓小平在南方谈话中提出,广东要上几个台阶,争取用20年时间赶上亚洲"四小龙",不仅经济要上去,社会秩序、社会风气也要搞好,两个文明建设都要超过它们,这才是有中国特色的社会主义。到1998年,广东经济总量已超过新加坡,逼近我国香港,与我国台湾和韩国之间的差距也在不断缩小。但是,仅有经济上的超越并不能体现中国特色社会主义的优势,因此,综合性的现代化建设成为全面超越亚洲"四小龙"的时代主题。

广东省经济体制改革委员会的《关于确定顺德市为率先基本实现现代化试点市的意见》(以下简称《意见》)中指出:顺德市是我省综合改革试点市。1992年以来,该市广大干部群众在邓小平理论的指导下,解放思想,更新观念,开拓创新,在经济体制改革方面取得了重大突破,初步形成了社会主义市场经济体制基本框架,为全省改革提供了宝贵经验。顺德在改革开放和两个文明建设方面处于全省领先地位,具备了率先基本实现现代化的基础和条件,故建议省委省政府确定顺德市为"率先基本实现现代化试点市"。为鼓励和支持顺德市进一步加大改革开放力度,加快经济体制和经济增长方式的根本转变,要根据试点的需要,赋予其相应的社会经济管理权限,创造必要的外部条件,保证试点工作顺利进行,为我省基本实现现代化提供示范和经验。

按照《意见》,省委省政府对顺德提出了七大目标和十一项试点任务,并将试点分为两个阶段:从1999年9月1日至2002年年底为第一阶段,顺德市基本建立起社会主义市场经济体制,国内生产总值达到380亿元,人均国内生产总值达4万元,全部财政收入达52亿元,其中地方财政20亿元,城乡居民储蓄余额530亿元。从2003年年底到2005年年底为第二阶段,顺德市率先基本实现现代化,国内生产总值达到500亿元,人均国内生产总值为4.5亿元,全部财政收入70.10亿元,其中地方财政收入25亿元,城乡居民储蓄余额706亿元。

1999年9月1日,顺德推出《关于加快推进基本实现现代化建设步伐的决定》，将省委政府的各项目标要求具体化为"五个翻一番"和"十个上新水平"。

"五个翻一番"：一是国内生产总值翻一番，从1998年259.28亿元，到2005年实现520亿元，年均递增10.45%。二是财政收入翻一番，从1998年34.85亿元，到2005年实现70亿元，年均递增10.5%。三是城乡居民储蓄余额翻一番，从1998年年底362.3亿元，到2005年年底达到725亿元，年均递增10.4%。四是电话普及率翻一番，从1998年每百人24.3门，到2005年达到每百人50门。五是城市化率翻一番，到2005年达到65%。

"十个上新上平"：一是改革开放上新水平，二是经济发展上新水平，三是城乡建设上新水平，四是基础设施建设上新水平，五是民主法制上新水平，六是人的素质上新水平，七是社会保障上新水平，八是综合配套上新水平，九是班子建设和廉政建设上新水平，十是生态环境上新水平。

在此过程中，值得一提的是顺德的城市化。在广东省《关于确定顺德市为率先基本实现现代化试点市的意见》中，确定了城市化水平达到65%的目标。顺德也在"十个翻一番"中将城市化率达到65%作为一项具体目标。

然而，与各种各样的经济目标相比，对于顺德来说，城市化是一个最具挑战性的目标。从一个农业县起步的顺德，虽然改革开放以来迅速实现了初级工业化，但在工业化起步阶段，以乡镇企业为主的模式，也导致了经济发展以镇为主，城乡一体，平均用力。特别是大大小小的工业园遍布全县各镇各村，村村点火，户户冒烟，不仅土地利用率很低，而且管理难度大。随着经济发展，发展用地也越来越捉襟见肘。特别是村级工业园的无序发展，挤占了大量的集体用地，使大规模的工业园区难以成型。

这种发展模式下，一方面是顺德各个镇都形成了特色鲜明的产业集群，同时也造成了各镇主导的"诸侯经济"和"马路经济"；另一方面，也造成了城市建设的资金分散、项目力量分散。城乡一体化虽然使顺德用最快的速度将城市和乡村连接起来，但与此同时也使顺德无法集中力量建设中心城区。

到 1999 年顺德城市化率只有 32.6%，比 1992 年撤县建市时仅增加了 3 个百分点。与此同时，经济总量却增加了三倍多。经济发展水平与城市化水平之间的巨大反差，在很多时候成为顺德的笑柄。有人说，顺德是"最好的农村，最差的城市"。也有人说，"外面听顺德，好过看顺德。"就连时任顺德市委书记陈用志也用"豆皮婆照镜，自己都不喜欢"来形容顺德城市建设的严重滞后。

1999 年 9 月，顺德市由主要领导带队，组织党政考察团先后考察了深圳的城市建设。2000 年，考察了江浙的苏州、台州和杭州。2001 年，考察了东莞。

2000 年 10 月，顺德召开市委九届五次全体（扩大）会议，提出城市化建设重大战略转移，从城乡一体化转移到城市化，集中力量建设中心城区和镇级集约工业园，将顺德建设成为现代化花园式河港城市。

会议之后，顺德推出一系列城市化举措。2000 年 12 月，将容奇、桂洲两大经济重镇合并为容桂镇，使之成为中国第一大镇。此后又将德胜并入大良，形成了大良—容桂—伦教组团的中心城区框架。与此同时，开始在德胜高标准规划建设新城区。

2001 年年初，顺德政府搬进了新城区的行政大楼，与之配套的行政服务中心也同时开始对广大市民和企业提供一门服务。此后，顺德职业技术学院、德胜广场、展览中心、演艺中心、图书馆、博物馆、顺峰山公园等配套设施陆续投入使用。

2001 年，通过"村改居"，启动新一轮农村体制改革和城市管理体制改革，将原来的222个村居重组为197个，其中60个村委会并改为50多个居委会。

与此同时，顺德出台政策，推动镇级集约工业园建设，限制村级工业区发展。经过几年努力，整合建设了16个镇级集约工业园，总面积达到14.37万亩，绝大多数面积在3000亩以上。其中，由顺德政府投资启动的五沙工业园面积达到1万亩，是第一个区级工业园。

此后，顺德各方面建设按照既定目标全面推进，到2005年，实现本地生产总值849.62亿元，与2000年相比，增长1.2倍，年均增长17.1%。人均生产总值73 516元（折合9076美元），增长1.05倍，年均增长15.4%；工业总产值2019亿元，增长1.87倍，年均增长23.5%；各项税收（包括海关代征税收）合计125.3亿元，增长1.1倍，年均增长16%；地方一般预算财政收入47.38亿元，增长1.23倍，年均增长17.4%。2005年年末，城乡居民储蓄余额达到755.6亿元，年均增长13.1%。

这是2006年1月顺德区《政府工作报告》中公布的数据。从中可以看出，除了政府工作报告没有提到的城市化率之外，其他各项指标都实现了翻一番的目标，超额完成了广东省委省政府下达的"率先基本实现现代化"的任务。

2006年年底，顺德GDP一举突破1000亿元，成为全国第一个GDP超千亿元的县级区域。

2009年的大部制改革

进入21世纪之后的顺德，似乎有点沉闷，特别是2002年12月8日，经国务院批准佛山行政区划调整，顺德撤市设区之后。

很多人认为，这是顺德面临的一个拐点。尤其是新城区建设和城市化发展停滞不前，使人们感觉到顺德在撤市设区之后，已经被边缘化。

2004年年初，《佛山市城市发展概念规划》公布，正式确立"2+5"为主体的城市空间发展规划，将顺德中心城区的大良—容桂—伦教组团纳入与禅城—桂城—东平新城组团同等规模的两个百万人口以上中心城区。

此后，广珠西线、佛山一环相继开通，顺德终于结束了没有高速公路的历史，从此跨进高速时代，开始转变思路，积极融入广佛都市圈和珠三角城市群。

2009年9月，广东省委省政府正式批复佛山市委市政府，同意佛山市顺德区继续开展以落实科学发展观为核心的综合改革试点工作，进行大部制改革。

从文件中可以看出，这一次的改革探索是对20世纪90年代综合改革的再深化，是顺德改革在新形势下的再出发。

如前面所介绍的，在1992年顺德就已经进行过一次"大部制"改革。虽然当时还没有"大部制"的概念，但顺德人已有了建立与经济社会发展相适应的"大商贸局""大教育局""大文化局"的思路。时任顺德市委副书记、组织部部长杨肖英说："我们就是不要'五官科'，有的部门一个科可能就六个人，但是有'五个官'，这样的官帽肯定要减下来。与此同时，该管的管好，不该管的职能转化出去。"⊖

为了改变政府机关里"庙多菩萨多""政出多门香火旺"，审批程序长，管理事项杂的现象，顺德在行政体制改革过程中进行了一场自我革命，"拆庙搬菩萨"，目的是转变政府职能，提高行政效率，建立新型政企关系。

例如，顺德农业线当时有七个涉农部门，分别是市委的农委、政府

⊖ 中共顺德区委宣传部，珠江商报社. 见证与突破：顺德改革开放三十年回眸与前瞻[M]. 广州：广东人民出版社，2008.

的农办、农办下属的农林局、水产畜牧局、绿委办、糖办、饮料办,因此"一条蔗、一棵树"都有三四个部门。这七"龙",在改革中被合并成一条"龙",即农业发展局。

顺德的这次改革没有等到省里和上级的决定就先行先试,造成了一时轰动。上面有不少部门的同志来,在顺德找不到对口部门,心里气不顺。最后得到了广东省委省政府的有力支持,时任省委书记谢非明确地说:"你们不要怕,你们的改革比特区还特。"㊀

时隔10年之后的2002年5月,中编办领导在顺德调研时,鉴于顺德行政机构"10年不反弹"的优良成效,决定将顺德列为全国"深化行政管理体制和机构改革试点"。㊁

然而,2003年以后,顺德的机构开始出现反弹。"在对口管理体制下……从29个反弹增长到大部制改革前的41个。"㊂

于是,在2009年,大部制改革被纳入顶层设计之后,富有基层改革经验的顺德又一次成为试点。

与20世纪90年代的综合改革时期顺德单兵突进的情况不同,这一次的大部制改革是全国全省多个试点齐头并进的一部分。因此,改革过程不仅得到了媒体的关注,也得到了学术界的关注,并产生了许多学术研究成果。其中由中山大学中国公共管理研究中心陈天祥教授牵头的广东大部制改革研究成果被列入2010年度国家社会科学基金重点项目。

该项目最终以《中国地方政府大部制改革模式研究:来自珠三角的调查》为名正式出版,其中第三部分"佛山市顺德区大部制改革跟踪研究"详尽介绍了顺德大部制改革的动因、内容、特点、成效,为我们了解顺德大部制改革提供了详尽而专业的观点和资料。

㊀㊁ 中共顺德区委宣传部,珠江商报社.见证与突破:顺德改革开放三十年回眸与前瞻[M].广州:广东人民出版社,2008.
㊂ 陈天祥,吴海燕,等.中国地方政府大部制改革模式研究:来自珠三角的调查[M].北京:社会科学文献出版社,2017.

2008年9月，顺德被列为全省第一批深入学习实践科学发展观活动试点，由省委书记汪洋亲自挂帅。此后，汪洋于2008年10月、2009年1月、2009年6月，先后三次到顺德开展调研。其间，他还邀请顺德参加2008年11月在深圳召开的特区工作会议，并在会议讲话中4次提及顺德，并再次强调**"改革允许失败，但不允许不改革"**的理念。在这次会议上，顺德作为唯一的县级区域，与广州、深圳、珠海、汕头、湛江一起被列入行政体制改革试点，共同探索大部制改革。

在谈及为何选择顺德作为大部制改革试点时，汪洋说了三个原因：第一，传统的发展模式在顺德最早遇到挑战。作为中国改革发展的排头兵之一，顺德今天遇到的问题也是其他地区明天将要遇到的问题，因此在顺德开展学习实践科学发展观最具有典型性。第二，顺德破解科学发展难题的能力最强。改革开放30年来的快速发展，为其奠定了雄厚的物质基础，强烈的改革意识和丰富的改革实践经验，为破解影响科学发展的难题提供了有利条件。第三，在顺德实现科学发展影响将最大。顺德经过30年的发展，在省内外、国内外都有较强的知名度和影响力，在顺德开展学习实践科学发展观具有示范效应。⊖

为顺利推进顺德体制改革，2009年8月17日，广东省委省政府正式批复，同意在维持顺德区目前建制不变的前提下，除党委、纪委、监察、法院、检察院系统及需要全市统一协调管理的事务外，赋予顺德区在其他所有经济、社会、文化等方面的地级市管理权限。

实际上，在顺德大部制改革开始之前，中央部委的大部制改革架构已经建立，其他试点的改革也已拉开序幕。

但是，顺德改革的结果，还是被媒体形容为"石破天惊"。

2009年9月16日，顺德区召开"顺德党政机构改革动员大会"，

⊖ 陈天祥，吴海燕，等. 中国地方政府大部制改革模式研究：来自珠三角的调查 [M]. 北京：社会科学文献出版社，2017.

将41个党政部门合并为16个大部门,其中区委机构6个,区政府机构10个。会上,省编委办领导宣读了省委省政府关于《佛山市顺德区党政机构改革方案》的批复。会议还免除了22名正局长,宣布了16个大部门负责人和副职人员名单。

佛山市委书记林元和在讲话中指出:顺德是全国改革开放的先行区,1992年的机构改革以来,是全国大部制改革的先行者和支持者之一,产生了全国性的影响。这次机构改革就是在1992年改革成果上继续推进的。

顺德区委书记刘海也表示,这次机构改革,是顺德1992年机构改革的继续完善和提升,是顺德开展综合改革试验、推进经济社会战略转型的重要措施,是为全省县级地区深化行政管理体制改革,建立服务型政府探索经验的需要,是新时期省委和市委交给顺德的一项重大任务……此举对全省、全国县级行政管理体制改革也具有先锋和示范意义。

紧接着,9月17日上午,中共顺德区委十一届八次会议暨政府全体会议召开。会上公布了16个大部门班子名单。这次改革严格执行"机构不升格,编制不突破"的要求,按照"编制随职能走"的原则,统一核定16个大部门的编制:按照领导职数与机构职能、人员编制相协调以及"人随职能走"的原则,规定16个工作部门的行政领导班子成员由正副职及局务委员组成;正职由区领导兼任,10个政府工作部门正职分别由5名副区长和5名区政务委员(按副处级领导职务配备)兼任;副职按正科级领导职务配备;局务委员按副科级领导职务配备。

在当天的会议上,16个党政机构负责人集体亮相,同时,还在会场举行了16个新部门的揭牌仪式。

一场"最大胆"的"党政大部制"改革,前后只用了两天时间。在此之前,很多人并不知道改革的力度会有如此之大。很多局长也是在会场宣布之后,才知道自己被"改革"了——新成立的部局一把手由区委常委或副区长兼任,原来的局长成了副局长,副局长成了局务委员。

还有更多的人,在走出会场时已经找不到自己的部门了。41个部门合并为16个部门,最大的特点不是职能相近的部门合并,而是党政署办公。

与所有的改革一样,争论是不可避免的。其中最多的争论来自于"党政不分""党政合一"还是"党政分开"。党的十七大报告提出"加大机构整合力度,探索实行职能有机统一的大部门体制,健全部门间协调配合机制"的明确要求,并且有从省委省政府到市委市政府自上而下的推动,以及各个试点同步并进的支持,改革者完全掌握了主动权,没有给争论者留下任何争论的时间与机会。

7月17日和18日,当地媒体《珠江商报》用了14个版的篇幅,全面报道了顺德大部制改革的内容。如今重新翻阅顺德当年的机构改革方案,竟然与8年后的党和国家机构改革方案保持了很多的相似性和一致性。

顺德改革方案公开之后,很多人都表示"很震撼""力度很大,超出了想象"。尽管这次顺德是全省改革试点,但改革者仍然承受着压力。这一次的压力不是来自于改革之前,也不是源自改革的过程中,而是改革之后的效果。按时任顺德区委书记刘海的话说,这一次的改革要达到的不是物理反应的效果,而是化学反应的效果。

刘海在接受媒体采访时说:大部制改革的压力很大,但20多年来顺德都顶住了,这次也一定会成功。单纯部门的增减,只是物理反应,从服务功能上提升,产生化学反应,才是真正的成功。**人们认为大部制就是简单地缩减多少部门,精简多少政府人员,但这种单纯以数量增减为标准的改革,没有从政府的服务功能上去研究,并不是真正的改革。顺德将从内涵、组织形式、服务对象、功能等方面,研究制定有顺德特**

色的大部制方案。用一句通俗的话来形容，希望不要通过物理反应，而通过化学反应达到目标。

顺德的行政体制改革有几个重要原则，首先是继往开来，秉承1992年改革的思维，继续完善提升；其次是总结分析历次改革的经验教训，竭力避免改了又重新膨胀的弊端，为全省探索新模式；最后是按照省的要求，建设服务型政府，与市场经济发展相匹配。

2009年11月1日，顺德16个新部门按照省委要求开始启用新公章。

2010年9月29日，广东省人大常委会审议通过《广东省人民代表大会常务委员会关于促进和保障佛山市顺德区综合改革试验工作的决定》，以人大文件方式确保顺德改革成效，以免出现机构反弹。

2010年11月25日，广东省委办公厅、省政府办公厅印发《关于推广顺德经验在全省部分县（市、区）深化行政管理体制改革的指导意见》，在深圳、珠海、东莞、中山等所有地级市中共选择25个县（市、区），参照顺德经验全面开展大部制改革。

2011年年底至2012年年初，"我国地方大部制机构改革模式跟踪研究"课题组对顺德大部制改革成效进行了跟踪调查，并梳理出顺德大部制改革存在的6个方面的问题。其中包括：① 一些职能职责调整不合理。② 上下级对接和内部协调问题。③ 事权划分问题。④ 民众对大部制改革的了解程度较低。⑤ 不同部门的服务得分参差不齐。⑥ 许多民众对大部制改革抑制腐败没有信心。㊀

以上这些问题，有些属于顺德内部协调的，可以在今后的改革中不断完善，但也有一些则超出了顺德的管辖范围和能力范围。《中国地方政府大部制改革模式研究：来自珠三角的调查》中举了很多这方面的

㊀ 陈天祥，吴海燕，等. 中国地方政府大部制改革模式研究：来自珠三角的调查[M]. 北京：社会科学文献出版社，2017.

例子：

"顺德大部制改革后，由于部门归并幅度很大，上级政府往往在顺德找不到完全对口的独立下级部门。因此，产生了区级大部门与上级部门之间的衔接问题。这既包括法律法规中规定的行政执法主体和行政职能履行主体的合法性问题，也包括上下级部门之间的协调，以及大部门之间的协调问题。"①

如行政主体合法性问题。"鉴于省市和其他大多数地区未进行大部制改革，顺德对职能相近的执法部门进行整合（成为大部门内设机构加挂牌子，不是独立的法人机构），挂牌执法机构大多得不到省市相关部门的承认。"②

如上下级对接问题。比如社会工作部对应的省市部门竟达34个，其中省19个，市16个，存在"一个儿子"对应"几个老子"的尴尬问题，单是开会就疲于奔命，而且省、市会议基本上都要求部门副职以上参加，部门领导成了"开会专业户"。③

调研组在大量调研的基础上，发现顺德大部制改革已有回潮的迹象。虽然顺德大部制改革作为试点取得了极大的成效，但由于全局性改革的不同步，特别是上级不改而下级改，全国不改而一地改，大部制面临着巨大的阻力。

正是在这种情况下，顺德大部制改革在不断调整、完善和反复的情况下，经过了历时8年的坚守与期待，终于在2018年的全国两会期间，迎来了党和国家机构改革的顶层设计方案。

顺德的几次改革试点，尤其是两次大部制改革，可以让我们深切感受到政府角色转变、结构改革的重要意义。德鲁克(Peter F. Drucker)曾说："任何组织，生物性也好，社会性也好，若对其规模（或体格）

---

①②③ 陈天祥，吴海燕，等. 中国地方政府大部制改革模式研究：来自珠三角的调查[M]. 北京：社会科学文献出版社，2017.

做出重大改变，都需要对其基本结构加以改变。"○

经过40年改革开放的顺德，无论是规模、发展复杂性上还是所面对的挑战，都在持续发生着变化，如果不能适时做出政府结构上的改变，最直接的情形就是，组织机构会桎梏改革和发展而成为最大的障碍。

按照马克斯·韦伯（Max Weber）所提出的"理想的行政组织体系"，组织内的各种服务和岗位要按照职权等级来组织，形成一个逐级分层指挥系统，各人的责权要明文规定；组织成员的任用，应通过正式考试或培训，使人员胜任职务的要求，而不是凭世袭地位或人事关系；组织内每人都必须严格遵守规章和纪律，没有例外。更重要的是，韦伯提出行政组织的基础是合法规定的权力。这些权力有：理性和法律的权力、传统式的权力和个人崇拜式的权力。行政组织体系分为三个层级：决策层、执行层以及基层。

因此，在行政组织体系中，最需要关注的就是如何确保组织的理性和法律设定的权力；如何保证行政组织体系中的组织成员胜任并严格遵守规章和纪律；如何保证行政组织体系高效运行，而不是一个机构臃肿、层级复杂的结构。在我们的政府行政体系中，要做到这几点相对困难一些，因为传统意义上，在中国，政府工作人员有着极高的社会地位，人们对权力距离的认知也非常普遍，如果政府不能约束自己，精简有效就是一个重大的挑战。

早在16世纪初马基雅维利（Machiavelli）曾经问过：政府能够做什么呢？17世纪末，英国的约翰·洛克（John Locke）等人就开始讨论政府应该做些什么，它应该怎样去做。很显然，人们并不知道政府能够做什么，因此，政府需要自己界定清楚。如果从组织管理的视角来

○ 彼得·德鲁克，中内功. 德鲁克看中国与日本：德鲁克对话"日本商业圣手"中内功[M]. 北京：机械工业出版社，2014.

看，需要政府做到两件事情：第一，将持续改善纳入政府机制；第二，让政府集中精力做那些发挥了作用的事情，放弃那些没能发挥作用的事情。[一]

在政府机构做这两件事情，要求每一个机构以及机构内的官员，定义绩效目标、质量目标以及成本目标，还需要获得最终的成果，这就需要在政策和实践上进行持续的自我变革，因而会对机构内的每一个人带来持续的挑战，甚至会导致反对和抵抗。

从设定改革开放的目标开始，政府就需要重新思考自己的角色及功能，如果沿用原有的结构和行为规则，一定无法匹配改革开放的大局；如果沿用原有的方式，它会变得无法支配、无法管理，甚至会失去控制。我们都很清楚，目标改变的时候，特定的机构或者管理习惯已经不再可行，当政企分开、政资分开之时，政府机构依然保有不变的功能已经完全不现实。在这个时候，不断地进行政府"瘦身"，不断地缩减"规模"，最终让政府变"小"，成为一个根本性的选择。

这就是顺德政府机构改革试点，特别是两次大部制改革最值得赞赏之处。第一次大部制改革：先精简机构，再转换职能；第二次大部制改革：建服务型政府，匹配市场经济。

为什么顺德可以做得到？**首先，它认识到机遇来自于改革**。比如，如果不是产权改革，顺德不可能建立起自己的工业基础，拥有大量的企业集群。顺德没有太多的土地，也没有较好的资源禀赋，即便相对好的地理位置，在珠江三角洲也并不是最佳，所以，顺德人别无选择，坚持改革是唯一的强县之路。

其次，顺德人既有改革的眼光，也有解决难题的智慧。顺德县的管理者们思想开放，又脚踏实地，他们极为熟知本土情况，深知民众的想

[一] 彼得·德鲁克，中内功. 德鲁克看中国与日本：德鲁克对话"日本商业圣手"中内功[M]. 北京：机械工业出版社，2014.

法与期望。他们似乎天生具有解决问题的智慧，不仅胸怀宽广，在全国、全世界去寻找借鉴的经验，而且广寻资源与人才。一旦他们拿出行动方案，总会获得预期效果，这一点让人极为钦佩。

最后，顺德敢作为，愿作为。 顺德每一次都可以得到改革试点的机遇，就足以说明这是一个能够有所作为，并愿意有所作为的地方。这在很大程度上表明，顺德人不断追求超越、创新并求得结果的内在能力。顺德人向来脚踏实地，他们知道，自己不能偏安一隅，必须不断超越自己，参与到改革所带来的大潮中去，这样才会让他们不受限于自己。勇于作为的选择，让顺德人发现，改革并不可怕，开放的精神不断让顺德受到莫大激励，也让参与到改革中的每一个人感受到美好。

要改革，就要有挑战自己的决心，就要有可行的方法和做法。在没有任何可以借鉴的经验的情况下，基层管理者们就需要有采取必要行动的勇气和智慧，需要能够正确地领悟中央政策的精神，要有向自己挑战、自我变革的勇气，同时要务实地拿出可操作的方案，这也是顺德一次又一次成为改革"试验区"的根本原因之所在。

附一：2009年顺德大部制改革调整后的党委机构（6个）

1. 区纪律检查委员会（区政务监察和审计局）

组建区政务监察和审计局，与区纪律检查委员会机关合署办公。将区监察局、审计局的职责整合划入区政务监察和审计局。不再保留区监察局、审计局。区信访局并入政务监察和审计局，在区政务监察和审计局内设机构挂牌。

2. 区委办公室（区政府办公室）

区政府办公室与区委办公室合署办公，挂区决策咨询和政策研究室牌子。

3. 区委组织部（区机构编制委员会办公室）

　　区机构编制委员会办公室与区委组织部合署办公，将区人事局机关和事业单位人事管理的职责划入区委组织部（区机构编制委员会办公室）。

4. 区委宣传部（区文体旅游局）

　　组建区文体旅游局，与区委宣传部合署办公。将区文体广电新闻出版局（版权局）除文体许可及文化综合执法以外的职责、旅游局除旅游市场监管以外的职责划入区委宣传部（区文体旅游局）。不再保留区文体广电新闻出版局（版权局）、旅游局。

5. 区委政法委员会（区司法局）

　　区司法局与区委政法委员会合署办公。

6. 区委社会工作部（区民政宗教和外事侨务局）

　　组建区民政宗教和外事侨务局，与区委社会工作部合署办公，挂区港澳台工作办公室牌子。将区委统战部、区外事侨务局、区民族宗教局、工商业联合会机关的职责，区残疾人联合会机关除残疾人就业培训以外的职责，区农村工作部管理农村集体经济组织的职责，区民政局双拥优抚、基层政权建设、民间组织管理的职责，整合划入区委社会工作部（区民政宗教和外事侨务局）。不再保留区委农村工作部、统一战线工作部、区外事侨务局、民族宗教事务局。工、青、妇等群团组织归口区委社会工作部，按各自章程运作。

附二：顺德大部制改革调整后的政府机构（10个）

1. 区发展规划和统计局

　　佛山市规划局顺德分局由市垂直管理调整为顺德区政府管理。将区发展和改革局（物价局）、佛山市规划局顺德分局、统计局的职责，经济贸易局产业发展规划的职责，区环境保护局生态保护规划的职责，整合划入发展规划和统计局。不再保留区发展和改革局、佛山市规划局顺德分局、统计局。区物价局在发展规划和统计局内设机构挂牌。

2. 区经济促进局

将区经济贸易局（对外经济贸易合作局）、科学技术局（知识产权局、信息产业局）、农业局（畜牧兽医局），整合划入区经济促进局。

3. 区教育局

进一步优化整合教育资源，做大做强教育事业。

4. 区公安局

佛山市公安局顺德分局由垂直管理调整为顺德区政府管理，更名为佛山市顺德区公安局。

5. 区财税局

佛山市顺德区地方税务局由垂直管理调整为顺德区政府管理。将区财政局、佛山市顺德区地方税务局的职责整合划入区财税局。不再保留区财政局、佛山市顺德区地方税务局。区财税局地税业务工作由省地方税务局直接领导。区财税局代表区政府联系佛山市顺德区国家税务局，区公有资产管理办公室由区财税局归口联系。

6. 区人力资源和社会保障局

将区劳动和社会保障局的职责、人事局除机关和事业单位人事管理以外的职责、民政局的社会救济和社会福利的职责、卫生局农村合作医疗管理的职责、总工会劳动竞赛的职责、残疾人联合会残疾人就业培训的职责，整合划入区人力资源和社会保障局。市社会保险基金管理局顺德分局由垂直管理调整为顺德区政府管理，更名为佛山市顺德区社会保险基金管理局，由区人力资源和社会保障局归口联系。不再保留区人事劳动和社会保障局。

7. 区国土城建和水利局

佛山市国土资源局顺德分局由市垂直管理调整为顺德区政府管理。

将佛山市国土资源局顺德分局、区建设局（房产管理局）、水利局的职责，区交通局（港航管理局）的建设职责，整合划入区国土城建和水利局。不再保留佛山市国土资源局顺德分局、区建设局（房产管理局）、水利局。

8. 区卫生和人口计划生育局

佛山市顺德区食品药品监督管理局由省垂直管理调整为顺德区政府管理。将区卫生局、人口和计划生育局的职责，以及佛山市顺德区食品药品监督管理局除食品安全协调以外的职责，整合划入区卫生和人口计划生育局。不再保留区卫生局、人口和计划生育局。

9. 区市场安全监管局

佛山市顺德区工商行政管理局、质量技术监督局由垂直管理调整为顺德区政府管理。将佛山市顺德区工商行政管理局、质量技术监督局、安全生产监督管理局的职责，佛山市顺德区食品药品监督管理局的食品安全协调的职责，区卫生局的食品安全卫生许可和餐饮业、食堂等消费环节食品安全监管职责，区文体广电新闻出版局（版权局）的文体许可及文化综合执法职责，区农业局的农业市场管理职责，区经济贸易局（旅游局）的旅游市场监管、生猪屠宰管理职责，整合划入市场安全监管局。不再保留佛山市顺德区工商行政管理局、质量技术监督局、区安全生产监督管理局、食品药品监督管理局。

10. 区环境运输和城市管理局

将区环境保护局、城市管理行政执法局的职责，区交通局（港航管理局）除交通建设以外的职责，区建设局的公用事业管理职责，整合划入区环境运输和城市管理局。不再保留区环境保护局、交通局（港航管理局）、城市管理行政执法局。佛山市顺德区气象局由垂直管理调整为顺德区政府管理，归口区环境运输和城市管理局联系，挂区地震办公室牌子。

PART 3

第三篇

改革深处是产权

虽然各种挑战前所未有，各种冲突比比皆是，各种利益对立矛盾，甚至分歧显现得极为激烈，但是，每一个尝试都意味着进步，每一个冒险都意味着价值。持续的冒险、尝试、创造，构建了属于顺德的独特风景。

第七章　乡镇企业

包产到户

财经作家吴晓波在《激荡三十年》特别引用了作家余华的小说《兄弟》中的一段话，来描述乡镇企业厂长、农民企业家这个阶层的崛起与顽强："他们像野草一样被脚步踩了又踩，被车轮碾了又碾，可是仍然生机勃勃地成长起来。"[一]

乡镇企业，与包产到户一样，被誉为中国改革开放40年间，中国农民最伟大的两大历史创造。

中国乡镇企业的前身可以追溯到20世纪50年代的农村手工业和社队企业。中国国家统计局在《新中国50年系列分析报告》中指出，1959年年底全国农村陆续建立的小工厂就多达70多万个，从业人员达500万人，产值超过100亿元，占当时全国工业总产值的10%。

广东省顺德县，自1954年起，开始在农村圩镇成立生产合作社。随着"合作化"高潮的到来，规模不断扩大，各级政府都在各圩镇组织闲散劳动力，进行生产自救，开办了一批小厂，它们成为顺德县乡镇集体企业的雏形。1958年，公社企业一度达到2025家。但是企业效益和产品质量都很差，后来不得不又缩短基本建设，精减人员。

[一] 吴晓波. 激荡三十年：中国企业 1978—2008（上）[M]. 北京：中信出版社，2017.

"文化大革命"期间，顺德社队企业被当作资本主义批判，被指责是"重农轻工""弃农就工"，几起几落。○

1970年，国家政策有所松动，允许在农村利用当地资源，兴办农机厂、农具厂或者其他为农业服务的小工厂。于是在20世纪70年代中后期，农村工业又开始复苏，建立了一些小厂，主要从事农机制造或者是农具维修，并渐渐成了气候。

在广东顺德，极左思想仍然束缚着社队企业的发展。20世纪70年代的路线教育工作队，发现顺德弼教村又种花又办工厂，马上勒令停办，并为此编了顺口溜批判："村前百花香，村中机器响，为了钱钱钱，忘记大方向，如果不改变，弼教定遭殃。"直到1978年，广东还流行着这样一种说法，如果一户农民养了三只鸭子，就是社会主义；如果家里养了五只鸭子，就算资本主义，就要"割尾巴"。即便保守思想势力很大，顺德仍然还是有一些胆大的社队，冒着风险，抓紧机遇办企业。

根据《顺德县志》记载，1978年，顺德社镇（街）办企业达到268家，产值38 034万元。○

事实上，当全国乡村都在积极实行"农业学大寨""割资本主义尾巴"时，顺德社队企业的星星之火就从没有泯灭，而且一旦认准风向，就立即形成燎原之势。

1968年5月，何享健等23位北滘镇人筹资5000元，办起了"北滘街办塑料生产组"，何享健任组长，生产塑料瓶盖、玻璃瓶盖，还有皮球。厂房用竹木沥青纸搭建，生产场地只有20平方米。

1975年，这个小小的生产组荣升为公社所属企业，打出了"顺德县北滘公社塑料金属制品厂"的招牌，厂房大了10倍，开始生产五金制品。

1976年，何享健偶然得知，汽车拖挂车必须安装刹车阀才能上路，

○○ 顺德县地方志编纂委员会. 顺德县志 [M]. 北京：中华书局，1996.

厂子进一步更名为"顺德县北滘公社汽车配件厂",开始生产汽车挂车刹车阀、橡胶配件。

1980年,公司开始生产风扇,并在1981年正式注册"美的"商标。从街办塑料瓶盖厂,到打出"美的"品牌,用了短短13年。这是今天的世界500强企业"美的集团"的前世。

1978年前后,到20世纪80年代初期,中国社队企业进入了发展的关键期。

中共十一届三中全会后,农村开始实行家庭联产承包责任制,大批的农村劳动力从田间地头解放,社队企业获得了发展所需的充足劳动力,而农民则赢得了改善家庭收入、改变命运的时间和空间。

早在1978年4月,顺德县委就曾在全县先进社队企业代表会议上,旗帜鲜明地指出:社队企业是农村发展的"伟大希望和前途"。当时国家政策有规定,乡镇工业必须要为国家大型企业服务,而且只能就地取材、就地加工、就地销售。佛山地委当时还规定,社队企业不准使用超过20%的农村劳动力,但是务实的顺德人从来没有因此而捆住自己的手脚。

其实直到1979年,根据中央75号文件,只有"三靠"地区户,即长期"吃粮靠返销、生产靠贷款、生活靠救济"的生产队,才可以实施包产到户。顺德并不符合条件,但是顺德当时有5个公社书记很坚持,说上面如果不让包产到户,公社书记可以不做,再回去当普通农民。

结果,"上面"政策还没有到位的时候,顺德的包产到户实践就在"下面"悄悄进行了。

1977年秋天,顺德马南生产队尝试承包鱼塘,比安徽凤阳小岗村还要早。在常年吃"大锅饭"的分配体制下,农民没有积极性,在十一届三中全会之前,受到"文化大革命"影响,顺德县境内的鱼塘约有30万亩,每年每亩增产不过一斤,算下来,每亩鱼塘连多打一条鱼都没能做到,这还是在学生停课、工厂停工、机关干部也都下去支援的情况下才做到的。

马南生产队村民找到驻村工作队负责人，悄悄包下了村口产量低的鱼塘，定下任务，每年上交 300 斤鱼。结果一年后，不仅完成了任务，还多出了 600 斤鱼。不少人闻讯纷纷效仿。[1]

1975～1983 年，黎子流曾任顺德县委书记。他接任县委书记之时，顺德全县农村人均分配仅有 115 元，平均每月不到 10 元钱。穷则思变，黎子流悟出"无工不富，无农不稳，无商不活"的道理。而"包产到户"，是使得大批顺德农民"洗脚上田"的前提。

黎子流见证了顺德包产到户的全过程。1979 年 3 月，大良公社逢沙大队兆一生产队率先实施"包产到户"，第二年，这个大队的永丰生产队推行"包干到户"，截至 1982 年 10 月，顺德全县有 95.1% 的生产队参与其中。

在《见证与突破：顺德改革开放三十年回眸与前瞻》一书中，黎子流回忆，当时顺德县政府知道农民私底下在搞包产到户，一方面，向上级汇报是"联产到户"，不公开与中央政策发生冲突（所谓"联"，意思是不解散集体，还有一部分是与生产队联合的）；另一方面，身为顺德父母官的黎子流忙着应对来自上级的压力。地委当时有领导批评顺德搞包产到户，说"再搞下去，你黎子流连党籍都保不住"。[2]

伴随着包产到户推行成功，社队企业也蓬勃发展起来，以解决剩余的农村劳动力就业。但这也成为顺德人离经叛道的一个佐证。

社队企业再一次被扣上资本主义的帽子，被称作是"不正之风的风源""资本主义的温床"。1981 年，有人曾列出社队企业的"十大罪状"，但是顺德县政府针锋相对。黎子流回忆，当时顺德干部总结出了社队企业的"十大优越性"，预备和"反对派"辩论。

---

[1]《顺德人、顺德事》编辑委员会. 顺德人、顺德事：从农村到城市的嬗变 [M]. 广州：广东旅游出版社，2013.

[2] 中共顺德区委宣传部，珠江商报社. 见证与突破：顺德改革开放三十年回眸与前瞻 [M]. 广州：广东人民出版社，2008.

结果是时任广东省委书记任仲夷出面，保护了改革者。

乡镇工业

1978 年 12 月，中共十一届三中全会召开，中国乡镇企业兴起的势头，已经不可阻挡。

1978 年，在生产队做农民的杨国强，辛苦一年才挣 180 元。杨国强后来回忆："我曾对哥哥说，就算我做 50 年，到 70 岁，一年挣 200 元，不吃不喝也就 1 万元，这样下去一辈子有什么意思呢？说这话的时候我哭了，对生活感到很绝望。我哥说，社会会变的，会变好的。"

社会真的变了。那一年，杨国强的生活转机来了。他承包了甘蔗地，上缴一部分费用后，全年只用干 10 天农活，多出来的时间和精力，他去帮别人"起屋"。后来，他从"建房子"的人，变成"卖房子"的人。

杨国强成为顺德北滘镇政府下属的北滘建筑工程公司总经理，并出任三禾董事总经理，由该公司主导开发的地产项目因为位于广珠公路南侧的碧江村、三桂村，所以叫"碧桂园"。⊖

碧桂园于 2007 年在我国香港上市。2018 年，在美国《福布斯》网站公布的年度"全球上市公司 2000 强"中，碧桂园排名 143。

1978 年，顺德桂洲镇，当地政府连夜开了好几天会，壮着胆子提出"10 年建一个亿元工业区"，并把这个不可能的任务交给了镇上的"能人"梁庆德，他是时任镇工交办副主任。原因有三条：第一，梁庆德除了年龄优势，已经过了不惑之年，看上去够成熟；第二，他文凭高，是中专毕业；第三，他有经验，在镇办厂子里当过厂长。⊖

⊖ 中共顺德区委宣传部，珠江商报社．见证与突破：顺德改革开放三十年回眸与前瞻[M]．广州：广东人民出版社，2008．

⊖ 樊荣强，陈勇儒．顺德制造：破解顺德制造业成功发展之谜[M]．广州：广东经济出版社，2002．

于是，同年 9 月 28 日，在顺德桂洲镇的荒滩上，41 岁的梁庆德接受上级党委安排，搭了几个窝棚，开始走家串户收购鸡毛和鸭毛，生产鸡毛掸子，成立了只有 7 个人创业的乡镇小厂。这个白手起家的厂取名为顺德桂洲羽绒厂，发展壮大后又更名为桂洲畜产品企业（集团）公司，手工洗涤鹅鸭羽毛，出口到海外。

后来，为了做外贸生意，梁庆德决定取个外文名，因为广东（GUANGDONG）和桂州（GUIZHOU）都是以"G"打头，所以最后梁庆德选定了 GALANZ，意为"富丽堂皇"。

1992 年，公司改名为"广东格兰仕企业（集团）公司"，义无反顾放弃了羽绒行业，转而踏入陌生的家电行业，尝试生产微波炉。㊀

格兰仕只用了三年时间，就做到了中国微波炉市场占有率第一，并用 6 年时间，实现了微波炉产销全球第一，被业界称作"格兰仕奇迹"。

而桂洲镇，则早在 1982 年，就成为中国第一个亿元镇，产值约为 1.5 亿元，提早达到了 10 年奋斗目标。过去，这里的主要经济收入倚靠农业，是顺德最穷的乡镇之一。

2002 年，容奇镇和桂洲镇合并成容桂镇。容奇，因境内有容山和奇山两个小山岗而得名。桂洲镇是因为传说聚居地附近有三株桂花树。这两个名字听上去有点"乡气"的乡镇融合后，成为"华夏第一镇"，面积不过 80 余平方公里，但两地的工业产值加起来已经近 200 亿元。

在辉煌的数字背后，是顺德乡镇工业擅于绝地反击，眼光超前，从而能够安然渡过生死关的艰辛尝试。

1978 年，国家对机械工业进行调整，顺德的部分社队骨干企业曾遭受毁灭性打击。

"两机"生产曾经是顺德社队企业的一大优势。"文革"后期，"促

㊀ 中共顺德区委宣传部，珠江商报社. 见证与突破：顺德改革开放三十年回眸与前瞻[M]. 广州：广东人民出版社，2008.

生产"紧随"抓革命",也被提上了议程,但在"革命"中几乎瘫痪的国有大中型企业尚未恢复元气。顺德陈村公社的农机厂和电机厂抓住了这个商机,开始生产"两机"。比如电机厂从小型发电机生产开始,直至生产全套发电设备,产品供不应求,为陈村公社积累了"第一桶金"。结果,当时顺德全县各社队都开办企业,主要集中在机械和建材行业。

但是,随着国家政策的调整,没有按照国家颁布的统一的行业标准和规格制造的产品或者设备,即所谓的"非标产品",一律停止生产,停止销售。顺德社队企业已经造好的机床和铸件都烂在了仓库里。

损失太惨重,时任顺德县革委会副主任叶胜军和顺德社队企业局局长潘炳忠,情急之下,曾经飞到北京,找到一机部有关负责人求情,希望把积压的1000多台机床卖出去,对方斩钉截铁地拒绝了。⊖

顺德人没有气馁,在绝望中另辟蹊径。一方面,国家政策堵死了机械生产的路子;另一方面,精明的顺德人看到了国内消费市场的兴起,及时掌握了市场风向,开始转产家用电器。

后来的容桂镇当时是珠三角对香港的一个重要贸易港。容桂镇的前身之一,容奇镇1949年前就建有直通香港的港口,每天都有固定航班到香港,是供给香港农产品的出口基地,因而消息灵通。容奇和桂洲当时都有不少农机厂、农械厂,它们一旦发现情形不对,就立即掉头转产,开始生产家电产品。

1979年1月,桂洲柴油机配件厂试制出三环牌TRB1200毫米吊式电风扇,第二年就批量生产出口,成为广东省第一家电风扇出口定点厂。这个厂的前身为镇办集体企业,1969年由五金农具社等组成了桂洲五金机械修配社,后来又成为顺德县二轻机床厂、桂洲柴油机配件厂。1980年,这个厂更名为桂洲电扇厂。此后,超过20家专业电扇企业相继兴

⊖ 招汝基,邓俭,李允冠,杨文灿. 先行者的30年:追寻中国改革的顺德足迹[M]. 北京:新华出版社,2008.

第七章 乡镇企业

起。20 世纪 90 年代，顺德成为全国最大的电风扇制造业中心。

顺德也是当时中国最大的家电生产基地。就在后来的容桂辖区内，在区区小岛上，形成了著名的"三大王"。广东珠江冰箱厂的掌舵人潘宁是"冰箱大王"；梁庆德成为"微波炉大王"；农民出身的陈兆驹，利用旧祠堂创办了桂洲电木厂、电器厂，又发展成为广东电饭锅厂，成为远近闻名的"电饭锅大王"。

鼎盛时期的容声冰箱、格兰仕微波炉、爱德电饭锅，都是那个年代国内同类产品的第一品牌。

当年顺德乡镇企业的起步主要有四大来源。

一些名闻遐迩的乡镇企业，前身就是有一定底子的**社队企业**。比如北滘镇裕华实业公司前身是木器厂，陈村镇华英风扇厂脱胎于农机厂，桂洲镇顺德电缆厂是以前的竹器厂。

还有一些企业是**集体投资创业**，比如顺德容奇镇的珠江冰箱厂，就是当地从集体经济积累中拿出 9 万元投资兴办的。20 世纪 90 年代，这个厂的年产值位列全国乡镇企业第一位。

顺德的乡镇企业发展还得益于**"三来一补"**的神来之笔。"三来一补"指的是来料加工、来样加工、来件装配和补偿贸易。1978 年 8 月，顺德大进制衣厂正式投产，由港方负责技术、设备和原料，容奇镇出工人、出厂房，生产出的产品由港方负责销售，双方商定以加工费来偿还设备款。引进"三来一补"企业，就是因为容奇镇太穷，当时容奇镇有 33 000 名常住居民，其中 7000 人没工作，不得不劈竹子做筷子贴补家用，一支筷子只能挣一分钱。

虽然极度渴望富裕，但顺德人还是保持了革命警惕。林德荣在《中国千亿大镇》中记录了一个细节，当大进制衣厂从国外进口的缝纫机到货时，顺德公安部门如临大敌，仔细地对这些设备进行检查，以确保没有"不良文化"。当时连大进从香港进口的设备和原材料的包装纸都要求集中销毁，由派出所现场监督。

大进制衣厂打破了"大锅饭"，实行计件工资制度，第一批招了300多名本地人。冯胜全是其中之一，月工资高达60元，比政府工作人员还高27元。大进制衣厂成为人们羡慕的"天堂"。当时容奇街头打扮入时、穿金戴银的女人，几乎都是大进制衣厂的女工。㊀

20世纪80年代中期，类似大进制衣厂这样的"三来一补"企业在顺德已经有600多家，沿着105国道分布在顺德县境内。

此外，顺德乡镇企业起家的另一个途径是**外引内联合资经营**。比如华南毛纺厂，投资360万美元，是由桂洲镇与一家香港公司，以及广东省畜产进出口分公司三家合资兴办的。

顺德乡镇企业，在"八仙过海、各显神通"的多样性中起步，开始快速发展。这与当年广东省对乡镇企业的灵活政策正相关。当时规定，乡镇企业可以提取销售收入的1.5%，作为业务费，这为顺德乡镇企业跑项目、开拓国内市场提供了极大便利。

顺德乡镇工业的发展并非一帆风顺，顺德人形容这是"多生的猪崽"，好比"一只母猪生了13只猪崽，但只有12个奶头，似乎是多生了一只，因为吃奶的时候，总有一只没着落"。另外一种说法是，"它有点像计划外出生的小孩，没有户口，没有粮油布票供给。"

在计划经济时代，只有国营大企业才不愁生产原料，由国家统一供应。社队企业就得自己找米下锅，俗称跑供销。《中国千亿大镇》一书记述，1979年，一个叫林伟雄的人与顾地生产队合作，由顾地生产队出资3600元，利用一间废弃的蚕茧房，开办了顾地综合塑料厂。

有一次，兰州石化同意给林伟雄一些塑料废料，当时为了计算方便，按车皮收费，一车皮按7吨算。林伟雄带人硬是在一个车皮里装进去27吨废塑料。㊁

㊀㊁ 林德荣. 中国千亿大镇[M]. 广州：广东人民出版社，2010.

林伟雄是幸运的。1993 年，趁着顺德大面积推行企业转制，他以 3600 万元买下顾地村 35% 的股份，成为该厂真正的老板，日后成为伟雄集团董事长。伟雄集团是顺德为数很少的以企业家名字命名的民营企业。[一]

不过，草根经济容易壮大，也容易被踩踏，一旦上面有风吹草动，乡镇工业很容易就成为牺牲品。

据《先行者的 30 年》记载，20 世纪 80 年代初，在打击经济领域犯罪的运动中，社队企业四处跑原料、跑销售的供销员成了靶心。大良公社的一个供销员，新婚之夜被广州公安部门抓走，当晚死在拘留所。有一次，顺德社队局的一位副局长险些被抓，因为他帮着企业从江西购买铅、锡原料，有投机倒把的嫌疑。

在人心惶惶的形势下，时任县委书记黎子流提出"以袋为界"，认为只要不是中饱私囊的，是一心为公的经济行为，都要保护。时任县长吕根指示，只要是外地来顺德抓人的，必须经过顺德公安局同意，并由公安局严格把关。

敏感时期，时任广东省委书记任仲夷出面稳定了大局。他一面表态坚决打击经济领域里的犯罪活动坚定不移，一面强调改革开放，以经济建设为中心坚定不移。[二]

1983 年，顺德全县社队企业发展到 2019 家，占全县工业产值的 50%，几乎所有村镇都办了企业。

1983 年 11 月，顺德撤销人民公社，恢复区镇建制。

1984 年，中央四号文件正式将"社队企业"更名为"乡镇企业"，肯定了它是国民经济的重要力量。"社队企业"已经名不副实。乡镇企

[一] 林德荣. 中国千亿大镇 [M]. 广州：广东人民出版社，2010.
[二] 招汝基，邓俭，李允冠，杨文灿. 先行者的 30 年：追寻中国改革的顺德足迹 [M]. 北京：新华出版社，2008.

业并不简单地只是改了个称呼，而是发生了质的变化，明确由原来的社办、队办企业，改为乡办、村办、联户办、户办企业。

1984年，被称作是中国现代企业元年，包括珠江冰箱厂等顺德乡镇企业在内，很多日后在行业中无敌的企业，以及它们叱咤风云的企业领袖，都在1984年前后崭露头角。

1984年，顺德乡镇企业百花齐放，呈现出遥遥领先的态势。例如当时的容奇镇，1984年的工业产值已经超过1.1亿元，人均年收入达到1703元。在那个年代，这是一笔不小的财富，因为当时火柴才一分钱一盒，雪糕是五分钱一支。

1983～1988年，顺德几乎天天放鞭炮，因为几乎每天都有新企业开张，一大批乡镇企业异军突起。

顺德乡镇企业的成功，依赖于天时、地利与人和，还有着深厚的历史积淀。

以顺德容桂发展为例，容桂曾经有过两次发展大工业的良机。

100多年前，容桂已经是宜商宜居之地，成为中国的民族工业重镇，上百家机器缫丝厂云集，曾经拥有日进十万银的"广东银行"，当时容桂聚集的产业工人数量甚至超过了上海和天津。

《中国千亿大镇》一书描述了容桂"工业文明的胎记"，认为有"百年缫丝工业传统"的容桂在此影响下，专业意识、合作意识、竞争意识都十分浓厚。比如别的地方都是学而优则仕，容桂人读书却是为了经商，"许多有商业头脑、懂商业模式的生意人像韭菜一样，一代一代地生长。"

改革开放，为容桂人带来了第二次机遇。

1984年，邓小平第一次南方谈话。这一年的1月29日，他在深圳和珠海视察过后，途经顺德县时，在清晖园稍事休息，听取了时任顺德县委书记欧广源和县长吕根的汇报。邓小平指示："靠山吃山，靠水吃

水。山和水能解决大问题，全国对山的利用比较好，但对水的利用比较少，要充分利用起来。"⊖

邓小平亲临顺德，让顺德人大受鼓舞。借此东风，顺德乡镇企业大发展并走出来一条新路，所靠不仅是山，也不仅是水，而是整个香港城。

拜师香港

当时的容奇港是直通香港的内河港，地缘优势明显。

是香港为顺德做了第二次工业化启蒙。曾任顺德县委书记的黎子流总结，顺德的开放，离不开两件事，那就是香港电视节目和香港游。当年很多顺德家庭安装了"鱼骨天线"收看香港电视节目，上面不让，老百姓就装了拆，拆了装，屡禁不止。黎子流家也一样不能免俗，因为他儿子也要看香港电视节目。

如果说香港电视节目为顺德老百姓开了一扇信息的窗，到香港参观，则给顺德人开辟了一条现代工业发展的路。

1981年1月11日，时任县委书记黎子流一行六人前往香港实地考察。这一次考察被郑重记入了顺德大事记。

1982年，后来成为"电饭锅大王"的陈兆驹怀揣海员证，搭乘顺德土畜公司的船去了香港。他惊讶地发现，资本主义把人的潜能全部"压榨"了出来，勤勉的香港人，有很多白天在公司上班，晚上还出去打散工。

香港人给顺德的政府官员和乡镇企业家们上了生动一课。顺德人飞快行动起来。由于有百年的机械工业根基，以及百年经济智慧积累，顺德人在接收市场信息和技术学习方面仿佛天赋异禀，他们将香港市场上

⊖ 黎尔宽. 见证顺德[M]. 香港：香港文汇出版社，2011.

的时髦电器买回来，认真测量，细细琢磨，消化、吸收和改进，很快就能够仿制出来同类产品，打开国内市场。这就是当年流行一时的"反求工程"，被称作"对已有设计的设计"。

1984年，陈兆驹从香港买回一个台湾产的电热锅，正是用这种逆向思维的办法，研制出电热锅。

1985年，他又从香港买了一只日本产的电饭锅，国内第一台直筒式自动保温电饭锅就这样"照猫画虎"，居然成了。

有一段时间，陈兆驹几乎每个月跑一次香港，专门去逛家电，看见新产品，马上入手，带回顺德仿制。陈兆驹不是简单模仿，而是在此基础上有所提升，比如把"超温熔断器"技术运用在电饭锅上，提高了安全性能，市场口碑很好。

1988年，也就是三年后，陈兆驹率领工人们，一口气生产出了80万个电饭锅。

他给自己的电饭锅品牌起名叫"爱德"，厂子更名为广东电饭锅厂。

爱德电饭锅在中国第一个使用杜邦涂料"特富龙"，不粘锅从此走入了寻常百姓家。㊀

也是1984年，乐从镇农机维修厂的张鸿强，在香港第一次看到燃气热水器。他动员全厂，把买回来的几台热水器大卸八块，细细研究。而当时企业所在地连煤气和自来水都没有，研究热水器，不仅技术超前，连想象力也超前，仿佛是地球人发起登月工程。

顺德人做到了。1985年，张鸿强领导技术攻关小组，研制出中国第一台装有意外熄火自动防护煤气泄漏安全装置的燃气热水器，送到日本检测过关，日本燃气专家称："中国人一年赶上了我们13年的研制水平。"1985年，第一批鉴定合格的"神州"热水器投放中国市场，从此成为中国家喻户晓的热水器品牌。

㊀ 林德荣. 中国千亿大镇 [M]. 广州：广东人民出版社，2010.

其实要论天时与地利,顺德在广东并非一枝独秀。顺德乡镇企业之所以日后能够发展为顺德制造,创造出独步天下的"顺德"模式,人和是重要因素。顺德有大批务实的政商人才聚集,一开始就具备了深远的战略眼光,而且有担当愿合作,这成为顺德模式不可或缺,也无法仿制的核心竞争力。

顺德容桂人有一句话:"执输行头,惨过败家",意思是不争先比败家还惨。"奋勇争先"几乎是融进顺德人血液里的一种精神。

比如,顺德率先引进"三来一补"企业,"没有经过任何政治运动的强化,一项与社会主义计划经济体制离经叛道的崭新的'三来一补'经济模式,就能够被纳入社会主义的制度化轨道,这在共和国40年历史上是绝无仅有的。""顺德人凭借经济智慧和自觉意识,在中国改革开放的前夜,做出了经济制度变迁的初始化的正确选择!"⊖

顺德人在制度上先行,在产品制造上也敢于争先。珠江冰箱厂的诞生,是顺德的另一大发明创造。

1984年,全民经商的浪潮席卷全国,但顺德不改初心,无论倒买倒卖的商业利润多么令人眼红,顺德始终坚持"工业立市",顺德的乡镇企业则坚持以工业企业为主。

顺德著名的企业家,比如格兰仕创始人梁庆德、珠江冰箱厂掌舵人潘宁,都曾经担任过一个官方职务,即镇工业与交通办公室副主任,简称镇工交办。这个机构不容小觑。例如当年广东最早的"三来一补"企业大进制衣厂落户容奇,就是容奇镇工交办具体操办的。

容奇镇工交办副主任潘宁,只有小学文化程度,但是这并没有妨碍他拥有敏锐的商业直觉。他参与了容奇镇工业大方向的决策进程。当时容奇镇拨了30万元巨款,成立了工业研究所,顺德技校毕业的陈福兴原本在体委工作,因为爱好发明创造,被选中当了工业研究所所长。

⊖ 李少魁.第一块石头[M].顺德:顺德区社会科学界联合会,2011.

顺德乡镇企业在经过早期的艰苦创业之后，一些企业面临着产值和效能低、市场饱和、产品滞销的困境。优胜劣汰之后，需要寻找新的工业发展方向。"船小好调头"曾经是乡镇企业最大的优势，但是顺德人很早就领悟到，要造大船，才真正扛得住风浪。

潘宁和陈福兴经过长达 1 个多月的调查后，认为"电冰箱是一个具有广阔前景的家电产品"。1979 年，全国冰箱产量只有 3 万多台，市场供不应求。潘宁任冰箱厂筹备组组长，他向镇政府申请了 9 万元"试制费"，把双门双温 103 升冰箱作为攻关目标，派出各路人马去"拜师学艺"。结果，到某国内大型冰箱厂参观时，对方根本不让他们进厂房，只带他们去看了新工地；派到西安交通大学学习的技术员，只敢说是学习冰箱修理，怕人笑话。

在一穷二白的基础上造冰箱，的确比农民造飞机还艰难。

发明爱好者陈福兴担任了冰箱试制组组长。他自己花费了 24 元钱，买来一大堆制冷技术书籍，"三更灯火五更鸡"地反复研读，最后干脆自带铺盖住进了车间。条件简陋，试制冰箱的外壳都是用手捶、用手挫出来的，测试则是用简易万能表完成的。组装完毕后，陈福兴一口气安排人买了 10 瓶汽水，装进了冰室。第二天，冰室打不开了，原来是汽水瓶都冻破了，冰室充满了"汽水冰"。[一]

1983 年 10 月，土法研制的国内首台双门电冰箱试制成功了。

1984 年，广东珠江冰箱厂成立。

乡镇企业的"顺德模式"此刻宛如"小荷露出尖尖角"，引起了从地方到中央的高度重视。所谓"顺德模式"，指企业以镇办骨干企业为主，组建乡镇企业集团，创造名牌产品。

顺德以一个县域经济的实力，创造了中国创造的奇迹，说到底，还

[一] 樊荣强，陈勇儒. 顺德制造：破解顺德制造业成功发展之谜 [M]. 广州：广东经济出版社，2002.

是因为路径选择正确。1978～1985年,顺德外贸加工的产值在连续8年增长后开始下降,但是工业生产总值却进入年递增15%以上的高增长期。李少魁在《解读顺德商道:回顾顺德本土经济30年》一文中指出,这说明**顺德靠"三来一补"赚来的钱,没有投入外贸加工的再生产,而是投入了顺德本土的实业经济,启动了本地的产业**。李少魁评价这种转变是从外源型经济走向内源型经济,他认为顺德"内外资本之间如此顺畅地潜移默化,两种经济之间如此曼妙地华丽转身",是顺德本土经济研究中最有魅力的部分。

"人造优势"

顺德的政企关系更是顺德模式最具魅力、最值得反思,也是最难仿制的一部分。

曾在1983年到1989年担任顺德县委书记的欧广源,善用本地文化,提出了"五子登科"的概念,并且切合顺德的实际情况拿出具体行动方案,比如在获得人才这个方面。**当时顺德人最希望看到三种人:戴眼镜的人、讲普通话的人、讲外语的人**,这意味着不拘一格吸纳国内外人才。

关于人才,当然还有本地人才的培养。

顺德也有个"77届",就是由顺德社队企业局从1977年开始,连续五年组织专家,为乡镇企业进行"四员"培训,培养会计、出纳、统计员和仓库管理员。当时凳子不够,求知若渴的学员们就捡几块砖头当凳子,光会计专业就培训了4600多人。其中一个学员的名字叫罗小甲,他后来将一个乡镇小厂发展成为全球消毒柜行业销售冠军,"康宝"消毒柜闻名世界。而在几年前,他们都还是地道的农民。

1983年起,顺德社队企业局又开始联合暨南大学、华南理工大学等高校，对厂长、经理进行培训，开设了国际贸易、市场营销、价值工程等课程，输入现代企业管理理念，这些人后来有不少成为"顺德制造"的骨干，比如美的创始人何享健、格兰仕领导者梁庆德等。这样大规模为乡镇企业培养人才，在全国范围内都是罕见的。[1]

总之，顺德的一切优势都是人创造出来的。顺德的政府官员精明务实，充满服务意识；顺德的乡镇企业家则富于冒险精神，头脑灵活，又特别坚韧，还天生拥有变通的杰出才能，擅于捕捉机遇，能不断绕过障碍，把不可能的任务变成可能。比如想发展拆船业，不符合政策，就同广州联合，为此主动承诺不生产缝纫机，不做广州的竞争者。想去香港"偷师学艺"，手续太繁杂，宁可坐粪船也要去。

当年珠江冰箱厂生产的冰箱拿到北京西单商场推销，对方一听是乡镇企业生产的，很干脆就下了逐客令。在计划经济体制下，生产冰箱必须要经过国家部门定点许可。顺德人想方设法挂靠到了广东省机械厅，拿到了"出生证"，成为全国最后一家冰箱定点生产厂家。

1991年，广东珠江电冰箱厂产量达到48万台，居全国同行业之首，产值7.2亿元，在全国乡镇企业中排行第一，跻身全国500家最大工业企业行列。

1991年，顺德全县乡镇企业发展到3711家，总产值74.69亿元，占全县工业总产值的74.06%。

1991年，全国评出十大乡镇企业，顺德有5家上榜，分别是广东珠江冰箱厂、蚬华电风扇厂、华英电风扇厂、广东电饭锅厂、美的风扇厂。

顺德乡镇企业迎来了自己的巅峰时刻。

1992年1月29日下午，南方谈话的邓小平再一次来到顺德，这一

---

[1] 招汝基，邓俭，李允冠，杨文灿. 先行者的30年：追寻中国改革的顺德足迹[M]. 北京：新华出版社，2008.

次，他直接来到了珠江冰箱厂现代化的科技大楼。他惊喜地问："你们这是乡镇企业吗？"走在他旁边的潘宁回答："是，我们是乡镇企业。"潘宁向邓小平汇报了珠江冰箱厂的发展，如何从一个小作坊式的机械厂，发展成为全国闻名的冰箱大企业，每年出口接近700万美元，产品出口到巴基斯坦、我国香港地区和东南亚，邓小平高兴地说："发展才是硬道理。"

邓小平原定在珠江冰箱厂停留的时间是15分钟，结果延长到了40分钟。

邓小平谈兴很浓，他说："改革开放一定要坚持，而且思想要更解放一点，胆子要更大一点，步子要更快一点……"珠江冰箱厂响起了雷鸣般的掌声。

邓小平南方谈话后不久，同年，顺德迈开了前所未有的改革步伐。

一场全国瞩目的产权改革在顺德启动。

还带着泥土味的顺德乡镇企业，开始二次创业，接受新一轮的洗礼。

这场深入改革的结果，悲欣交集。

一些人被迫离场，一些人继续奋进。

1993年，顺德机构改革，顺德乡镇企业局，前身即顺德社队局，与工业局等合并，成为顺德经济发展局。不过，认为顺德乡镇企业局已经完成历史使命，提议合并的顺德时任市委副书记冯润胜，差点因此而落选市人大代表。

20世纪90年代，随着民营经济的逐步发展壮大，"乡镇企业"作为一个热点名词，开始慢慢淡出中国的经济领域。

而乡镇企业中的部分农村"能人"型管理者，也开始在市场的历练中，有意识地克服自身的素质障碍，与小农意识告别，目光转向大市场，向现代企业家转变。

《南风窗》1997年10月刊曾经在《顺德：中国制度创新的摇篮》里描述了一个顺德灯饰厂老板的经历。虽然已经"洗脚上田"，但是这个老板却始终适应不了穿皮鞋，宁愿穿着拖鞋四处去谈生意。进出豪华酒店时，为了避免侍应生为难，自己主动走酒店的后门。但是就是这样一个土里土气的农民老板，上半年做出了400万美元的销售额。

《南风窗》评价说："这样的企业家在顺德层出不穷。在旁人看来，他们的言行举止未免不够优雅，难以与他们的财富相称，但在他们看来，'优雅'反倒是'活力'的敌人。这是真正富有企业家精神的一群人，他们能够创新，能够激发新的消费需求，能够开拓新的市场和新的顾客，他们是顺德真正的财富。"

第八章 "靓女先嫁"

1993年11月

在顺德发展中,最引人注目的是产权改革。值得注意的是,顺德当年向省委省政府上报的第一轮产权改革方案,是顺德的国有企业和集体企业只保留56%。由于当时外部压力很大,最后是省委书记谢非提出顺德国有和集体企业的比例提高到62%。

换句话说,当时确定的原则仍然是公有制为主,私营企业最多只能占到38%。然而,顺德的改革却从来没有停止过,到现在,私营企业已占顺德全部企业的95%以上,除供电、供水、电信、金融等国计民生行业之外,所有竞争性领域几乎清一色的民营企业。

顺德产权制度改革的标志性事件是,1993年11月22日上午在市政府三楼会议室举行的"顺德市市属企业转换经营机制签约仪式"。

当天签约的企业有顺德糖厂、顺德酒厂、广东顺德轻工业品进出口公司、广东顺德食品进出口公司等8家企业,这些企业都是曾经风光一时的市属企业。当天签署的文书包括股权转让协议书、骨干股购买协议、转让职工产权协议书、厂房和设备出租合同、资产处理协议书等。

在整个中国社会主义市场经济体制建立的过程中,这是个意义深远的时刻。随着一份份法律文书的签署,第一批被绑住手脚的企业解脱了产权关系的束缚，跳出了计划经济体制的怀抱，开始迈开自己的步子，走向广阔的市场，走向完全由自己选择的命运之路。

顺德产权制度改革的序幕就此拉开。这是一场触及利益的改革，更是一场触及灵魂的改革。

但是，所有的改革都不会一帆风顺，各种各样的疑虑和争议也由此而来。

首先是来自顺德内部的疑虑。对此，时任市委书记陈用志总结为"三心二意"：一是伤心，认为辛辛苦苦搞了几十年，积累的公有财产要转为股份，公给私人，有惋惜情绪；二是忧心，忧心转换体制之后个人的出路，过去习惯于公有制下平平稳稳过日子，忧心转换体制后，工作、生活无保障；三是担心，对转换体制缺乏信心，担心转换体制后，会失去顺德的优势，对前途感到担心、悲观。"二意"是指，虽然意识到现有体制在很大程度上束缚了生产力的发展，不优化体制不行，但优化体制又怕搞乱，拿不定主意。

其次是来自外界的争议。这个争议集中在"靓女先嫁"的问题上。靓女先嫁本来是一句很有顺德味的粤语，意思是"漂亮的女儿先出嫁"。在产权改革过程中，顺德人以此表达自己的改革理念，认为在同样的情况下，应该先将那些效益好、名声大的优质企业趁着青春年华赶快嫁出去，卖个好价钱，不要等到人老珠黄，没人要了才嫁。

这句话原本是时任市长冯润胜在特殊语境下的一次简单表述，经媒体报道后引起了广泛争论。有人说："家里有两个孩子，一个能赚钱，能帮助家庭；另一个却不行，甚至是残疾。如果必须处理一个，应该处理谁？当然是残疾那个。"

也有人说："并不是所有的女儿都孝顺，有些女儿看似漂亮，却总是花父母的钱，甚至私分父母的东西，这样的女儿能指望吗？"

这种争论，后来上升为产权制度改革的方向性问题。1997年7月，著名经济学家、全国人大财经委副主任董辅礽发表文章指出："反对靓女先嫁其实是反对所有的女儿出嫁,因为如果只能先嫁'丑女',然后才能嫁'靓女',那么,由于'丑女'不经整容很难嫁出去,结果'靓女'等到人老珠黄也嫁不出去了。这看似爱护国有企业,实际只会把国有企业都拖垮,连可以收回的大量国有资产也白白损失掉。"

紧接着,著名经济家厉以宁在全国人大常委会发言说:"如果'嫁'是坏事,等于把良家女子推入火坑,那么无论是'靓女'还是'丑女'都不该嫁;但是如果把国有企业引进外资或发行股票比喻为'出嫁',借此使企业发展壮大,效益增强,'嫁出去又何妨'?"

实际上,围绕着"靓女先嫁"还是"靓女后嫁",在顺德的具体实践中就分成了两种模式,其代表分别是北滘镇和容奇镇。这两个镇,当时都是顺德的"靓女"云集之地。

"华宝风波"

当时全顺德最靓的"靓女",应该是容奇镇的"华宝"。本来,靓女出嫁自然会引起更多人的关注,但华宝的"出嫁"所引起的关注却超出了所有人的想象。这种持续不断的关注从媒体界一直延伸到理论界和政界,最终引发了轰动全国的"华宝风波",这是任何人都没有想到的。

华宝的出身并不显赫,但它的崛起却是个奇迹。最初它只是顺峰山下很多乡镇企业里的一个小企业。其前身是顺德县经济发展公司,是由县经委直接管理的政府全资企业。1984年,华宝靠5万元借款起步,又贷款30万元投产,主要生产计算器和节能灯,到1986年,其工业总产值超过了1000万元。即使如此,在当时的顺德,华宝也算不上特别出众。

华宝的华丽转身开始于1988年转产空调并生产出中国第一台分体式空调机,这得益于从1989年开始的全国空调市场的爆发式增长。此后仅仅几年时间，它就出落成了一个光艳照人的大家闺秀。到1992年，华宝空调的产值就已经突破10亿元，并且排在了全国空调器年产销量第一的位置。到1993年，产值又翻了一番，实现年产值20亿元。得益于空调厂的带动，整个华宝集团成为横跨化工、陶瓷、厨具、纺织、旅游、商贸、房产等多个行业的多元化企业集团，下属12家企业，而华宝空调器厂则是其中的龙头。

就是在这个最靓丽的时候，华宝被嫁给了港商——香港蚬壳电器工业（集团）有限公司。其董事长翁祐，祖籍顺德伦教，自改革开放以来，一直热心于家乡建设，并且在北滘投资了"蚬华电风扇厂"和"蚬华微波炉厂"，其中，蚬华电风扇厂在全国十大乡镇企业中名列榜首，是整个东南亚最大的电风扇企业。

为了收购华宝，翁氏家庭与蚬壳电器工业各出资50%，在英国注册了一家联营公司。联营公司以12.88亿元人民币的价格收购了华宝集团60%的股权。

华宝出嫁的日子就是拉开顺德产权制度改革序幕的1993年11月22日。这一天，华宝（集团）股份有限公司下属12个企业的负责人分别与联营公司正式签署协议，将集团下属的10家独资企业和两家合资企业变成了由联营公司控股的企业。

风起于青萍之末。华宝出嫁11个月之后，一场疾风暴雨般的风波从四面八方吹向顺德。30年后，《先行者的30年》一书对此进行了详细的梳理。

1994年10月18日，《经济日报》第5版以9500字的篇幅整版发表了《华宝产权转让纪实》一文。文章直言，"在合资的名义下，出卖华宝产权的运作由秘密转为公开"，作者在文章前的"引子"中提出对华宝产权转让"百思不得其解"。文章写道："华宝产权转让一事，不仅在顺德、在广东，甚至在全国都有相当大的影响，新闻媒体也做了不少报道，报道本身又引起了争议。依照现行法律、法规和政策，对这次产权转让做出界定和评价是不困难的，是非曲直不难判断。令人困惑的是，这样的事为什么会发生？深层次的原因是什么？这样的事别的地方有没有？还会不会再发生？"

文章发表后，《改革》杂志和香港媒体也很快转发。当时，广东省体改委正在广州召开"广东省现代企业制度研讨会"，文章一经发表，就在会上引起轰动，大家都提议去顺德看看。最后，会议组织者安排一名顺德官员在会上做了两个小时的情况介绍，尽管这位官员极力为顺德产权转让辩护，但仍然无法改变"华宝风波"的发展趋势。

文章发表后不到一个月，顺德重新赎回华宝。据说，先是翁祐提出："既然上面都不同意这笔买卖，那我们就取消吧。"实际上，在不到一年的时间里，华宝内部管理层与港方的各种矛盾也是港方知难而退的主要原因，而《经济日报》的报道正好提供了这样一个台阶或者说是理由。经过艰难的选择，顺德政府最终做出决定：稳定企业第一，先买回来再说。

然而，"华宝风波"并没有就此平息，而是从媒体的报道上升为理论的交锋。1995年，《生产力之声》杂志以《否定公有制为主体就是否定社会主义，对顺德现象不能掉以轻心》为标题，分上、下两部分发表了原广东省体制改革委员会主任王琢的署名文章。

文章的编者按说："是旗帜鲜明地坚持公有制的主体地位，还是对公有制怀疑或者动摇？孰是孰非，事关重大，有责任感的人绝不会对此漠然处之。"

文章首先提出了作者的疑问："令人纳闷的是，为什么昔日靠办公有企业而崛起的顺德市，如今突然间对公有企业完全丧失信心，竟然到了惊慌失措的地步。为什么办这样大的事，却忘记了邓小平同志的讲话，'现在我们搞四个现代化，是搞社会主义的四个现代化，不是搞别的现代化。'这不能不引人深思。"

然后又指出:"'靓女先嫁'之路,是社会主义制度'饮鸩止渴'之路。这样的大事,至今未见我们的党报做出正确的舆论导向,而有的传媒却在宣传顺德'靓女先嫁'之路,加上有些地方自发学习顺德'靓女先嫁'的私有化'产权革命'经验,正在构成对社会主义经济基础的严重威胁。"

与此同时,各种各样的报道、"内参"和"群众来信"也不断被送到部级以上领导干部的案头和中南海。其中包括《顺德市出卖华宝集团产权引起震动》《否定公有制为主体就是否定社会主义,对顺德现象不能掉以轻心》《又一个没有国有企业的城市》等。

据说,面对这样的急风暴雨,顺德市委市政府主要领导都做好了罢官的准备。时任顺德市委书记陈用志说过,当时是在**"以大无畏的精神面对改革的风险"**"其中最主要的是舆论的压力,有些不了解真相的人写文章说,又出现了一个没有国有企业的县,还拿华宝的事做文章""承担压力的不仅仅是我们,当时佛山市委的领导、广东省委的领导都承担了很大的压力"。

陈用志还说过一件事:有一次,省委书记谢非让佛山市委书记钟光超和顺德市委书记陈用志、市长冯润胜去汇报工作。到谢非的办公室之后,谢非告诉他们,他去北京开会时,江总书记问他顺德的那个报道是怎么回事。他向总书记汇报后表示,一定会处理好顺德的事情。在听完陈用志的表态后,谢非说,"顺德的事情,你们办好就行了。"

早在改革之初的 1993 年,广东省委就已决定让顺德"关起门"来搞改革,在当时的情况下,这也是无奈之举。所以,**不争论、不埋怨、不停步一直是顺德改革的总基调,少说话,多干事或只干事,不说话也成为一种鲜明的顺德风格**。在今天看来,正是这种风格,虽然在某种程度上起到了尽量减少外界干扰的作用,但也可能因信息不透明而造成外界对顺德改革不了解和不理解，以至于误解的可能。

实际上，顺德的改革从来就不是孤军奋战，在遭受质疑与压力的同时，也得到了更多的支持和声援。

首先，改革的背景是1992年邓小平南方谈话之后，党的十四大明确提出我国经济体制改革的目标是建立社会主义市场经济体制，党的十四届三中全会做出《关于建立社会主义市场经济体制若干问题的决定》。

其次，改革的主要动力来自于广东省委省政府确定顺德为综合改革试点市。省委书记谢非在改革之初就提出，他争取每个季度来顺德一趟，以示省委对顺德改革的支持。据了解，从1993年至1996年，谢非至少12次来到顺德，进行深入调研。

1995年8月，在顺德改革的关键时刻，面对各种各样的不同声音，广东省委召开党委扩大会议，专门听取来自顺德的工作汇报。会后，中共广东省委、省人民政府下发了"粤委（1995）10号文件"，充分肯定顺德"这种勇于开拓的精神是很好的，能取得这样的成绩是不容易的""这个方向是符合党的十四届三中全会决定和江泽民同志最近关于企业改革讲话精神的"。同时还在文件中指出："由于这项改革进行较早，缺乏经验，且情况复杂，涉及面广，工作中也出现一些问题，有待进一步完善……相信顺德市委、市政府能够在改革中解决这些问题，保证改革健康发展。"

最后，来自理论界与媒体的声援，体现了在改革开放不断深化的时代大背景下，大多数学者与媒体的理性和成熟。1995年4月，广东省社会科学院党组书记、著名经济学家曾牧野在看到王琢的文章之后，以广东经济学会的名义，组织了一次对顺德的调查，并连续召开了多次座谈会，对顺德改革表示赞同。此后，他在《广东经济》发表了《顺德产权改革应该肯定支持》一文，总结了顺德产权改革的5条经验，认为：

"顺德的产权改革冲破重重阻力，为中国的经济改革摸索出了一条可行之路。"

同年7月，暨南大学张元元、朱卫平在《南方经济》发表《顺德市产权制度改革的启示与思考》一文，充分肯定顺德改革的启示和意义。文中将顺德产权改革比喻为"产权革命"，并提出"顺德的产权革命不仅仅是顺德人的事情，他们的成败得失都具有全国性的意义，所以人们有充分的理由去议论、分析和评价它"。

紧接着，广东省人民政府社会经济发展研究中心研究员于成志的《顺德市整体推进混合型产权制度改革的创举》等文章相继出炉，对顺德产权改革连连叫好，他在文章中指出，"顺德产权制度革命的成功，可以从中得出一个结论：产权制度改革，我们将会得到一切；不进行改革，我们终将失去全部。"

与此同时，人民日报、新华社等主流媒体也对顺德产权改革给予了深切的关注。

1995年，针对顺德产权改革的争论，新华社发了8篇内参，肯定产权改革，肯定"靓女先嫁"的做法。

人民日报曾以《改到深处是产权》为题，对顺德改革点到为止，以免引起更大的争论。在改革取得成果之后，于1997年11月5日到7日，人民日报连续三天在头版推出系列报道，使关于顺德改革的各种争论一锤定音。

《南风窗》杂志在1994年第7期、第8期、第9期，连续刊发了《1994：珠三角"产权革命"》《"产权革命"再思考》《"靓女出嫁"之后：华宝转制面面观》三篇专题文章。其从客观公正的立场，正面报道顺德改革。但也正是这些文章，为没有经过实地调查的《否定公有制为主体就是否定社会主义，对顺德现象不能掉以轻心》一文提供了基本素材。

第八章 "靓女先嫁"

转　　制

也许是受到"华宝风波"的影响，容桂和北滘两个工业大镇，在"靓女先嫁"还是"丑女先嫁"的问题上走出了完全不同的两条道路。

在容桂，当年如日中天的华宝、科龙两大龙头企业终于在待价而沽的过程中，逐渐走向人老珠黄，在经历了一次又一次不幸的婚姻之后，失去了往日的芳华。华宝在经历了"靓女先嫁"的风波后，逐渐淡出了人们的视野；科龙则在反反复复的"婚嫁"风波中历经折腾，最后被国有企业海信纳入旗下，才过上了风平浪静的日子。

北京大学周其仁教授曾在《可惜了，科龙》一文中提到，当年容桂的某些领导"完全不赞成顺德靓女先嫁那一套"，而是另搞一套，主张"留大、去小、转中间"。科龙既大又靓，当然不能嫁。这位领导当然不会想到，原本打算要卖四五十亿元的科龙，仅仅几年之后，只要三亿元就被出让给了顾雏军，而当年的创业者潘宁早已远走他乡，并明言"终生不谈科龙一个字"。

在北滘，**当年远不及华宝、科龙那么显赫的美的、碧桂园却因为在风华正茂的时候及时"出嫁"，实现了转制，成功地把握住了自己的命运**，如今已是一镇双雄，联袂闯进世界500强。美的和碧桂园的掌门人何享健、杨国强都是顺德北滘人。

反观容桂，转制最成功的企业格兰仕掌门人梁庆德也是容桂本地人。格兰仕在1994年转制时，刚刚经历了一场严重的水灾，后来打遍天下的微波炉还在试产阶段，年产值刚刚过亿元。种种迹象表明，格兰仕在转制前根本算不上"靓女"。但在转制之后，很快就成为微波炉产销量全球第一的企业。

在顺德，这样的例子还有很多。**大多数转制成功的企业，接任者也大多都是本乡本土的顺德人，甚至不出一个镇的范围。这是一个值得深**

入探讨的现象，有人因此而得出一个很有趣的结论：顺德"靓女"更适合嫁给土生土长的本地"靓仔"，因为他们更懂得呵护与珍惜，而不会造成改制过程中的水土不服。

到 1996 年年底，顺德市镇两级的 1001 家国有、集体企业全部转制完毕。据《顺德报》报道：已转制企业中，政府独资、控股、参股企业有 163 家；企业全体劳动者或大多数员工持股的企业 566 家；企业经营者持股和拍卖兼并的企业 272 家，公有股所占比例达 62%。

并不是所有转制的企业都走上了成功之路。1995 年春，徐南铁在采访中了解到，"估计转制企业有 20% 比原来好，有 30% 维持原先的水平，有 50% 的状况比原来差。"随着时间的推移，还有更多的企业在市场经济的大潮中，走过优胜劣汰，完成命运的沉浮。很多明星已经老去，也有新星在不断诞生。也许，这就是市场经济的魅力所在，公平所在。

1997 年 9 月 12~18 日，中国共产党第十五次代表大会在北京召开。9 月 23 日，《顺德报》发表了市委书记陈用志的署名文章。在文章中，他结合十五大报告和顺德综合改革，用"十五大精神我们顺德人感受最深""十五大报告我们最受鼓舞""通过十五大报告我们感到最有希望"三个小标题，阐述了顺德综合改革的成果和意义。

文章说，顺德是按邓小平理论去进行改革和发展的，对理论的重要性我们感受最深。顺德是综合改革试验市，比别的地方先走一步，没有前人走过的路子和经验可以借鉴，为了搞好改革探索，开始时我们做了理论上的准备，按照十四届三中全会精神，按照邓小平同志提出的"三个有利于"观点，按照社会主义初级阶段的理论，大胆进行改革。**在改革中我们受到了很多的指责，这都是理论跟不上实践而造成的不应该的损失。在探索过程中，很难有一个比较完整的理论，中央和省委的态度是不争论，重实践，实践出真知，如果等争论好了才去实践，改革是永远也改不了的。**省委也曾向我们提出，在探索过程中少说多做和只做不说，为我们推进改革排除了很多困难……在经历了几年的阵痛和付出代价以后，我们现在的工作事半功倍。**实践证明，不改革国家没有出路，顺德也没有地位，个人更没有前途。**

他还在文章中说：听了十五大报告后，我认为顺德是最有希望的。一是上级肯定了我市综合改革的经验，在改革方面我们已先走了一步，赢得了改革的时间差，掌握了发展的主动权。二是顺德发展的最困难时期，有了一个好的机制、好的基础、好的思想观念去迎接新一轮的发展。三是顺德的知名度大大提高。他认为除了企业的知名度之外，顺德的无形资产有多大，很难用数字来确认。陈用志认为，用好无形资产要发扬顺德的三个精神：一是敢为天下先的改革精神，二是永不停步的开拓精神，三是重信守法的文明精神。

陈用志的文章发表后不久，11月5日至7日，《人民日报》连续三天在头版刊发了顺德综合改革的系列报道。这三篇报道的主题分别是"企业改制在顺德""看顺德怎样政企分开""靠改革创新优势"。

文章写道：当党的十五大吹响全国新一轮改革的号角时，顺德自豪地宣布，它已经在企业制度改革、实现政企分开等方面取得重大进展，向社会主义市场经济体制迈了一大步。

文章最后说：党的十五大后，广东省将建立社会主义市场经济体系作为广东改革的最大课题。顺德改革先行一步，为这个大课题提供了一个小小的范本，使人看到广东创造体制改革优势的希望所在。

第九章　一切有赖于实践

关于人类历史的必然性和偶然性，著名作家斯蒂芬·茨威格在其旷世杰作《人类的群星闪耀时》中曾经这样总结，"倘若出现这样一个决定命运的历史性时刻，这一时刻必然影响数十年乃至数百年。此时，无比丰富的事件集中发生在极短的时间里，平素缓慢地先后或平行发生的事件，凝聚到决定一切的唯一的瞬间，唯一的一声'行'，唯一的一声'不'，太早或者太迟，使这一刻长留史册。"

2018年，再回望20世纪90年代顺德的股份制改革，发现就在瞬息变幻之间，历史早已经一锤定音，个人的命运，乃至企业的命运则截然分野。倘若太早或者太迟，都会与机会失之交臂。

企业股份制改革并没能逃脱胜利的逻辑：成王败寇。无论是财富榜上已经成为常青藤的精英，还是已经黯然离开，甚至还身陷牢狱的大佬们，要么继续跃上潮头，成为时代弄潮者，要么迅速被时间淹没，成为消失在沙滩上的前浪。

而潘宁，注定将成为"中国制造"的一颗彗星，它掠过天空时，光芒万丈，可是一旦离去，就再也没有影踪。打开海信科龙企业官网，关于它赫赫有名的历史，除了创建于1984年的时间节点，其他都消失不见。科龙公司简介部分没有一句话、一个词提到这位创始人，与之相反，美的官网上，创始人何享健的经历几乎事无巨细，能够上溯到20

世纪 60 年代。

他们的区别在于，是否能在顺德企业产权改革的过程中实现企业创始人的价值，从而获得企业控制权？ 是让自己顺势驰骋，还是诸般牵绊，不得不错失良机，眼睁睁看着属于自己的时代远去？

发生在顺德的企业产权改革的曲折坎坷，乃至各种峰回路转，是中国企业改制的艰难缩影，也是中国改革开放史上最惊心动魄的一部分。

1992 年，邓小平南方谈话，他视察顺德近一个月后，同年 2 月，广东省委召开工作会议，落实邓小平讲话精神，把顺德确立为广东省综合改革试点。3 月 26 日，国务院批准顺德撤县设市，结束了顺德 540 年县级行政区划的历史，也以此为标志，顺德开始"二次创业"。

同年 5 月，顺德市政府主动向广东省委请缨，在《关于顺德市加快开展综合改革试验，加快经济发展的请示》中，一口气提出了深化改革的十大任务，除了政治上极其敏感的企业产权制度改革，还有行政机构改革、住房制度改革、社会保障制度改革等，甚至包括金融体制改革，希望允许外资银行进驻顺德，这在当时可以说是"胆大包天"。

顺德政府在向广东省委的请示中勇敢地提出："一些尚未具备条件全面推行的改革措施，允许顺德市先进行试点；甚至一些改革项目一时看不准的，也可以让顺德市大胆试验。"

其实这一年，顺德顺风顺水，1992 年的顺德工业产值达到了 161.66 亿元，成为全国县级财政收入的第一名。在外人看来"还有酒喝、有肉吃，还能过几年好日子"的情况下，顺德人居安思危，把自己推向了产权改革的不归路。

作为一个县域经济奇迹，顺德固然是成就了众多"中国制造"的巨无霸企业，然而，它对中国改革贡献最大的，还是企业产权制度的改革。有人将之与安徽小岗村的包产到户相提并论，认为这是中国改革开放史上最重要的两个里程碑。

几乎在顺德市政府向广东省委请命的同时，顺德企业产权改革已经开始在北滘镇开展试点。

北滘镇早有改制谋划

1991年年底，统筹全镇乡镇工业的北滘经济发展总公司董事、副总经理周冠雄就开始着手草拟"乡镇企业股份制改造"方案，目的是把乡镇企业产权逐渐过渡到"集体所有制为主导、股东共同拥有"。北滘的乡镇企业家们都对此很期待，其中积极性最高的就是何享健和杨国强。日后，他们都跻身中国顶级富豪行列。

顺德改制其实还能上溯到更早，20世纪80年代末，全国乡镇企业在经历了一段时期的高速发展后，陷入了"产权关系模糊、经营机制退化"的困境，发展有所停滞。1988年，顺德开始在美的、科龙（包括容声冰箱）、万家乐、裕华、华星饲料等5个骨干企业推行股份制。当时设计的方案是国家占股30%，企业占股40%，职工占股30%，但是实际运行起来却是"五二三"模式。

美的集团创始人何享健曾回忆："老老实实地说，当时不太懂，对股份制了解也不深，但我能把握住形势，理解股份制是企业走向现代化、规模化、透明化的必由之路。所以股份制这种新的经营模式一出台，我百分之百把握得住朝这个方向走，所以我积极争取先搞起来。"

普通职工也搞不清楚股份制到底意味着什么，但是职工可以投资，风险共担、利益共享刺激了大家的积极性。职工入股的钱可以用于再生产，有了民间资本加入，乡镇企业流动资金增加，生产形势有所好转。

不过，单纯把乡镇企业变成公股加私股的模式，并不能从根上解决企业产权模糊、政府行政干预频繁的难题。

还以北滘镇为例，顺德大规模启动企业产权改革前，包括美的在内，北滘经济发展总公司是镇政府全资控股企业，控股50家乡镇企业，这并不是北滘镇独有的经济现象。顺德工业是由县、镇两级政府推动的，公有制经济成分占了90%以上，其中大部分是乡镇企业。

当年，政府是单一的投资主体，靠政府直接投资，或者是担保企业向银行贷款投资，政府是很多乡镇企业背后的大东家。即使是个人创办的企业，安全起见，也挂靠了集体，并得以享受相应的政策优惠，比如能够不同程度地减免税，或者是税前还贷。格兰仕创始人梁庆德曾经坦率地表示，当年要办企业，"不是私人能办得起来的，只能按照政府意志去做，政府就找基层的干部去做。"

模糊暧昧的产权归属，导致了日后很多企业与政府的纠纷，甚至悲剧收场。

何享健回忆自己为什么要积极倡议，并参与产权改革，呼吁政府退出企业股份，原因是政府行政干预下，企业家无法真正做主，而家电业同业竞争太过激烈。比如何享健曾经想给管理人员调薪，从年薪10万元调整到三四十万元，以留住人才，但北滘镇政府不同意，"镇上说，你一个保安队队长的工资，比我公安分局局长的工资都高，我怎么做？"

当时北滘经济发展总公司董事会有13人，何享健排名在很靠后的第8位。虽然人人都知道美的是何享健一手创建的，但是因为早年是挂着集体的牌子创业，所以在法律层面上，美的产权还是政府的，而非何享健个人的。

1992年4月，美的作为全国第一家乡镇企业股份制试点，开始进行股份有限公司的改造尝试。镇政府公务员和美的内部员工，都有一定比例的股票认购凭证。因为对股份制改革没有信心，一些本地员工急着变现，就高价卖给了前来收购美的股票认购证的外地人，换成了摩托车。当时一辆摩托车大约1万元，相当于美的一个一线工人10个月的薪水，属于高档消费。但几乎在一夜之间，美的工厂停车场摩托车爆棚。因为美的股改，摩托车得以在北滘镇普及。美的老员工回忆，这是何总逼着大家发了一笔财。○

在何享健的积极推动下，美的股改的速度惊人，2个月时间，美的就飞快完成了1.2亿元的募股工作，完成了企业治理结构、财务及管理制度的改造。1992年8月，广东美的集团股份有限公司成立。

1993年11月，美的电器股票在深圳证券交易所挂牌上市，美的成为中国第一家由乡镇企业改制而成的上市公司。有媒体形容这是"一架三轮车，驶上了高速公路"。

股份制改革后的美的虽然还是由政府控股，但是开始提速，逐步建立了现代企业制度。

2001年4月，美的实施管理层收购，顺德政府再次敢为天下先，出让所有股份，以何享健为核心的管理层成为公司第一大股东。困扰何享健多年的"产权问题"得以顺利圆满解决。

1993年，美的销售额还不到10亿元；2017年美的财报显示，其营业总收入为2419.19亿元。

从生产组的小作坊，到全国知名的乡镇企业，到全球化的大型家电企业集团，美的经历的是一场凤凰涅槃。

根据2017年胡润百富榜的估计，何享健与儿子何建锋拥有的财富为1150亿元人民币，位于全国第八位。

北滘镇产权改革的另一个典型受益人是杨国强。

1992年，一个叫碧桂园的项目开始规划。这是个全国最大的乡镇别墅群，占地1.1平方公里。这个项目其实是北滘镇的卫星城计划，直接得益于股份制改革，北滘镇政府退出股份后，得以甩开包袱，从乡镇

○ 南方都市报. 变迁三十年：珠三角城镇化30年编年史[M]. 广州：南方日报出版社，2014.

工业的管理中脱身,有精力发展北滘镇的配套工程。

1992年9月,北滘镇建筑公司负责人杨国强与镇政府签订了转制合同。1993年,杨国强等人出资3000多万元,购买了企业全部产权,解除了产权不明有可能埋下的隐忧,从此得以一身轻松,一展个人宏图。1995年,杨国强开始接盘碧桂园项目,并将自己名下的建筑企业发展为碧桂园集团,成为后来中国房地产企业的"排头兵"。

在企业产权改革的过程中,政府一甩一建,杨国强立即收购企业,紧接着接盘项目,释放出一个创富年代的想象力极限。

根据2017年胡润百富榜的估计,杨国强以女儿杨惠妍名义拥有的财富远远高于何享健家族,达1600亿元人民币,位于全国第四位。

顺德为什么要冒天下之大不韪,触碰产权改革的高压线?中国历代以来,改朝换代容易,改革却大都以失败告终。以改良为目标的制度革新远比暴力革命造就的权力更迭曲折艰难。

其中一个重要原因是:"企业的产权不清、责任不明,热衷帮企业跑贷款和担保贷款的各级政府,已经集体坐在了即将爆发的'火山口'。"

1993年年初,一份名为《瞩目的成就、惊心的包袱》的报告,让曾多年担任北滘镇镇委书记,时任顺德市市长的冯润胜坐立难安。顺德农行和顺德信用社对全市乡镇企业进行调查,结果显示全市有经济包袱的企业共259家,约占当时顺德市属企业和乡办、镇办企业总数的四分之一,这些企业共欠银行21亿元贷款,全部成为不良资产。这意味着一把断剑悬在了顺德市政府的头顶,因为大部分企业都是政府投资。据说有家企业借了几亿元,银行找不到人,追债追到了政府。

1993年,进入转型期的中国社会经济,像发高烧一样,热浪一波接一波,股票热、房地产热、开发区热接踵而至。顺德也曾经在前期经济发展中经历了许多轮热浪的袭击,比如风扇热,"一个镇搞,个个镇都搞，几乎个个镇都有风扇厂"。类似的还有燃气具、空调、灯饰、摩托车等行业。与之相对应的，则是投资热，企业盲目贷款上项目，过快走上多元化道路，摊子越铺越大。

时任顺德农行行长马继章指出："这是典型的投入驱动型经济，为了拉动GDP，发展镇办、县办经济，不断加大投入，不良资产不断增加，公有制企业空壳化趋势日益加剧，国有资产产权模糊的问题日益突出。"

一旦遭逢银根紧缩的情况，企业触目惊心的问题就一下暴露出来。那些动辄几千万元的"拍脑袋"项目，一上马就亏损。当时顺德各镇共有7家摩托车厂立项，其中有的只举行了动工仪式，再无下文。根据顺德农行的统计，以镇办工商企业为例，1993年3月底，镇办企业呆滞贷款比例占贷款总量的35%，高达9.695亿元。[一]

在顺德财政收入居全国之冠，如日中天之际，当时顺德资不抵债的企业已经达到103家，占顺德公办企业的十分之一，这些企业分分钟可以破产，这就意味着顺德银行业坏账、死账幅度将如洪水般袭来，顺德政府根本无力招架。

与此同时，流行一时的企业承包制和厂长责任制，只短暂解决了短期激励问题，并没解决约束机制。厂长责任制很容易就变身为家族所有制，只管盈利，不管亏损。制度缺失挑战人性底线，只靠党纪已经难以约束。不少企业出现了"三光"：企业盈利就分光吃光，没钱就找政府担保贷款，亏损就拍拍屁股走光，结果是"企业负盈、政府负亏、银行负贷"，造成了公有资产的大量流失。

1992年，在已经巨亏的情形下，顺德还有企业承包者开出数百万元的空头发票，领取盈利奖；还有企业高层拿所谓的"效益工资"，收

[一] 中共顺德区委宣传部，珠江商报社. 见证与突破：顺德改革开放三十年回眸与前瞻[M]. 广州：广东人民出版社，2008.

入涨了 30～50 倍，其实是"有产值，没效益，报大数，高分配"，时任顺德市市长冯润胜称这些人不是按劳分配，而是"按胆分配"。

至于那些尚在艰难度日的国营老厂，历史包袱太重，早已无力在市场经济的大潮中前行。

在"烈火烹油"的繁盛背后，顺德实则埋伏着巨大的经济和社会隐患。

原顺德市委常委、顺德市委秘书长招汝基曾一针见血评论说："你说全民所有，集体所有，该是人人有份吧？但你想要你的一份，实际没有。这种非人格化的产权，导致了无人对公有资产的损益承担实质责任。"

"搞得好起楼，搞不好跳楼"

顺德本地人又是如何看待 20 世纪 90 年代那场轰轰烈烈的企业转制的呢？

1993 年，曾代表顺德电机厂参加第一批市属企业转制签约仪式的谢建雄，在企业代表发言时，说出了一句经典名言："搞得好起楼，搞不好跳楼。"

《先行者的 30 年》一书，记录了该书作者对谢建雄等 50 多位顺德本地企业家的访问，绝大多数人赞同"三三制"评价。正如谢建雄所言："改得好的占三分之一，改得一般的占三分之一，改得不好的占三分之一。"改得不好的企业，还包括那些在市场竞争中消失的企业。⊖

裕华实业集团股份有限公司是顺德最早推行股份制的企业之一。裕华曾获评为全国十大乡镇企业，由全国十佳乡镇企业家区鉴泉执掌。当

⊖ 招汝基，邓俭，李允冠，杨文灿. 先行者的 30 年：追寻中国改革的顺德足迹 [M]. 北京：新华出版社，2008.

年在北滘经济发展总公司董事会中，区鉴泉排名比何享健还要靠前，还曾经出资购买了小行星，以自己个人的名义命名，一时风头无两。但是改制后的裕华，曾试图引入组装汽车项目，后来因为盲目多元化发展而每况愈下，逐步从明星企业中掉队。

目前能够找到的关于裕华的报道，是 2006 年 12 月 6 日，裕华所属商标公开拍卖，用来抵债。这意味着这家老牌家电企业在辉煌过后，走向最后的没落。一个最早闯过亿元大关的乡镇企业，从如日中天到惨淡终结，充分说明，企业改制并不是万能的。一个知名企业的辉煌与沉寂，一个优秀企业家的成与败，有很多复杂的因素，并不以人的意志为转移，更不会因为一改就灵，就能够安然躲过市场经济的惊涛骇浪。

华宝集团则成了顺德人心里永远的痛。1992 年，北滘镇开始企业改制试点的同时，市属明星企业华宝集团成为另外一个试点单位。华宝空调是当时中国空调第一品牌，曾生产中国第一台分体空调，华宝集团则是一个"以工业为主导，旅游、商贸、房地产开发相结合的集团公司""是顺德 3000 多家工业企业的'一哥'"。

1992 年 11 月，华宝集团改组为广东华宝集团股份有限公司，1993 年，华宝仅空调厂产值就达到了 20 亿元，销售额 17.7 亿元。虽然集团旗下有许多不良资产，巨债缠身，处于亏损之中，比如房地产项目，比如锦纶生产项目等，但起码从表面数据来看，在外人看来，华宝是顺德不折不扣的"靓女"企业，而且在青春妙龄时期出嫁了。

"华宝"是否是真正的"靓女"，对于顺德市政府来说，有一盘全局的棋。《大道苍茫：顺德产权改革解读报告》一书的作者徐南铁曾经在 1999 年采访过时任顺德市委书记陈用志，就"华宝"出嫁后的背景，陈用志说："其实'卖'企业很实际，如'蚬华'当时有 5000 万美元外债已到期，形势危急，卖了 3 亿元，解决了没有流动资金的问题，但这些情况都是外界不知道的。"

作为第一决策人,陈用志为此承担了巨大的压力,包括纪检压力。《见证与突破:顺德改革开放三十年回眸与前瞻》中,陈用志表示,"当时,省里也专门派调查组来顺德检查我的问题,查了三个月,最后得出结论:一是华宝转制我不用承担责任,二是没有经济问题。这个结论,现在还有一份保存在我家里。"

而当年,在政府的强力推动下,华宝改制已箭在弦上,企业改制时华宝集团总资产评估为 25.5158 亿元,这个评估后来被认为是高估了,实际资产根本不值评估的数字。当时华宝集团发行企业内部股票 10.7387 亿股,市政府间接控股 8.05 亿股,控股占比为 74.96%。

顺德政府为自己的"靓女企业"找到了一个香港婆家,即香港上市企业蚬壳电器,曾在顺德投资"蚬华风扇厂"和"蚬华微波炉厂",合作信用记录良好。1993 年 11 月 22 日,双方正式签约,华宝集团转让 6.44 亿股权,金额为 12.88 亿元,约定分 6 次,在 1995 年 12 月底付清。港商拥有了华宝旗下 10 家企业 60% 的股权,以及剩余两家 31.44% 和 45% 的股权,拥有了绝对话语权。㊀

可惜,这场联姻终以离婚收场。原因之一是进驻港商遭到了华宝高层的激烈抵抗。

1993 年 8 月,华宝创业的"拓荒牛",曾为华宝发展壮大立下汗马功劳的胡成珠,在合资意向书上只草签了一个"胡"字,就辞去了董事长职务,和部分华宝高层赴香港创业,创办了"成功实业公司"。就在华宝股改如火如荼之时,胡成珠曾被调任顺德工业发展局局长。他向市政府打了一份报告,称"局长容易选配,但较成功的大集团一把手不容易选配,为此,建议另选机关型的干部担任局领导"。

华宝集团的另一重要人物,集团副总经理兼华宝空调厂厂长的黎钢

㊀ 招汝基,邓俭,李允冠,杨文灿. 先行者的 30 年:追寻中国改革的顺德足迹 [M]. 北京:新华出版社,2008.

辞职，率领三个副厂长跨河而去，在中山创业，建立"索华"空调品牌，三年工夫就跻身全国十大空调品牌，可见其业务能力之强。可惜功亏一篑，"索华"于1998年宣告破产，由TCL接盘。"索华"品牌脱胎于"华宝"，有人认为是"索取华宝之命"的意思。黎钢曾批评华宝嫁给港商，认为"这是父母包办的婚姻"，既然是靓女，就该用比武招亲的办法，让女儿自己去挑个好婆家。

华宝高层的态度还带动了部分员工的不满情绪。"华宝转制"有一个巨大的程序缺陷，10多亿元的股权转让交易，居然没有召开股东大会，未履行需要经过股东大会批准的程序。这都成为"华宝风波"日后遭人诟病的理由。

结果，港方在一年内都没能完成真正的权力交接。港商曾经进口一批便宜压缩机，以降低成本，但是华宝厂方认为不达质量要求，就是不用，任由4500台压缩机躺在仓库里睡大觉。

1994年10月18日，《经济日报》一篇近整版的文章，题为《华宝产权转让纪实》，被多家香港媒体转载，港方的股价立即下跌，成为压垮华宝集团的最后一根稻草。

该文章提出有力的质疑，指有关领导和港商洽谈时，华宝董事会和股东都不知情；在股东大会和临时股东大会上，只字未提向港商出卖股权一事；内地曾有企业提出优于港商的收购条件，华宝集团原董事长也曾经和下属12家企业的负责人联合提出，反正是分期付款，愿意自筹13亿元资金，自买自身，继续经营，都未被有关部门采纳。文章在结尾提出了犀利的问题："这次华宝产权的转让，国家、集体、股东和职工的合法权益是否得到了保护？"这篇文章还尖锐地指出，如此用"先结婚后恋爱"的方式将华宝"嫁出"，造成的是一桩非法婚姻。

1994年11月10日，港商宣布"解除收购位于顺德市12家合营公司60%权益之合同"，理由是"合资股东未按承诺注入股本，以及内地空调市场欠佳"。

港方发布公告,指责华宝高级经理对交易持负面态度之余,也表明了自己的态度:"合营公司大部分员工均支持该交易,因他们正确认识到,与蚬壳联营可引入更广阔的国际业务关系、较现代化的管理方法及较稳健的财务控制,而带来长远利益。"

顺德认同其在"华宝"已经连本带利投入资金1.67亿美元,折合人民币14.2亿元。港方承担1亿元人民币损失,顺德则需归还13.2亿元。

1995年8月,广东省委政策研究室和广东省经济体制改革委员会联合出具调查报告,关于"华宝风波",言简意赅地总结了这桩"涉外婚姻"失败的原因。"由于上述转让工作做得不细,原经营者和广大职工思想波动较大,与收购控股的港方无法合作,而港方在兼并以后,在管理概念上与内地原有的习惯也发生较大的冲突。同时,港方接管以后发现原华宝公司在资产评估中有大量水分,感到'上了当'。正在此时,《经济日报》发表了一篇报道,指责华宝转让是贱卖了公有资产,港方在港上市的股票由此跌去50%以上的市值,由此坚决提出终止这项转让。"

无论各方关于分手的说法如何,有多少离散的惋惜,有多少"看走眼"的愤怒,有多少爱恨交织的人事恩怨,曾经的"靓女"企业风光出嫁时,没有人看得到最后的结局。"华宝"本是市属企业里最早开始改制的企业之一,结果评估失实,洽谈股份转让的过程又未做到公开透明,未能公开招标,且卖给港商争议太大,背负了太重的政治压力,在各方博弈下,终成为顺德企业改制试验的牺牲品,早开的花早夭折了。

陈用志亲自赴香港三顾茅庐,把负气出走的胡成珠请回华宝,让他创办的成功集团有限公司收购华宝,其实是采用反承包的方式,可谓不惜代价。然而华宝"离婚"后元气大伤,企业沉疴难愈,胡成珠回春无术,主动放弃,选择远走加拿大。

1999年10月,华宝集团的主体空调机厂并入了科龙集团,渐渐淡出人们的视线。

如果说"华宝风波"是顺德企业产权革命的"麦城",那么,"科龙风波"对于顺德而言,则是不折不扣的滑铁卢。

科龙风波

转制成功的企业都是相似的,而转制失败的企业各有各的悲剧。

无论是市属企业华宝还是镇属企业科龙,都是前期白手起家、艰苦创业,后来才壮大的企业。华宝成立于1984年6月28日,前身是顺德县经济发展总公司,从借5万元刻公章开始起步。创业9年后,华宝产值骤增。1993年,胡成珠辞去华宝集团董事长职务,离任时伤感赋诗一首:"两手空空进顺峰,几多风雨几艰辛?九年搏成华宝业,十八亿元齐奉公。"

1984年创建的广东珠江冰箱厂,当年也是镇里给了9万元试制费起步,1999年,创始人潘宁被退休,辞去科龙集团董事长职务。和胡成珠一样,潘宁也迅速移民加拿大,临别时"口占一绝":"服务乡企数十年,纵横家电愤争先。闯破禁区成骏业,寄语同人掌霸鞭。"有人以为"愤争先"的"愤"是笔误,潘宁说,就是这个"愤",悲愤的"愤"。

所谓成也萧何,败也萧何。

一方面,这两大企业的发展的确离不开顺德政府的大力支持,是集体资本提供了企业第一笔启动资金,而政府则在企业发展壮大的过程里不遗余力。比如当年广东珠江冰箱厂要扩建,但镇里已经没有地可以征用。镇领导就炸平了镇里一座小山,让潘宁建厂。而另一方面,政府太多的行政干预，也给企业的经营带来困扰和危机。在特殊的历史发展背景下，企业资本与政府有着剪不断、理还乱的联系，不仅政企不分，企业家也常常是半官半民，甚至是官民一体。比如胡成珠从华宝集团负责人调任顺德工业局局长，而潘宁早期曾经是容奇镇工交办副主任，后来曾执掌科龙的徐铁峰曾任新合并的容桂镇第一任镇长，在掌管这个大型企业之前，他一直是镇里的基层干部。这些当初令企业获益的公有产权和官员身份，日后都导致了企业在产权改制中的风波迭起。

其实万般冲突，最后都归于一个问题，即在对企业进行产权界定时，如何对当初做出重大贡献的企业家们，特别是创业团队定价？正是杰出的企业家精神、企业领袖敏锐的商业直觉和超前眼光，重塑和改造了企业的命运。

著名经济学家周其仁在《产权与制度变迁：中国改革的经验研究》里旗帜鲜明地提出"企业家人力资本产权"，他认为需要思考如下问题：**"在一个独立于行政权力控制之外的'公有制企业'里，企业家人力资本产权是否存在、怎样存在、如何实际在现有企业制度里起作用、如何被激励以及可能如何进一步变化并影响企业产权制度的安排？"**

理想的模式当然是在企业发展的进程中，以部分企业利润分享权和企业控制权来对企业家的人力资本进行回报。

但在现实中，故事往往有另外一个结局。

中国的乡镇企业做大了之后，就很容易成为"准国企"。除工资外，政企不分的体制并不承认人力资本和技术资本的价值。潘宁出生于1932年，顺德企业改制的疾风骤雨年代，他已经超过60岁了，虽然没有人敢提及这个敏感时间点，但是在行政系统中，身为"国家干部"，这已经是退休的年龄。至于身为一个优秀企业创始人，是否需要在60岁强制退休，那个时代尚无定论。

股份制改革没能解决企业创始人的疑虑。1992年8月，珠江冰箱厂改组为珠江电器股份有限公司，镇政府独资的容奇镇经济发展总公司拥有 80% 的股份，员工持股 20%，当广东珠江冰箱厂已经做到"无敌"境界的时候，以潘宁为首的创业团队在股权上没有任何优势。"潘宁多次或明或暗地提出，希望镇政府在这方面给予考虑，可是得到的答复都含糊其辞。"

另外，由于已经闻名天下的容声冰箱品牌所有权归镇政府，一些镇属企业趁机打出这个牌子的小家电，潘宁对此毫无办法。

1992 年 10 月，募股完成，新公司更名为广东科龙电器股份有限公司，1993 年年初开始使用"科龙"商标。1996 年，科龙发行 H 股，募集了 8 亿元人民币，发行后外资股占 47.55%，并在香港联合交易所上市，成为内地首家在香港上市的乡镇企业。[一]

也许正是因为科龙做得太成功、太大，其改制过程才充满坎坷。潘宁虽然对科龙投入毕生才智和心血，但仍然只是一个受人尊重的看守者。

随着顺德企业改制的全面铺开，20 世纪 80 年代赫赫有名的容桂"三大王"的命运在 90 年代开始分化。

"微波炉大王"，格兰仕集团创始人梁庆德在企业转制中基本完成了"私有化"，并涉险过关。1994 年 6 月，珠江三角洲遭遇特大洪水。格兰仕厂区被淹，所有的机器都泡在了水中。此时企业刚刚转制，梁庆德等几个大股东占了 80% 的股份，损失的全部是"血汗钱"。有人认为格兰仕再也不能翻身，但梁庆德临危不乱，洪水退后第三天，格兰仕就开动了第一条生产线，3 个月后，生产全面恢复。当年年底，格兰仕微波炉产销 10 万台，脱颖而出。[二]

[一] 林德荣. 中国千亿大镇 [M]. 广州：广东人民出版社，2010.

[二] 中共顺德区委宣传部，珠江商报社. 见证与突破：顺德改革开放三十年回眸与前瞻 [M]. 广州：广东人民出版社，2008.

如今，格兰仕早已经成为"国民家电"的代言人，将微波炉从奢侈品变成了家庭必需品，产品供应近 200 个国家和地区。身为顺德企业转制的受益人，梁庆德率领格兰仕脱胎换骨，从中国的"微波炉大王"变成世界的"微波炉大王"。

"电饭锅大王"陈兆驹，在顺德改制中挂冠而去。产权的归属使得政府和企业经营团队难以达成一致，"政府随意变更承包合同，不敢也不愿意让管理层拿得太多"，这对创业者的打击不言而喻。"1993 年，陈兆驹悄然离开，而那年是爱德的鼎盛时期。爱德电饭锅的年产量已经达到 600 万个，销售达到 7 亿元。"⊖

陈兆驹离开爱德后，爱德就开始走下坡路，从一线明星企业中掉队。

"冰箱大王"潘宁，只能眼看着自己的同时代人潮涨潮落。

当时顺德全县有 11 个区、镇，容奇镇镇委书记陈伟对顺德转制方略有不同意见，不同意"靓女先嫁"，希望留下"靓女"企业，"丑女"才嫁掉。结果导致容奇镇的改制步伐明显落后于其他镇。

《大道苍茫：顺德产权改革解读报告》一书的作者徐南铁曾经采访了陈伟，他表示："科龙可以卖四五十亿元，还掉六七亿元的贷款，还剩下不少，我这当书记的三五年可以不干活，日子好过得很。但是以后怎么办？"

1995 年 8 月，广东省委政策研究室和广东省经济体制改革委员会联合出具了《关于顺德市改革企业产权制度情况的调查》，调查报告中特别指出，经过几种形式的产权调整，市镇两级企业公有股的比重下降为 62.4%。而"容奇镇镇属企业基本上没有出让公有产权"，这意味着当时科龙的公有股也不可撼动。

潘宁力图另辟蹊径，创造了科龙品牌。科龙的意思是"科技的巨

⊖ 林德荣. 中国千亿大镇 [M]. 广州：广东人民出版社，2010.

龙"，由此能看出潘宁虽已年届花甲，但仍然抱负满怀。此外，潘宁也想借此逐渐摆脱政府的行政控制，但这个心愿没能达成，创业团队和政府围绕企业控制权的摩擦逐渐升温。

顺德市档案馆编的《顺德改革开放二十年大事记》中，这样记载了华宝最后的"婚事"："1998年10月9日，科龙集团收购华宝空调器厂和大型注塑机厂，实行强强联合，筹建国内最大的制冷集团。"根据科龙1999年年报，收购华宝，实际收购金额为7.63亿元人民币。

科龙电器获准发行A股，最终在1999年7月13日于深圳证券交易所上市，一度成为中国实力最雄厚的公司之一。但失去了企业灵魂人物的科龙，开始面临一系列令人眼花缭乱的"易主"风波，以及犹如山崩般的盛极转衰。

2001年10月29日，科龙控股股东广东科龙（容声）集团有限公司与顺德市格林柯尔企业发展有限公司签订了《关于广东科龙电器股份有限公司的股份转让合同》，2002年3月5日签订了补充合同，格林柯尔受让20.6%的股份，最终转让价格为3.48亿元人民币。2002年4月18日办理了股权过户手续。格林柯尔就此成为科龙第一大股东。科龙公司的法定代表人，更新为顾雏军。

郎顾之争

2004年8月9日，郎咸平在复旦大学发表了一场著名的演讲，题目是《格林柯尔：在"国退民进"的盛宴中狂欢》，其演讲内容在《东方早报》等刊发。郎咸平指责顾雏军用"七板斧"，即安营扎寨、乘虚而入、反客为主、投桃报李、洗个大澡、相貌迎人、借鸡生蛋等手法，"用区区9亿元撬动了100多亿元国有资产"，并在上市公司"费用"上做文章，郎咸平认为顾雏军的手法是拉高收购当年费用，形成巨亏，但同时"洗"去了来年的负担,第二年就扭亏为盈,出现"盈利"。

公司重组费用的会计处理,对净利润影响巨大,这是一个"灰色地带",稍有不慎就会沦为财务造假。

顾雏军立即做出回应,向郎咸平发出律师函,郎咸平也随即召开记者招待会,称"绝不会接受企业家通过任何方式践踏以保护国有资产和中小股民利益为本的学术尊严"。郎咸平表示,他更关心的是严重的国有资产流失问题。

2004年8月17日,顾雏军向香港高等法院递交了起诉书,状告郎咸平诽谤,歪曲事实,攻击顾雏军"品格、名誉与性格"。

一场席卷全国的"朗顾之争"从此展开。

社会舆论一边倒,并在网上持续发酵。新浪网做了一个调查,截至2004年9月14日13时40分,共有84 058名网友参与,就"您如何看待郎咸平有关格林柯尔的文章"这一问题,90.63%的投票者选择了"一针见血,分析精辟";但接下来的调查耐人寻味:关于"您如何看待国企产权改革"的问题,"应该停止"成为最多投票者认同的选项,选定比例达到64.27%。

"朗顾之争"引爆了媒体、学界乃至政界对于国有资产流失和国企产权改革的大争论。学术界迅速分化成"左、右"两大阵营,包括著名公共知识分子秦晖在内,一批国内经济学家、人文学者、法学家等纷纷参加争辩,从个案上升到问题,上升到主义,从会计处理是否涉嫌财务造假,发展到讨论企业家信托责任,发展到"国有资产流失"和"国退民进"以及"私有化"的争论。

社科院经济研究所的左大培坚决支持郎咸平,因为他认为最近几年集体企业特别是国有企业的改制,造成了极少数人对公有财产甚至中小股民财产的疯狂侵吞。

吴敬琏对郎咸平目前国企改制中出现蚕食和侵吞国有资产的情况表

示认同，但不认同郎咸平有关"国企效率优于民企"以及应该停止国有企业改制的观点。

张维迎呼吁不能因为会出现国有资产流失的问题，就终止国有企业的改革，更不能妖魔化民营企业家，而是一定要善待那些曾经为社会做出过贡献的优秀的人。"不论他们是在奥运会上为我们争得了奖牌，还是在市场竞争中为我们创造了财富，做不到这点这个社会就是有问题的。诋毁他们的贡献更是缺乏社会良知的表现。"

被卷进风暴中心的顾雏军，也邀请了国务院发展研究中心企业经济所协办，召开了"科龙20年发展与中国企业改革路径"的研讨会。该研究所出具了一份题为《科龙20年发展经验与中国企业改革路径》的报告，指出科龙民营化重组符合中国企业改革大趋势。

报告认为，"在产权改革中，公有资产的流失应该千方百计地避免，蓄意鲸吞公有资产应该受到严惩。但在实际工作中，对资产是否流失的判断标准仍然是比较含混的。在如此复杂的环境中，如果政府没有坚强的决心和甘冒风险的勇气，是难以推进产权改革的。"

这是中国经济理论界规模最大、火药味最浓的一次大论战，被誉为"改变了中国经济以及国企改革走向"的一次思想大交锋。

北京大学法学院教授刘燕在《郎顾之争：重回原点的法律意义》一文中，对这场争论的负面效应给予尖锐批评，她认为这导致"本应该在个案层面解决的争议，即顾雏军的收购策略以及随后的会计处理是否逾越灰色与违法的界限，几乎消失得无影无踪。会计层面本应该进一步探究的事实真相，法律适用层面本应该对当事人行为违法性给予的细致分析，基本上都湮没在各种大词或者意识形态之争中。"

"朗顾之争"以顾雏军锒铛入狱而突然终结。

"朗顾之争"中，企业产权改革也遭遇到前所未有的挑战。2004年9月，《人民日报》发表署名为"国务院国有资产监督管理委员会研究室"的文章,题为《坚持国企改革方向、规范推进国企改制》,被视作是国资委发出的一个微妙信号。该文章强调:"不能刮风出售国有资产,不能'一刀切',不能用行政命令推进国有企业改制。"文章还就大型国企管理层收购(MBO)发表严厉措辞,"推进国有大企业的改革,必须坚持所有权与经营权分离的改革方向,重要的企业由国有资本控股。实施管理层收购并控股,是将所有权与经营权合一,这不利于形成有效的公司治理结构,不利于建立市场化配置经营管理者的机制,不利于维护国有经济的控制力。"

作为"朗顾之争"的政策后果,2004年12月,中国政府明确对大型国企MBO叫停。

如果说"郎顾之争"让顾雏军的命运急转而下,那么,自20世纪90年代开始的企业产权改革,则让许许多多的人彻底改变了人生轨道,同样被改变的还有企业的命运,以及顺德的命运。

2005年9月9日,海信接盘科龙。2013年4月23日,ST科龙在7年后,成功摘帽,正式更名为海信科龙。

科龙的江山仍在,惜朱颜已改。

海信科龙仍然是顺德制造的支柱产业,2017年,海信科龙在顺德纳税仍然位于前列,并继续为顺德产业发展发挥着积极的作用。

顺德作为一个城市,有了自己的幸与不幸。

不幸的是失去了一个有可能跻身世界500强的企业,幸运的是顺德从此成为中国改革史上再也不能跨过的一页,即便是一路凯歌,却也伴随着荆棘满地。

科龙作为中国企业产权改革的第一大案,将为同时代人,乃至后时代人,提供反省。

2014年9月,《南方周末》刊发《"郎顾之争"十周年祭:关于国企改革理论分歧的思考》一文时,特地加了一个"编者按",解释重提

"郎顾之争"的理由:"是因为事涉国企改革的大问题。不遗忘、不回避、不漠视、不惧怕,勇敢地正视矛盾,积极地寻求解决之道。"

一个充满善意的时代,终会铭记每个个体为社会进步所做出的牺牲。

而无论历史的车轮将行进到何处,每个人的生活都得继续,不管在何处落地生根。

不管科龙易主掀起多少惊涛骇浪,身在大洋彼岸的潘宁始终不发一言。

2005年8月,在"朗顾之争"刀光剑影、科龙奄奄一息之际,著名经济学家周其仁曾经撰文,题为《可惜了,科龙》。文章说,"**最近读科龙的报道,被一个问题折磨:要是还由创业老总潘宁那一代人领导,科龙至于落到今天这步田地吗?知道历史不容假设,可忍不住就要那样想。**"

重点是产权

改革改到深处是产权,这是当时还无法深入探讨,但是已显而易见的道理。

1993年,国家开始宏观调控,银行贷款从信用贷款转为抵押贷款,停止财政包干,取消减免税优惠。"顺德过去靠高负债发展经济,靠减免税扶持壮大企业"的模式失灵了,不得不另找出路。

但是当顺德产权改革要动真格的时候,还是引发了轩然大波,因为这是"国际共运史上都找不到的深层次改革"。曾担任过顺德市市长的周天明说:"当时转制确实是一场社会运动,转制触及每个人的钱包。"

时任顺德市委书记陈用志和顺德市市长冯润胜坚持进行产权改革。

陈用志说，不改革是死路一条，改革不成功也是死路一条，所以要"改革成功，死里逃生"。顺德的产权改革变成了"不仅救企业，更是救政府，救顺德经济与社会发展的前程"。○

1993年9月7日，顺德市政府印发《关于转换机制、发展混合型经济的试行办法》，提出了28条意见，被称作"二十八条"，率先拉开了全国企业产权制度改革的序幕。

顺德人敢为天下先，但并不鲁莽蛮干。他们避开了"企业产权改革"这样的敏感字眼，而是进行了更小心稳妥的表述。**"二十八条"核心理念的官方阐述为："大力推行以股份制为主要形式的多种经济成分并存的混合式经济，实现机制的转换，建立一个产权明晰、贴身经营、利益共享、风险共担的充满活力和富于竞争力的新型的企业发展模式。"**

即使放在今天，"二十八条"也并不过时。这是一套理性、严谨，而且前后配套，有开拓、有保底的转制方略。它意识到了建立和完善社会保障体系的重要性，提出转换机制后，一律推行法定的社会保险，一律实行劳动合同制。关于配套体系，则设计了涵盖会计师事务所、审计师事务所、律师事务所、拍卖行的社会服务体系和监督机构。

为了避免激化社会矛盾，"二十八条"规定，企业转制中，盈利企业遣散人员不得超过职工总数的20%。两个月后，顺德市政府又出台了补充规定，这一条做了重大修正，规定除了亏损、破产企业之外，企业遣散人员应控制在5%左右，最多也不能超过20%。1994年3月，顺德市政府再出台《关于转换机制发展混合型经济的若干规定》，只提到了企业遣散人员应控制在5%左右。虽然配套措施有局部调整，不过"二十八条"的核心理念从来没有变更过。这在当年是石破天惊之举。

○ 招汝基，邓俭，李允冠，杨文灿. 先行者的30年：追寻中国改革的顺德足迹[M]. 北京：新华出版社，2008.

"二十八条"发布的那一年，中国刚刚在全国范围内停止使用粮票；时任国家工商行政管理局局长刘敏学刚为"投机倒把"正名，认为过去是投机倒把的行为，现在看来是商品流通中不可缺少的环节；刘永好等50多位民营企业家作为两会代表走进全国政协会议的会场，这是民营企业家作为一个阶层，第一次整体政治亮相。虽然种种迹象表明，中国计划经济开始转向市场经济，但是这仍然是一个相对青涩的年份，顺德"二十八条"的现代性和前瞻性，不亚于一个前卫荒诞的行为艺术。

而这个制度革新的设计，并没有一帮经济学家参谋，而是顺德人自己摸着石头过河的结果。首先是对顺德全部的公有制企业进行摸底，进行资产评估，界定产权，厘清企业是属于国有产权还是地方政府产权，并提出应提未提、应分未分的福利金、奖励金可以作为职工产权。而后提出了五种转换机制：第一，产品前景好、规模大的企业，提倡中外合资合作，允许和国际大公司联营，目的是引进资金、技术和市场；第二，公私合营，允许集体企业把法人股出让给私人，降低公股比例；第三，中小型企业则可以通过私人租赁经营的办法，实行公有私营，最后可通过赎买转为私营企业；第四，兼并或者拍卖亏损和微利企业；第五，新上项目和在建项目，要求控制公股投入，发展混合型经济。

这意味着**政府将退出一般性竞争领域，在不影响国计民生的行业，不与民争利**。而那些亏损大户，不赚钱的"烫手山芋"，则该放手就放手，所谓"抓大放小"，但那些关系到国计民生，带有垄断专营性质的企业，以及有规模的高新技术企业，改组为股份公司后，还是由政府全资或者控股经营。

除了明晰产权之外，为了让企业经营者以及业务和技术骨干能够利益共享、风险共担，"二十八条"提出企业可以设立"骨干股"，上述人员购买骨干股份时，如果现金不足，可以赊股，在分红时逐年抵消股本，之后股份就可归个人所有（这也是"二十八条"的一大突破）。如果不赊股,则允许企业骨干税后提成 5% 到 10%,作为分红。企业按市值评定股份后,允许企业部分股份向职工出售,凡是用现金按市值购买股份的,不做数额限制。这在事实上为非公资本赎买企业产权开辟了绿色通道。

提前进入深水区

在保守势力看来,这是大逆不道,是搞私有化,是走资本主义道路。时任顺德市市长冯润胜曾接听过上级领导责骂他的电话,说他比叶利钦还坏。那段时间他压力很大,常常失眠,"心里的难受惨过死老豆(老爸),惨过死老母"。

只有初中学历的冯润胜是顺德人,从农村基层干起,是"本地人做本地官",有人评价他具备三个特点:"第一,本身是农民;第二,长得像农民;第三,看上去还是农民。"但他务实、一针见血的农民式表述,被认为语言表达上达到了"民间公认的大师级水准"。冯润胜发明了后来闻名全国的"靓女先嫁",把效益好的企业比作"靓女",认为这些企业应该尽早转制,在青春期"出嫁",不要等到更年期,人老珠黄没人要。

这个说法曾经引起极大争议,直到 1997 年,著名经济学家厉以宁为其盖棺定论。厉以宁在全国人大常委会的一次发言中表示,只要企业能够"出嫁",借此使企业发展壮大,效益增强,"嫁出去"又何妨?

当时的产权改革,不仅仅是"靓女"还是"丑女"应该先嫁的经济问题,更是"姓公"还是"姓私"的政治路线问题,后者是改革开放中的地雷阵。《先行者的 30 年》一书,记录了这样一个细节。顺德改革争议最多的那些年,顺德市委常委会议记录中,只记录时间、地点、参加人员、议题和最终决议,想查谁具体说了什么,根本查不到。这在中国政治生态下，是罕见的现象。这种"集体决策"是特殊状况下保护所有干部的一种办法，一旦遭遇政治风暴，"大不了集体辞职"。[○]

从 1992 到 1996 年，历经 4 年艰苦卓绝的改革，公有股所占比例从 90% 降到 62.6%，以公有制为主体的混合型经济格局初步形成。

关于顺德转制的官方评价，1995 年 8 月，广东省委政策研究室和广东省经济体制改革委员会联合调查组曾拿出了一个广东省官方结论。在他们做出的《关于顺德市改革企业产权制度情况的调查》报告中，认为对顺德市企业改革应该肯定。原因是顺德通过企业改制摸清了家底，树立了产权意识和资本保值、增值观念，公有资产的配置得到了合理调整和优化，多元化的投资体系分散了政府风险。不过，来自省里的联合调查组，仍然对顺德进行了批评，认为顺德早期宣传出现缺陷，提出了"贴身经营"和"靓女先嫁"等口号，"这种不完整的提法容易授人以柄，被人歪曲为顺德在推行私有化"。

今天再回看这份报告，一个特别值得注意的例子是，联合调查组提到，当时人们议论最多的转制方式，是全部由经营者持股，少数公开拍卖给个人，转为合伙制企业的形式。镇属企业这种形式居多。联合调查组特别举了一个例子，北滘镇建筑公司，该公司评估后的净资产为 3400 万元，被 5 个经营者全部买走，购买额最多的高达 1220 万元，但不是一次付清，而是先交 10%，剩余的在 5 年内用企业盈利来抵扣，按银行同类存款利率缴纳利息。这是一份清晰的中国首富阶层曾经的发家路线图。

即使各种争议颇多，顺德仍然顺利完成了自己的产权革命。

企业改制后的顺德，交出了一份漂亮的成绩单。改制基本完成的 1996 年，比改制刚开始进行试点的 1992 年，"顺德工业产值增长超过

○ 招汝基，邓俭，李允冠，杨文灿. 先行者的 30 年：追寻中国改革的顺德足迹 [M]. 北京：新华出版社，2008.

一倍半，职工人均收入增长80%，财政收入增长2.3倍，上缴国家税收继续保持全国县级冠军"。

企业改制后的企业经营者，则一改作风习气。《南方日报》1997年10月3日刊登过一篇题为《勇闯禁区、改革产权》的文章，记录了一个故事。当地一家彩印厂转制之前，十几个管理人员，分布在上千平方米的新楼办公，好不气派。但是企业转制后，他们主动卖掉办公楼，用来归还银行贷款。没有办公楼，就在工厂食堂用纤维板隔出一小块空间，大家挤在一起办公，没有人有怨言，因为节省下来的钱都是自己的。

改革的过程中，风大，浪也大。"1994年8月至1995年8月，是顺德收到各种内参、特急件、密码电报、密件和省市领导批示最多的一年。"顺德也出现过职工群体上访、告状，一场被反对派斥责为贱卖国有资产给资本家的"华宝风波"，让顺德卷进了风暴眼。

由广东省委做的联合调查报告，就是因为1995年夏天，一份"国有资产严重流失，令人痛心疾首""十万火急"的内参直抵中央高层，广东省委政策研究室、省体改委紧急组成联合调查组，赶赴顺德调查后出具的调查结果。这份报告刚完成，时任省委秘书长陈建华就以"特急件"形式，电传到顺德市委。经时任中共中央政治局委员、广东省委书记谢非提议，广东省委召开了常委扩大会议，听取时任顺德市市委书记陈用志和市长冯润胜汇报，并破例让他们讲"顺德话"。

"省委常委会议听取一个县级市直接汇报工作，这在广东改革开放的30年历史中，仅此一次。按常理，广东省省委省政府召开的会议必须讲普通话，但顺德却讲了方言——为了让基层的同志没有语言障碍，表述更为准确、流畅。"⊖

⊖ 招汝基，邓俭，李允冠，杨文灿. 先行者的30年：追寻中国改革的顺德足迹[M]. 北京：新华出版社，2008.

谢非非常关注顺德改革，在顺德改革阻力最大的时候，他每个季度都要来一趟顺德，听取汇报，解决问题。谢非曾经说过"你们比特区还特"，正因为中央没有给予顺德改革任何政策，只有实行比特区更特殊的政策，顺德的"产权革命"才有可能深入下去，不至于中途夭折。谢非为顺德改革把住了关口。

其实在第一轮产权改革中，顺德公有制控股比例曾经是56%，当时有人"要跳楼了，已经告到天上去了"，告状信告到了中央，说顺德是"又一个没有国有企业的县""政治局委员带头搞资本主义"。在谢非提议下，顺德国有和集体企业的控股比例"翻烧饼"提高到62.4%。为了"让大家认同，让党中央放心"，广东省委向中央发密码电报，上报顺德改革情况。

顺德"产权革命"的局势终于在广东省委的保驾护航下安定下来。

为了减少改革阻力，谢非指示顺德："要多做少说，有的先做不说""要尽量减少社会震动，减少阻力"，他要求省里的各部门让顺德放开手脚去闯，各新闻媒体暂不报道，不宣传、不推广。1997年，党的十五大提出"公有制实现形式可以而且应当多样化"，广东省委才开始从内部肯定走向公开肯定顺德改革。谢非亲自约请了《人民日报》记者，一口气连续刊发了三篇顺德综合改革系列报道。⊖

这三篇文章，让所有关于顺德产权制度改革的争论画上了句号。

但是，顺德的改革并没有就此止步。

凡是有改革的地方，仍然会有争论。

产权改革是顺德模式的一条主线，也是最冲撞、最挑战的部分，因为不仅仅涉及利益格局的改变，而且涉及价值观与心灵的冲击。始于1978年的改革开放，起初处于试探摸索阶段，**没有人知道"对"与**

⊖ 中共顺德区委宣传部，珠江商报社. 见证与突破：顺德改革开放三十年回眸与前瞻[M]. 广州：广东人民出版社，2008.

"错"的界限在哪里，没有理论给予支撑和指导，没有可以借鉴的经验和方式，一切都有赖于实践，以及实践的结果。就在这样的背景和条件下，顺德依然大力推进产权制度的改革，**他们从真实的世界出发，从人性的基本规律出发，实事求是，大胆尝试，多做少说，保持和上级的沟通并取得支持，他们给坚持中国特色的社会主义道路赋予了更现实的含义**。在上级领导所赋予的责任之下，他们克服一切障碍，让产权改革虽几经波折，但是依然平稳落地。

PART 4

第四篇

欣欣向荣的群体

这 40 年，对于顺德人而言，是一个理解新规则和应用新规则的过程，而且并没有成型的规则可以借鉴和指引；这是一个在还未达成共识的基础上，需要求得一致性的过程，而且并没有谁能够确保所做选择的正确性；这是一个摸着石头过河，甚至不知道河中是否有石头的过程；这也是一个考验内在价值取向与坚韧性的过程。

第十章　两个"千亿"企业

北滘镇，位于广东佛山市顺德区的东北部，全镇总面积不过92.11平方公里，截至2016年，户籍人口13.1万人，常住人口30.5万人。㊀

北滘镇的闻名，源于中国两大千亿企业，美的集团总部和碧桂园集团总部都坐落于此。

2007年9月28日，美的集团总部大楼在北滘镇奠基，2010年落成并投入使用。美的总部大楼高128米，共31层。倘若从高处俯视，能够看到美的总部大楼之间"大小不等、形态各异的几何体""或下沉为水景，或上浮为种植乡土林木的小丘，或成为区域小广场（庭院），或是地下室采光天井"，巧妙地使用栈桥、道路、水景与庭院等勾勒出"桑基鱼塘"的网状肌理。

"桑基鱼塘"是中国岭南大地上的特色景观。由于境内河流纵横，地势低洼地容易发生水患。人们一边修堤坝，一边挖洼地为塘，"基高塘低、基种作物、塘养鱼虾"，形成良性生态循环。

美的总部大楼，试图通过用现代景观语言重现网格状的"桑基鱼塘"肌理，表达对土地的归属感。同时还设计了生态湿地，以及收集雨水、污水循环利用的设施，作为绿化灌溉等。设计方表示，这样的

㊀ 顺德地方志办公室，《顺德年鉴》编辑部. 顺德年鉴2017 [M]. 北京：光明日报出版社，2017.

水景设计表达了今天人们对环境现状所做出的选择，即如何延续和存在。

2013年10月，碧桂园总部大楼在北滘镇正式投入使用。目前已建的建筑面积约15.75万平方米，由22层的主楼和9层的裙楼组成。整座大楼外部的阳台错落有致，被绿色的乔木、灌木树丛层层围绕，仿佛是垂直森林，正门则有一道"梦想走廊"，长43米，宽24米，种有156种植物，拥有琴叶榕、高山榕与美国大叶垂榕三棵参天大树，穿梭其间，仿佛奇幻森林。这个"立体森林"建筑，被称作"会呼吸的办公大楼"。而以榕树为"梦想走廊"的主题，是杨国强的设想，因为顺德是岭南水乡，而榕树则是岭南最常见的景色，榕树的庇荫下，是岭南人和谐的人情关系。㊀

如果说美的总部大楼景观注重于文化与传承，深沉内敛，那么碧桂园总部大楼景观则是着眼于未来与生机，顺势而生。它们的根都扎在顺德。

两家企业的品牌标识也与各自的企业审美文化相匹配。

美的品牌标志，"由旋转双弧构成，体现大美无垠、大道至简"。美的官方网站解释了该设计的来由，"品牌标志的首字母'M'是本始，从其延伸而成的不封闭圆环，蕴含中国'太极'的哲学概念，连接乾坤两仪，完美呈现人、天、地和谐共存的本原和合状态。"

碧桂园的品牌标志采用凤凰形象。凤凰自古以来就是祥瑞之鸟，是传说中的百鸟之王，"见者天下安宁"。《碧桂园日课》是碧桂园公开出版的内部文化读本，将碧桂园的文化特质、企业理念以及需要碧桂园人学习掌握的历史和文化知识贯穿其中，其中就有一页特地介绍凤凰，引用了王世贞《钦乌行》："飞来五色鸟，自名为凤凰。千秋不一见，见者

㊀ 《碧桂园日课》编委会. 碧桂园日课 [M]. 西安：世界图书出版西安有限公司，2016.

国祚昌。"㊀

如果要寻找中国企业从无到有,并且壮大到可敬、可畏的发展之路,顺德北滘镇提供了美的集团与碧桂园集团两个空前绝后的样本。倘若没有两家企业创始人的远见卓识,积极抓住社会进程赋予的机遇,以及追求变革、不断创新的个人努力,就没有日后两个"千亿元企业"的诞生。

无论从何种角度看,何享健与杨国强,都是现代"中国梦"的样本。其奋斗过程以及奋斗成果,**与时代的每个重大结点紧紧联系在一起**。而他们个人的成长经历,则为企业发展打上了深深的个人烙印。

美 的

何享健生于 1942 年。1968 年,当顺德全县城乡都掀起"早请示,晚汇报""唱忠字歌,举忠字牌,跳忠字舞"等活动高潮的时候,在斗私批修的狂潮中,26 岁的何享健率领 23 个乡亲,集资 5000 元进行"生产自救"。他是 1949 年以后,中国最早创业的民营企业家之一,比中国改革开放还早 10 年起步。

或许因为在"政治挂帅"的年代创业,经历了太多政治运动的风浪,何享健一生谨言慎行,他关心政治,但不搞政治,不热衷成为政治人物或者明星企业家。

何享健在接受《顺德报》专访时曾表示,他的人生目标是"一生就办一个企业"。何享健对自己有清楚的认知,他选择"走商场、走企业"。1977 年,他曾经被短暂提拔为北滘公社工交办副主任,上级也曾经提出过让何享健做镇领导;两任广东省委书记李长春和张德江还曾经提出过让何享健去当广东省工商联领导,但都被何享健婉拒了。他解释

㊀ 《碧桂园日课》编委会. 碧桂园日课[M]. 西安:世界图书出版西安有限公司,2016.

说:"我的定位不是当官。搞企业不可一心二用。"

何享健把毕生精力都倾注到了这个叫作"美的"的企业。

他起初创办的,不过是一个手工作坊,什么赚钱做什么。比如生产过药用玻璃瓶、发电机配件、汽车配件等。

20世纪80年代初,美的开始转型生产风扇,正式进入家电行业,更名为"顺德县美的风扇厂",并于1981年正式注册"美的"商标。由于技术简单,没有门槛,顺德当时一下冒出来200多家风扇厂。美的风扇大量积压。何享健"把仅有的一点路费藏到鞋底,扛着电风扇就登上北上的火车。为了省钱,晚上就睡在车站,早上饿了吃点白糖"。[1]

1985年,美的进军空调行业,在顺德最早生产空调,比制冷专家科龙还要早6年。

1992年,广东美的电器企业集团成立,何享健已经开始研究股份制改造,主动提出进行股份制改造试点。当时比美的规模大、名头响的企业都在观望甚至推托,但何享健意识到企业需要靠制度和规范发展,他到处申请,终于成为顺德最早改制的6家企业之一,这也是美的后来成为行业龙头的关键转折点。

1993年,"何享健力排众议,推动美的上市,成为中国第一家上市的乡镇企业。"美的不仅收获了发展所需的10多亿元资金,而且借此建立了现代企业制度。

1997年,美的在主营业务利润大幅滑坡、组织效率低下的情况下,大刀阔斧进行了事业部改造,"以产品为核心",分别成立了空调、电风扇、电饭煲、小家电、电机等五个事业部,形成了"集权有道、分权有序、授权有章、用权有度"的内部授权模式。[2]

---

[1] 《顺德人、顺德事》编辑委员会. 顺德人、顺德市:从农村到城市的嬗变 [M]. 广州:广东旅游出版社,2013.

[2] 黄治国. 静水流深:何享健的千亿历程 [M]. 广州:广东经济出版社,2018.

总部得以从一线琐碎管理中脱身,成为决策、投资、监控和服务机构,产品的研发、采购、生产和销售、服务等都放权给各事业部,实行灵活的奖励机制,管理创新激发了企业活力。1997 年,美的产值 29 亿元,实行事业部制后,1998 年达到 50 亿元,1999 年为 80 亿元。

美的潜力因此而不断爆发,此后逐步跨越了 100 亿元、300 亿元、500 亿元的销售大关。

美的创新从未止步。

2001 年,美的完成产权改革,"以何享健为首的管理层成为公司第一大股东,将公司管理层和企业结成真正意义上的命运共同体"。这是中国企业成功实施 MBO 的典型案例。

2007 年,美的事业部机制再次调整战略,设立制冷家电集团、日用家电集团、机电装备集团、地产发展集团等二级集团,形成了"集团、二级集团、事业部、产品公司"等四层级的"超事业部制",权力进一步下放给二级集团,但是各事业部之间却进行"收权",实现资源共享和事业部协同。○

美的全方位进入了微波炉、饮水机、洗碗机、洗衣机、冰箱等领域,何享健却并没有因此而手忙脚乱。

《21 世纪商业评论》原主编吴伯凡评论说:"在全国家电企业中,美的的总部是最安静的,在家电企业领导人中,何享健先生是最从容、最悠闲的。原因就在于,他为自己、为企业划定了一道道明确的边界。"

何享健为美的发展贡献卓越的,还有他的全球化眼光。

20 世纪 80 年代中期,在国内家电竞争已经很激烈的情形下,何享健出国考察,发现国外风扇流行的是便宜安全的塑料外壳,而不是国内的金属外壳,自此定下了"不与国内同行竞争,走出国门争天下"的战

○ 招汝基,邓俭,李允冠,杨文灿. 先行者的 30 年:追寻中国改革的顺德足迹 [M]. 北京:新华出版社,2008.

略,开始有了放眼海内外的非常决心和宏大气度。

美的从国际市场代工起步,学习国际市场运作,遵循先有市场、后有工厂的原则,逐步开发国际市场。2007年,越南成为美的海外投资的第一站,成为其在东盟的重要制造及出口基地。此后,美的又建设了白俄罗斯、埃及、巴西、阿根廷、印度基地等,全面开拓欧洲及亚非拉市场。

2010年,美的集团销售收入突破1000亿元,正式晋升为"千亿企业"。

2013年9月18日,美的集团实现整体上市。

2015年,美的集团开始进军机器人产业。

2016年起,美的陆续收购德国库卡、以色列Servotronix公司等,转型初战告捷。

2016年,美的进入《财富》500强企业排行榜,在世界范围内拥有约200家子公司、60多个海外分支机构及12个战略业务单位。

2017年美的财报显示,营业总收入为2419.19亿元。

改革开放40年,美的跨越式发展几乎以10年为一轮,1980年进入家电产业,1990年突破亿元大关,2000年销售过百亿元,2010年销售过千亿元,其速度是"10年增长10倍"。

美的也因而几乎走过了中国民族家电企业所能走的一切路径:"从戴'红帽子'到脱'红帽子';从手工作坊,到走出国门、冲击世界500强的跨国公司;从最底层的街道生产组,到公司治理比较规范的现代企业;从集资起家,到资本运作。"

何享健用了整整50年的时间,把一个顺德乡间的社队企业,带进了世界500强企业俱乐部。

有位中央领导曾经问何享健是什么文化程度,何享健回答说是小学毕业。对方说,你都是博士后了。

碧桂园

与只有小学文化的何享健相比,高中毕业的杨国强算是顺德乡镇企业家里少有的高学历。

杨国强生于1954年,童年及少年,都在整个中国政治运动频繁、物质极度匮乏的时代度过。

碧桂园的官方微信公众号上,曾刊登过杨国强和广东碧桂园职业学院学生分享的成长故事。杨国强回忆说,自己20岁前,没有过上一天好日子,没有零花钱,没有穿过新的衣服、袜子和鞋子,几乎每天吃青菜。

有一次,杨国强听到一个老太太和他的小女儿说话,流了眼泪。老太太对他小女儿说,"你爸爸当年很节俭,有一天回家发现有咸鱼吃,还问自己妈妈,为什么有咸菜了还要买咸鱼吃。"

杨国强高中毕业正值"文化大革命",不得不回乡务农。

北滘镇原本是农业镇,种水稻、种甘蔗、养鱼。改革开放前,北滘每年上缴粮食的量占到顺德全县的三分之一。杨国强回到生产队做农民,每天工作只挣5毛钱,"日日是这样,年年是这样"。

杨国强幸运的是,顺德改革开放的步伐早于全国其他地区。当政治气候刚刚松动的时候,当时的生产队长允许杨国强以自由人身份承包一亩耕地,一年上交300元钱,就可以自由外出打工挣钱。㊀

杨国强洗脚上田,他称自己是中国第一代农民工,一无所有,没有背景,没有积蓄,连自行车都买不起。为了挣钱,杨国强什么脏活儿、累活儿都干,搭过茅房,修过猪圈。因为他哥哥是泥瓦匠,在农村帮人建房子,杨国强就跟他学手艺。一开始他做建筑小工,还做

㊀ 中共顺德区委宣传部,珠江商报社. 见证与突破:顺德改革开放三十年回眸与前瞻[M]. 广州:广东人民出版社,2008.

木工。但他哥告诉他，把建筑做到最棒就好了，不然什么都不是最棒的。

《碧桂园日志》描述了杨国强的绝活儿，说他一口气可以垒十层砖，上下自然成为一条垂直的线。他在当民工的时候就很擅长帮人省钱，有的人需要断砖时顺手用瓦刀把整砖砍断，每天都剩下不少断砖。杨国强却能妥善用好断砖，减少浪费。日积月累，这就是一笔可观的财富，因为当时20块整砖钱就相当于工人一天的工钱。㊀

杨国强拼命工作，20岁当上包工头，学习画图、预算、采购，身兼数职。他从未休息过，有四五年的春节都是在工地上度过的。有一天，他得知顺德碧桂园旁要建中学，就熬夜做预算，然后按标准去投标。结果他的价格比别人低15%以上，杨国强中标了。

1984年，杨国强担任了顺德北滘建筑队队长。

杨国强是幸运的。在他最年富力强的时期，在最艰苦的创业初期，他经历了中国改革开放最具开放精神、最具理想主义气质的80年代。杨国强的价值观、人生观都定格于此。

只是他的发家致富不仅仅囿于80年代。时代给他的机遇不止如此。

碧桂园成为这个农村知识青年命运的抓手。

在碧桂园官方资料中，碧桂园的诞生上溯到1992年。

对于房地产企业而言，1992年的确是个好年份。包括碧桂园在内，日后驰骋中国的房地产风云企业都不约而同在这一年登上了历史舞台，王石、潘石屹、任志强、冯仑等也是从那时起开始他们日后作为地产大佬的旅程的。

1992年的杨国强虽然已经担任北滘建筑工程公司总经理，还籍籍无名，但碧桂园已经横空出世。

1991年，广发地产开发公司珠海分公司、顺德县北滘镇经济发展

㊀ 《碧桂园日课》编委会. 碧桂园日课[M]. 西安：世界图书出版西安有限公司，2016.

总公司和香港超确发展有限公司签署了"联合开发顺德北滘碧江三桂房地产业合同",合资注册"三和物业发展有限公司",拟开发的地块名为"碧桂开发区",后来这里的住宅区被命名为"碧桂园"。

根据《碧桂园日志》的记载,1992年3月15日,在三和公司第二次董事会的会议记录里,"碧桂园"这个名字首次正式亮相。㊀

1993年,杨国强迎来人生最重要的一次转机,他和杨贰珠等四个同乡共同出资,以3395万元的收购价格,买下了转制的北滘建筑工程公司,将其转化为民营企业,成为日后碧桂园赖以栖身的地产平台。

1994年,受国家经济宏观调控政策影响,碧桂园销售很不理想,香港合作方认为房地产业前景黯淡,两大股东退出,北滘镇政府希望杨国强接下这个烫手的山芋。同年秋天,杨国强艰难地说服了自己,也说服了四个合伙人,出资8000万元买下了三和物业的全部股份,正式接盘碧桂园。

20世纪90年代初,杨国强在碧桂园建立国际学校,打出了学区房概念,原本滞销的房子卖出去了,碧桂园还因此趟进了国际教育的河流,这部分资产后来被剥离。2017年5月18日,源于碧桂园教育板块的博实乐在美国纽交所主板上市,当即成为纽交所当时市值最高的K12教育集团。

碧桂园的神话与杨国强的胆识和远见卓识,以及顽强毅力直接相关。

1995年,杨国强借款2000万元,全用来打广告,当年赚了5000万元。第二年又将5000万元全部拿来做广告,赚了1亿元。

2001年,广州凤凰城项目创造了业内销售神话,"70栋楼同时施工,几百台塔吊同时运转,卖楼如'卖白菜'一样"。

2007年,碧桂园在香港联交所主板上市,市值直逼2000亿港元。

㊀ 顺德地方志办公室,《顺德年鉴》编辑部. 顺德年鉴2017 [M]. 北京:光明日报出版社,2017.

不过好景不长，紧接着，2008年金融危机重创碧桂园。

2012年，碧桂园推出了"成就共享计划"，形成公司与管理层利益分享机制。

2013年，销售超出预期的项目接二连三，碧桂园销售额达1060亿元。

2013～2017年，碧桂园销售额年复合增长率为51%。

2017年，碧桂园合同销售额高达5508亿元，约合847亿美元，比2016年增长78.3%，合同销售金额排名世界第一，成功跻身《财富》500强，位列榜单第467位。

截至目前，根据碧桂园官方公众号发布的最新数据，碧桂园已经拥有超过18万员工，业务涵盖地产开发、建筑装饰、物业管理、酒店管理等领域，布局一线、二线、三线、四线、五线1900多个项目，囊括超过700个城镇，成为全球最大的住宅开发商。

杨国强的策略是"农村包围城市"，即一线城市审慎进入；二线城市巩固市场；三线和四线城市为主打，约占总布局的50%，因而被地产江湖称为"三四线杀手"；关于五线城市，则要达到"每个县城都要有碧桂园"。

在价格上，杨国强尊崇沃尔玛的薄利多销模式。沃尔玛创始人山姆·沃尔顿的自传《富甲天下》曾是碧桂园员工的指定必读书。这个利润只有3%的公司，是世界上最赚钱的公司。杨国强提出要造老百姓买得起的房子。即便包括一二线城市在内，碧桂园目前的合同均价也仅约为每平方米9080元，在十强房企里最低。对此，杨国强有一个极为形象的比喻："在香港，五星级的酒店都喜欢雇用印度人当门童，他们就靠不停地开门关门来赚取小费，碧桂园就像是五星级酒店的看门人，我们不停地开门关门，赚两三百块钱养家糊口，我就这样看待碧桂园的收益。"㊀

㊀ 《碧桂园日课》编委会. 碧桂园日课[M]. 西安：世界图书出版西安有限公司，2016.

2018年，碧桂园还将业务拓展到了机器人及农业领域。碧桂园于2018年6月成立农业控股有限公司，聚焦农业机械和种业。杨国强曾表示，自己将来的主要精力要投到农业上，"40年前我种田，40年后我还是回去种田。"

同年9月8日，顺德区人民政府同碧桂园集团旗下的全资子公司——广东博智林机器人公司举行签约仪式，将在顺德北滘共同打造占地10平方公里的集科研、实验、生产、文化、生活、教育于一体的机器人谷，投资总额高达800亿元。

何享健与杨国强

如果把这两家"千亿企业"放在一起比较，就会发现，尽管行业不同，产品和生产销售途径大相径庭，企业创始人风格也相去甚远，但还是能够找到不少共同点。

第一，何享健与杨国强，均在不同场景下多次提到**感恩，感恩改革开放，感恩顺德提供的好环境**。顺德之于美的与碧桂园，不仅是家乡，更是企业产权改革的发源地，使得它们成为企业改制第一批获益者，迈出了企业发展壮大的关键一步。所以，尽管后来美的和碧桂园都身家千亿元，却把总部设立在了顺德北滘镇，绝不忘本，虽然它们为此要付出高昂的招聘代价，中国一线城市"北上广深"仍然是中国人才聚集的高地，大城市对年轻人仍然有着致命诱惑力。

第二，两个企业创始人，甚至其子女都**一贯低调**，只偶尔接受广东当地媒体访问，很少有公开宣传报道，因而都不够有名，与企业品牌的明星地位不相匹配。

何享健曾表示："美的一直低调，没到处宣传，这也与出身有关——美的不是国有企业，不想获得政治荣誉，不想树典型、标杆，也不想要虚名。这不光是因为顺德人的性格,更因为真正的企业家是以盈利为目的的,美的很务实。"

何享健认为自己的普通话说得不好,文化水平也不高,跟媒体接触时容易说错话,容易被人误解,给企业带来负面影响。所以,何享健的原则是"少讲多干,把企业做大了,让企业赚钱了,比什么都强。"^〇

杨国强也一直"神隐"在幕后,鲜见他的个人报道见诸媒体。就连"中国首富"的头衔,也拱手给了女儿杨惠妍。在2018年碧桂园舆情风暴之前,在"天下最笨杨国强"走红网络之前,普通人对他的认知有限。

不过,所谓"低调"都是指对外宣传而言。在碧桂园地产王国中,杨国强以强势领导、身体力行,成为碧桂园当仁不让的领袖。

第三,何享健与杨国强,都**高度重视人才**。美的走的是与时俱进路线,《美的报》总结了何享健的用人观:"20世纪70年代我们用北滘人,80年代我们用顺德人,90年代我们用全国各地的人,21世纪我们用全世界的优秀人才。"如今,在研发、管理和营销等核心领域,美的聘用的外籍人才随处可见,成功打造了一支国际化的人才队伍。

碧桂园津津乐道的则是"博士化"路线,制订了"未来领袖计划"。碧桂园在2018年8月媒体见面会上公布,目前共有1122名博士在职,其中16人成为区域总裁。他们分别来自麻省理工学院、哈佛大学、剑桥大学、牛津大学、清华大学、香港大学、香港理工大学等。

第四,关于未来事业的发展方向,美的与碧桂园都不约而同开始**关注机器人领域**。

美的早在2015年就开始布局,后来成功收购世界顶级工业机器人制造商德国库卡,开始拓展工业机器人、医疗、仓储自动化领域。

碧桂园集团机器人公司则在2018年7月1日召开了专场招聘会,

〇 黄治国. 静水流深:何享健的千亿历程[M]. 广州:广东经济出版社,2018.

业界认为这标志着碧桂园正式进军机器人行业,未来规划包括智能工厂、机器人餐厅、机器人自动化实验系统、机器人实验基地和机器人小镇等。

第五,关于**企业社会责任**,何享健与杨国强英雄所见略同,都不吝惜家财。前者于 2013 年 12 月建立了"广东省和的慈善基金会",后者则以与女儿杨惠妍的联合名义,于 2013 年 10 月注册建立了"广东省国强公益基金会",他们共同关注的项目包括精准扶贫、教育等。

2017 年 7 月 25 日,何享健宣布了总额为 60 亿元人民币的捐赠计划,包括股权捐赠和现金捐赠。

两大"千亿企业"聚集在一个镇,原本就是旷世奇缘。虽然家电制造业与房地产业风马牛不相及,企业文化各异,但这并不妨碍两个"千亿企业"同台竞技,彼此启发,互助互利,尽管道不同,仍然相为谋,这是两个"千亿企业"的惺惺相惜。

两个"千亿企业"的重要里程碑事件几乎重合,比如前后脚完成企业改制;都走了上市企业之路;都在企业发展壮大后,不同程度地授权职业经理人运营,美的有方洪波,碧桂园有莫斌;同年建立慈善基金;同年完成了"企业接班人"的重大部署:2012 年,方洪波成为美的集团董事长,而杨惠妍则在这一年正式被委任为碧桂园集团副主席,负责集团的发展战略,在全面接班的路上再进一步。

2017 年 11 月 2 日,双方的合作达到顶峰。根据腾讯财经讯息,美的与碧桂园签署协议,联手宣布双方建立全面战略优先合作伙伴关系,"双方将在产城融合、科技小镇、智能家电、智慧家居、海外项目等细分领域进行多维度的合作。此外,双方还将在广东佛山联手打造世界级的智能化无人工厂。"

美的集团董事长方洪波认为,双方有着天然的合作纽带和深厚的合作基础。碧桂园集团总裁莫斌则表示,同为从北滘成长起来的两家世界

500强企业，碧桂园和美的身上流淌着相同的基因。

在碧桂园于2016年年底公开出版，为员工量身打造的学习、成长手册《碧桂园日课》中，罕见地为美的辟出了三个专页：一页介绍何享健；一页介绍美的集团，将"追求时效、不事张扬、创新机制"等"美的精神"列于其上；另一页则引用了方洪波的话，"不管他们来不来，竞争都在那里，家电业早已是全球化的竞争。以前中国家电业是一张白纸，今天已经变得强大，我们不畏惧竞争。"⊖

从北滘镇生长起来的这两家千亿企业，都深深地刻记着创始人的风格。他们的管理哲学、用人之道、行事作风，都深深渗入企业的发展历史中。

杨国强曾经在一次会议上跟大家分享人生三件事：一是希望家人过上好的生活，有能力的时候帮助亲戚朋友；二是有发挥的平台，并在这个平台上为社会进步做出贡献；三是希望成功以后，社会也给予相应的荣誉和足够的尊重。

《碧桂园日课》中，引用了陶行知的一句话："为一大事来，做一大事去。"㊁

由此可以看到，美的与碧桂园在接班人问题上的各自抉择。

2012年8月25日，70岁的何享健"退位"，45岁的方洪波正式接棒美的集团董事长。何享健的独子，同样45岁的何剑锋担任美的集团董事，但只代表大股东列席，不担任行政职务，也不参与公司的具体运营。美的董事会参与集团经营管理的人员几乎清一色由年富力强的职业经理人构成，这标志着美的集团完成了企业创始人与职业经理人之间的交接，开创了中国民营企业传承的先河。公司内部波澜不惊，因为这是何享健多年精心布局的结果。

⊖㊁ 《碧桂园日课》编委会. 碧桂园日课[M]. 西安：世界图书出版西安有限公司，2016.

何享健拒绝了"名誉董事长"的头衔，只以创始人自居。他的独子何剑峰则另起炉灶，在美的之外自行创业，担任盈峰投资控股集团有限公司董事长兼总裁。

美的正式回答了外界的疑问，到底是做家族企业还是现代企业。

在中国"千亿企业"中，去家族化，将企业交班给优秀的、内部培养的职业经理人，何享健是第一人。何享健说，他人生最大的愿望就是把美的做好，他做到了。

碧桂园首先是一个家族企业，而后才是一个面向公众的上市公司。在碧桂园的地产王国里，杨国强为师、为父、为君。碧桂园董事会中，"杨家将"是核心。

与何享健夯实地基，与时俱进，一步步埋头建设现代企业不同，杨国强骨子里是一个理想主义者，在杨国强身上，似乎总有一种"穷小子"的情结，无论他是否是真正意义上的"中国首富"。杨国强曾经说："我从没想过自己一定要拥有多少财富，一定要得到怎样的成就，我只是一步步脚踏实地地走，一天天努力地做。即使上市后公司值上千亿元，我也没有激动，心跳都不快一点点。"

翻开《碧桂园日志》，能够感觉到，不管这个地产王国的疆域已经有多宽广，杨国强还固执地挂念着他在贫困中苦苦挣扎奋斗的青少年时代。他推荐给碧桂园员工学习了解的文化人物（如张艺谋和莫言）以及图书（包括《忏悔录》《基督山伯爵》），都是20世纪80年代风靡一时的励志人物及书籍。

杨国强要经营的未来，是扶危济困，将更多人从贫穷的命运中拯救出来。"在自己有能力帮助别人的时候，要帮助有需要的人走好人生的道路。"

1997年，杨国强匿名出资建立"仲明大学生助学金"。仲明是杨国强母亲的名字，因为出身低微，母亲不会写自己的名字。杨国强捐资

100万元时,他甚至舍不得购买机场一瓶20多元的可乐。没有人知道这个每年拿出100万元,并从2006年起增加到200万元的人是谁。直到2007年,有人说服他揭晓秘密,以"感动更多人投身慈善",杨国强才首次公开身份。2017年,杨国强累计为仲明奖学金捐资超过3166.6万元,受益大学生9664人。

2002年,杨国强捐资2.6亿元,建立了国华纪念中学,以纪念兄长杨国华。该校每年面向全国招收家庭生活贫困、学习成绩优异、素质超群的初中毕业生,高中全寄宿、全免费,孩子们的一切生活用品也均由学校提供,包括鞋袜、内衣等。学校每月发给每位男生40元,女生60元的零用钱。家庭特别困难的学生,还可以为其家庭提供一定数额的经济资助。

学生从报考国华纪念中学开始,直至大学本科或研究生,甚至博士毕业,学习、生活、回乡探亲的交通等一切费用全部由学校承担,平均每人的培养费用超过20万元。

国华中学从全国招聘了优秀的骨干教师。国华十二届毕业生中,平均高考本科上线率99.8%,重点本科上线率95%,5次夺得佛山市理科状元,历届均有多名考生被清华、北大录取。

国华的招生简章上,明确规定了生源条件:低保家庭、城市失业贫民、农村贫困户、贫困孤儿、发生特大变故致贫家庭、牺牲或负伤军警人员子弟等。

杨国强在国华纪念中学缘起中表示:"我不忍看天地之间仍有可塑之才因贫穷而隐失于草莽,为胸有珠玑者不因贫穷而失学,不因贫穷而失志,方有办学施教之念。"杨国强期望,国华毕业的学生,受助于社会,当以奉献社会为终身追求,以建设国家和回报社会为终点。

2013年10月,杨国强还出资4.5亿元,创办了全国唯一的全免费的高校——广东碧桂园职业学院。学校对贫困家庭学生免学费、教材费、食宿费，并提供生活补助，使受助学生"入学即入职，毕业即就业""一人就业，全家脱贫"。

如今，扶贫成为碧桂园集团的双主业之一。截至2018年5月20日，碧桂园已经与8省13县进行了对口帮扶，惠及约32万人，探索了一条"可造血、可复制、可持续的"精准扶贫之路。

2016年，国华纪念中学校友基金成立，已经毕业并工作的"国华的孩子们"从四面八方赶来庆祝，首期捐出了60万元，开始继续资助他人。杨国强说，"今天是我人生中最开心的一天。"杨国强几乎和每个国华的孩子都单独谈过话，而在规模庞大的碧桂园，只有少数核心高管员工，才能够享受这样的待遇。

何享健很少用"空降兵"，他认为企业要持续经营，靠老板、靠感情、靠物质激励，都不能长远，美的要靠完善的放权机制、培养机制、激励机制和约束机制来培养一批职业经理人。何享健的人才策略，是稳扎稳打，并且日益现代化、国际化。

而碧桂园在规模急速扩张后，不得不招徕大批"空降部队"。杨国强曾表示，"碧桂园需要真正有能力解决问题的人，需要懂政治、会管理、善于与人沟通、精于计算效益。"

碧桂园核心高管一度"国企化"。碧桂园曾将几百名原"中国建筑"和"中国海外"的员工招致麾下。比如2010年7月担任碧桂园总裁的莫斌，就曾经是中建五局董事兼总经理。

杨国强一直提倡，碧桂园的企业文化，是要对人好，对社会好，但是也不得不在广阔复杂的企业帝国里，依靠他的领袖魅力实施威权管理。《碧桂园日课》引用了《论语》中的一句话："君使臣以礼，臣事君以忠。"㊀

可惜，企业创始人的谨言慎行、勤勉工作，以及志存高远、胸怀善

㊀《碧桂园日课》编委会. 碧桂园日课[M]. 西安：世界图书出版西安有限公司，2016.

良，无法完完全全被规模复制到碧桂园地产王国内的 18 万员工身上。

美的依靠制度建设，在现代化企业的道路上稳健前行，碧桂园则需要面对高速增长中所遭遇的巨大挑战。

美的之于中国改革史的意义，在于"以市场为尊"，不断地适应时代变化，果敢进行制度创新，不断树立行业的标杆。尤其是在中国第一代民营企业家纷纷开始步入交班高峰期的时候，何享健交班给"外人"的抉择，意义深远。

碧桂园则在争议声中发展。但无论如何，那些"国华的孩子们"都还在，为社会公平所做的努力都还在。杨国强为私人财富"兼济天下"辟出了一条路，不乏赤诚。

2018 年，中国改革开放 40 年。

美的创业 50 年。

碧桂园创业 26 年。

两个千亿企业都在砥砺前行。

两位"企业教父"各知天命。

何享健急流勇退，如同老兵已经走完了当行的路。

何享健说："我已经用尽我毕生精力、能力、智慧，做到今天。"[一]

杨国强的退休还遥遥无期，因为奋斗永不止息。

[一]《碧桂园日课》编委会. 碧桂园日课 [M]. 西安：世界图书出版西安有限公司，2016.

第十一章　企业家与职业经理人

民企传承

　　人们公认的职业经理人的诞生，源于一场管理混乱造成的事故。1841年，美国马萨诸塞州的铁路上，两列火车相撞，有一名列车员和一名乘客不幸身亡，还有17名乘客受伤。舆论哗然，公众纷纷要求政府干预，选拔有才能的人来管理铁路。结果，铁路运输公司成为"美国第一家以专职支薪经理通过严密的管理系统而经营的现代企业"。

　　中国早在明清资本主义萌芽阶段，就产生了职业经理人的雏形。比如清朝日升昌记票号备受东家赏识的大掌柜雷履泰，就是中国较早使用"总经理"称呼的人。

　　辛亥革命后，随着股份制企业和上市公司的兴起，也曾出现过职业经理人。1949年后，私营企业被改造，国有企业管理者成为干部，职业经理人失去踪影。直到改革开放后，出现一批中外合资、中外合作企业，职业经理人才重新回到中国人的视野。

　　随着中国现代企业制度的逐步建立，中国民营企业对职业经理人的需求迅速上升。[一]中国职业经理人开始大规模走入人们的视野，大约在世

[一] 职业经理研究中心. 中国职业经理人制度研究与实践 [M]. 北京：中国财富出版社，2018.

纪之交。

职业经理人的崛起源自一个契机,即中国第一代民营企业创业者们,经过改革开放后20多年的奋斗,随着年龄和精力的衰退,开始寻求第二代接班人。

主观上,中国的民间财富需要在职业经理人的专业帮助下,从第一代向第二代完成代际传递;客观上,经过20多年的财富原始积累,企业发展到一定规模,中国加入WTO后,全球化竞争加剧,随着外部环境的剧烈变化,中国民营企业需要职业经理人的介入,从"技术创新、管理创新、产业升级"等诸多层面完成企业的转型升级。

2017年4月6日,《南方周末》发表《民企传承事关商业文明传承》一文,指出"我国50岁以上民营企业家占比为67%,这意味着近七成的中国家族企业需寻找接班人。无论从时间的紧迫性还是群体的数量看,这在世界范围的企业发展史上都绝无仅有。"

该文章介绍:"未来5~10年,我国将有300万家民营企业面临接班换代的问题。我国民营企业中约有90%为家族式经营,其经济总量在GDP中的比重已经超过60%。"

在这场事关国运、企业命运的财富"中国式传承"中,顺德再一次成为中国民营企业的标杆。尽管顺德企业家和职业经理人之间的"婚姻"模式不尽相同,但是都在磨合中找到了具有样板意义的相处之道。

"我站在雨中凝视着那些每天都会进入眼中的静物,忽然间意识到已经在这座工业城里生活了十年,不经意间,十年过去了;十年来,每天看到的都是这些风景,十年的光阴,就这样在这座工业城里流逝了;那一瞬间的感觉难以言表。"这是一篇题为《城中十年》的文章,发表于2002年,作者署名为"二水"。"二水"是方洪波的笔名。

1992年,方洪波进入美的集团。"城中十年"后,他已然成为美的王国的"股肱之臣",担任美的空调事业部总经理。方洪波从内刊主编成长为举足轻重的职业经理人。然而，方洪波依然会在这样一个平常的雨天，感慨人生的"围城"，感受"城中十年"不能承受之重："十年来，体会了一桩又一桩难忘的经历和片段，感受了人性的圣洁和邪恶，感受了朋友间的和谐和友谊，感受了生活的美丽与无奈，感受了精神的永恒、自由和空虚，感受了追求理想的莫名激动和无尽的烦恼。"

当方洪波作为中国职业经理人的杰出代表，在"城中十年"之际，感悟生命之脆弱、生活之复杂，身为当今中国商界创业时间跨度最长的企业家，何享健已经深谙职业经理人的培养之道。

2002年1月，何享健在接受《经济观察报》采访时表示："中国人很有能力，表现欲也很强，这要有用武之地，而且要能得到利益。所以，应该想办法发挥每个人的潜能，同时，这种发挥又是在一定的游戏规则下进行的。说白了，就是要在集权和放权之间不断平衡、不断完善、不断调整。"㊀

城中二十年时，方洪波接任美的集团董事长，从迷茫的职业经理人，走向杰出的企业家。

什么是企业家？著名经济学家周其仁曾有一个描述，"事业企图心、自信心、竞争意志力、敬业精神、宗教信仰、人生理念和对潜在盈利机会的敏感和直觉等"，他认为这是"企业家"概念不可缺少的部分。

在每个成功的中国民营企业里，都有一个核心的企业领导人。他们是真正的领导者，有着坚定的人格、超人的见识和胆识。倘若没有这些超人企业家存在，超级企业就不会创立发展。不过，当企业规模达到一定阶段，事必躬亲已经分身乏术，即使是再精力充沛、果决高效的企业家，也需要有团队和合作伙伴。

日本著名企业家稻盛和夫被称作是"企业家里的哲学家"。他在其著作《企业家精神》里，提到合作伙伴的重要性："与其独自一人背起

㊀ 黄治国. 静水流深：何享健的千亿历程 [M]. 广州：广东经济出版社，2018.

企业经营这一巨大的包袱,弯着腰在山坡上艰难地攀行,不若用一根扁担,把沉重的经营挂在扁担正中,找一个人挑起扁担的那一头,两人齐心协力。"

稻盛和夫认为,"是否能够拥有担起半边天的优秀合作伙伴是决定企业经营成败的关键。"比如松下幸之助和高桥荒太郎,前者"善于制造、经商及思考事物本质",而后者长于"财务会计",两人联手,才成就了世界级的企业。

顺德的职业经理人

顺德的民营企业发达,顺德的企业家们凭借直觉,早早意识到了寻找优秀合作伙伴,引进职业经理人的重要性。

在万和集团创始人卢础其的办公室里,曾挂着一幅字:"洞烛机先"。2000年起,万和集团已经开始引进职业经理人的尝试。卢础其表示,引进职业经理人好处多,为万和带来了新的营销思路,而且"利用职业经理人的力量,把原来纪律不良好的营销人员彻底清除了"。㊀

成立于1993年8月的万和集团,是国内A股上市公司,从作坊起步,如今已经是国内热水器、厨房电器、热水系统专业制造龙头企业。

万和集团是一个典型的家族企业。卢础其、卢楚隆、卢楚鹏三兄弟为万和集团的实际控制人。万和集团职业经理人制度的成功实施,起初依靠的不是制度,而是企业家个人权威。

《中国企业家》杂志在一篇访问卢础其的文章中提到,卢础其当年力排众议引入职业经理人,"曾对扬言要把职业经理人从窗口扔出去的两兄弟说,'你们把他扔出去,我就把你们扔出去。'"。

卢础其的想法很朴素:"既然有这么好的人员,为什么不把他请来

㊀ 顺商论道编委会. 顺商论道 [M]. 北京:世界图书出版公司,2012.

做专业化的事情?"卢础其聘用了一大批职业经理人,并为此付出了高昂的代价。初建的职业经理人队伍尚不够成熟,矛盾重重,配合失当。2001年、2002年,万和销售收入大幅下滑。

但是卢础其仍然坚持任用职业经理人,他认为"谁对谁错,不是讨论的重点,重要的是我们有没有前进过,有没有积极的东西产生过"。而经过时间考验后,他的结论是:"没有职业经理人的引进,也就可能没有万和的今天。"○

根据万和2017年公布的年报,万和集团2017年营业收入达到65.3亿元,比上年增长31.7%,2018年1月,万和集团一举囊括了由中国五金制品协会颁发的中国燃气具行业十强企业、中国燃气热水器十强企业、中国燃气灶具十强企业、中国燃气壁挂炉十强企业四项大奖。

美的创始人何享健,比卢础其更早领悟到现代企业引进职业经理人的必要性,他是中国最早进行"思想解放"的民营企业家之一,坚持不搞企业家族制。

何享健太太曾经是当年美的23位创业元老之一,退休之前一直在美的当仓库保管员。何享健早在20世纪80年代,就与太太有个协定:回家不谈公事。何享健后来接受《顺德报》采访时说:"她不是没能力当管理者,员工有几次推荐她,我说不行!她也自觉不当,配合我做普通员工。"何享健也不让自己的儿子进高级决策层:"他努力也不行,所以他干脆自己到外面闯。"

在美的高管中,没有一个人是何享健的亲戚。关于公司的发展方向,美的集团曾经有十个"坚定不移",其中有两个"坚定不移"与职业经理人相关:"坚定不移地永远实施职业经理人管理机制和文化。坚定不移地强化各方面的管理,确保职业经理人的规范化、标准化和透明化。"○

○ 顺商论道编委会. 顺商论道 [M]. 北京:世界图书出版公司,2012.
○ 黄治国. 静水流深:何享健的千亿历程 [M]. 广州:广东经济出版社,2018.

在中国私营经济中，将"实施职业经理人制度"提升至"坚定不移"的战略高度，还加上"永远"二字，这样的殷殷诚意与恢宏气度，何享健如果不是空前，也是绝后。

无独有偶，顺德另一个企业巨擘碧桂园，虽然毫不讳言自己的家族色彩，但是也开始逐步把"坚定不移走职业经理人之路"提上日程。

2015年4月，杨国强曾经写了一幅书法："聚天下英才共事，集众人智慧而行。"落款是"与总裁共勉"。这幅字挂在了总裁莫斌的办公室里。2016年年底，碧桂园集团内部员工培训读本《碧桂园日课》出版，开篇之始，就郑重宣告："这里是社会精英云集的公司"，并引用了孙中山的话，"治国经邦，人才为急"。

其实早在2006年，碧桂园就已经开始建立人才库，实施海豚计划，致力于为公司选拔培养中高级管理人才，碧桂园创始人杨国强还亲自参与到这个"未来总经理"的培训中来。⊖

此后，"未来领袖"计划、"碧业生"计划相继启动，从零开始培养企业所需要的各级人才。杨国强说："人才排第一，钱次之。有了优秀人才，没钱也会变得有钱。"

顺德富有远见的企业家们已经达成朴素的共识：付出重金，付出情义，得职业经理人者得天下。

顺德企业家与职业经理人案例的中国价值，在于这是改革开放后，第一代白手起家的民营企业家，引入并且培养出第一代本土职业经理人。

务实的顺德企业家们，一开始就没有盲目引进海归，或者是那些白领出身，已在外企中训练有素的洋派职业经理人，而是脚踏实地，根据自身企业发展阶段的需求，努力培养本土职业经理人。他们更能深刻理解中国国情，更努力紧握时代机遇，是中国生长、中国培育、中国奋斗

⊖ 《碧桂园日课》编委会. 碧桂园日课[M]. 西安：世界图书出版西安有限公司，2016.

的中国式精英。

什么人有资格入选中国第一代本土职业经理人？

何享健曾经表示，"我最烦的是给我开车门、提包擦鞋的人，最喜欢的是能创造业绩并给我提意见的人。"他看重的是人有没有悟性，有没有潜能。此外，还要有专业知识。当然，还要能够认同、理解美的集团企业文化，并具备高尚的人品。

《何享健谈美的战略》一书中，曾经记录了何享健提出的人才"用与不用"的标准：

"我们用品德好的人，用执行力强的人，用以团队为主的人，用善于学习的人，用勇担责任的人；我们不重用不熟悉业务的人，不重用不会做小事的人，不重用不服从大局的人，不重用不培养下属的人，不重用不善于变革的人。"⊖

倘若以美的与碧桂园为例，仔细分析这两家企业最受重用的职业经理人的背景，就会发现一些鲜明的时代特征。

与创始人价值观契合

与第一代民营企业家在时间段与精神气质上相契合的本土职业经理人，恰好是中国恢复高考后，于 20 世纪 80 年代受过正规大学教育且在大型国企受到过锻炼的人。

比如美的集团现任董事长方洪波，1987 年毕业于华东师范大学历史系，分配至东风汽车制造厂；而碧桂园集团现任总裁莫斌 1989 年毕业于衡阳工学院工业与民用建筑专业，后者曾隶属原国家核工业部，所以莫斌一毕业，就得以进入中国建筑工程总公司第五工程局。该局建制源于"大三线"建设时期的军工基地建设。莫斌此前在业内并没有大红

⊖ 黄治国. 静水流深：何享健的千亿历程 [M]. 广州：广东经济出版社，2018.

大紫，但其丰富的房地产工程管理经验，以及他的"中建系"正规军背景，使得他成为杨国强眼中的不二人选。

第一代民营企业家，不少是乡镇企业起家，或者干脆是"洗脚上田"的农民，所以他们极其尊重知识，看重职业经理人的学历教育背景和工作背景。在产权体系和现代企业制度缺乏，曾经野蛮生长的年代，方洪波与莫斌弥补了第一代企业家关于"正规军"的缺憾。

此外，稳定的"人才婚姻"一定是双向认可。第一代职业经理人对企业的忠诚度，源于对第一代企业家人格及企业文化的高度认同。

如果追溯他们的成长历史，方洪波和莫斌均出生在1967年。在"文革"中出生成长的这批职业经理人领袖，都曾经有过物质匮乏年代的童年记忆，因而更能够理解，并且**发自内心地敬重、钦佩第一代民营企业家创业改善生活的原动力，以及由此形成的勤勉节俭**。

这种尊敬，能减少沟通中很多不必要的摩擦与内耗，决定了这桩"人才婚姻"的长久。如今，方洪波已经在美的奋斗26年，莫斌则已经在碧桂园坚守了8年，在频繁跳槽的职业经理人中，他们的坚定与坚持，成为经理人典范。

无论是第一代企业家还是第一代本土职业经理人，其内心深处"兼济天下"的社会责任感，与深重的"忧患意识"，都源于20世纪80年代。

"20世纪80年代是当代中国一个短暂、脆弱却令人心动的浪漫年代。"何享健与杨国强，都曾在那个年代奋力打拼，完成了最早的原始积累，开始企业精神的建树。而职业经理人的优秀代表方洪波与莫斌，则在80年代全面终结之前，完成了自己的成人礼。

相同的价值观，使得企业家和经理人在精神上惺惺相惜，这是他们并肩努力，将企业推进到世界500强的前提。

时势造就了英雄。真正杰出的职业经理人，当然要把握住时代的脉搏。但是无论先天如何优秀，后天如何努力，职业经理人要在大浪淘沙中脱颖而出，仍然需要企业家的眼光和策略，不惜代价，深入挖掘。

有一个网上广为流传的故事，说杨国强曾经与平安保险集团董事长马明哲之间有一场简短对话。杨国强问马明哲："你管理平安万亿资产，有什么秘方？"马明哲回答说："我能有什么秘方？就是用优秀的人。我这儿有很多年薪千万的人。"杨国强回去后，立即对时任碧桂园人力资源总经理彭志斌说："我给你30亿元，你去给我招300个人来。"

这个对话真实与否？碧桂园没有公开的官方资料证实。但是自2013年起，碧桂园开始实施在全球范围内招聘名校博士毕业生的"未来领袖计划"，未雨绸缪。碧桂园调动集团全部的资源，对招进来的名校博士悉心培养，目前已经有不少人走上了区域总裁、项目总经理等核心管理岗位。

与碧桂园在寰宇之内揽才，高举高打不同，美的集团的人才模式始终是放低姿态，求诸于内。1997年开始，美的开始重点培养职业经理人。其职业经理人95%以上都是自己培养出来的，并且摸索出了一整套对职业经理人的规范机制。

2004年，美的公布了《职业经理人行为规范》，以制度的方式确立对职业经理人的约束和激励。美的还曾经制定了多达70多页的《分权手册》，明确了职业经理人的权利与责任。此外，完善的审计监察体系和财务预算体系，也能够防止职业经理人滥用权利。

基于制度的信任，是企业家与职业经理人间的健康相处之道。而这些职业经理人在担当重任以前，都需要过五关斩六将。美的采取的是长效的"赛马"机制，以业绩论英雄，其建立了"能者上、庸者下"的机制。

"美的中层以下的岗位，几乎处处都是赛马场。"一个有趣的现象是"打擂台"。应聘美的工作的人可以自报家门，"同一岗位以'打擂'方式确定谁上；一个岗位如有新的挑战者出现，那么就再设'擂台'，美的内部把这种机制叫作'改相马为赛马'。"至于高层的管理岗位角逐，则是一场旷日持久的马拉松赛，也是残酷的淘汰赛。

《美的传奇：从5000元到1000亿的家电帝国》一书的作者谭开强曾在何享健父子二人身边贴身工作过，并曾担任过方洪波下属。谭开强在书中评价说，方洪波时任美的制冷家电集团CEO，"是何老总的得力助手"。

2012年8月，方洪波接任美的集团董事长。

要寻找到最符合企业利益、最能够让企业发展壮大的人，其实也不光是甄选那么简单，美的集团的成功经验，是要根据企业的需求，有目的性地培养。美的之所以人才辈出，正是因为企业创始人何享健对美的组织里的年轻人言传身教、手把手悉心培育。

1992年，25岁的方洪波因为不想"20岁看到50岁的样子"，从东风汽车厂辞职，南下广东闯世界。他曾试图应聘《万科周刊》，被拒。方洪波的文字中有一种朴拙的田间气质，与讲究格调、时尚潮流的万科格格不入。于是，中国少了一个内刊编辑，多了一个优秀的职业经理人，以及未来的商界领袖。

美的已经有了一批优秀的有执行力的职业经理人，学历高、素质高，年富力强、资历相当，都是从基层摸爬滚打起来的，对美的文化感情深厚，堪称"美的制造"。

改革开放40年，美的集团几乎是光速发展。从一开始，何享健要培养的，就是带着美的烙印的内生企业家，是能带领美的寻找新航向，而不仅仅是执行好指令的职业经理人。

⊖ 顺德顺商发展研究会. 解密顺商[M]. 广州：广东人民出版社，2013.
⊜ 谭开强. 美的传奇：从5000元到1000亿的家电帝国[M]. 北京：新世界出版社，2009.

方洪波不是一个守成者，而是一个可以不断突破，勇于创新，敢于在颠覆中前行的变革者。他善于学习，为变法不惜壮士断腕，长于励精图治，这些特质，使得他具备成为一个优秀企业家的潜能。

美的集团的传承，不仅是物质层面的交接，还有精神层面的交接。与何享健一样，方洪波很少接受媒体采访，"也鲜少公开发表任何哪怕稍具争议性的言论，更从不主动牵扯进口水战中，甚至被动地深陷口水战中也几乎从不口出激烈之词。这种表现与他的公众形象极度吻合，也几乎成为'美的'这一品牌的公众形象映射"。

方洪波最终接过了美的集团的权杖，有人曾经对此评论说："时间隧道里有一个螺旋加速器，当你的大方向对、方法得当、足够坚持，时间的力量会加速推动你向前向上，当然你的格局、境界要能够支撑你获得这个空间和机会。"

方洪波配得上那些史无前例的历史机遇。

1995年，方洪波策划了一个轰动全国的广告，请巩俐代言，广告语"美的生活美的享受"走进千家万户，当年美的家电销量就大增，方洪波也首次在美的崭露头角。

成功不是偶然。巩俐是那种罕见的把乡村淳朴气质和霸气华贵集一身的演员，是最具有国际范儿、最受全球欢迎的华人女星。选择巩俐代言，表明了方洪波良好的文化鉴赏品位，也显示其很早就胸怀鸿鹄之志，他的眼界，从来没有局限在他打拼的顺德，乃至中国。而"美的生活美的享受"，这句经典广告语，20多年后仍然不过时，仍然是对美的品牌内涵最深刻的诠释，这意味着方洪波不仅对美的文化有深度感悟，而且有能力将之提升。

方洪波在大学阶段学习历史专业，正因为他是一张白纸，入职后拼命学习，使得他成为美的最有战略前瞻意识的职业经理人。工作之余，他都在学习充电，读完新加坡国立大学的MBA，又继续攻读南京大学博士。他一直坚持学习英语，学习的氛围弥漫整个团队。

方洪波学以致用，提出了"以变应变""挑战者定位"，在美的提出了渠道扁平化，推行了六西格玛，提升"美的制造"的品质，而且铁腕治军，雷厉风行。《第一财经日报》曾经在一篇题为《美的制造决胜六西格玛》的文章中提到，"在去年的一次所有管理骨干都参加的早会上，方洪波向所有员工传达推行六西格玛的决心：所有阻挡六西格玛的人，都要被'干掉'。"

1997年，在美的遭遇严重危机之际，何享健力排众议，启用而立之年的方洪波，主管国内空调销售业务。方洪波向何享健提出自己的想法，建议把本地市场代理"全部干掉"，彻底改造销售队伍。这些人中的大部分，都与何享健相识多年。据说何享健沉默了一小会儿，决定支持方洪波。方洪波从全国聘请大学生做市场销售，培训了一支年轻的"小虎队"，做到"只要有空调的地方就有美的营销人员"，空调销量以200%的速度增长，"美的借此不仅解除了危机，还一举奠定其空调行业一线品牌的地位。"⊖

何享健没有所托非人。虽然是从零开始学习企业管理，但方洪波的职业化程度之高，在业界有口皆碑。"这种职业化程度，不仅是业绩的表现，还有其遵从的职业道德、职业理念，以及对自己不断提出的刻苦要求。"方洪波大气地拓展了中国本土职业经理人的格局与势能，绝不自我设限。

方洪波接班后，美的业绩曾于2012年短期下滑，但是2013年起，方洪波及其领导的职业经理人团队，整体业绩开始迅速增长，公司日益向健康良性发展。2015年，美的进入福布斯全球企业500强，这是美的职业经理人立下的汗马功劳。

⊖ 招汝基，邓俭，李允冠，杨文灿. 先行者的30年：追寻中国改革的顺德足迹[M]. 北京：新华出版社，2008.

2018年,方洪波入选《财富》杂志中文版"2018年中国最具影响力的50位商界领袖"。

《财富》中文版的评语如下:

"作为中国最成功的职业经理人,方洪波的'第一'王座在2017年仍旧无人撼动——2017年10月9日,美的集团的市值突破3000亿元,居深市第一。方洪波为美的全球化战略规划的重点领域是家电核心部件、运动控制器等工业机器人核心部件以及人工智能。他要让美的跳脱'家电企业'形象,成为先进、高端制造的代名词。"

虽然是家族企业,但何享健敢于向职业经理人放权,用人不疑,并一路提携。2005年,何享健卸任美的电器总裁,2009年,将美的集团旗下最大上市公司美的电器董事长职位让给方洪波,到2012年彻底交班,不急不躁、循序渐进。

何享健表示:"以我现在这个能力、精力、学历、知识等,是没办法适应社会的发展,适应美的下一步的发展的。现在这个社会天天在变,慢一点都不行,所以这一次退出来,可以讲是负责任的行为,第一是对自己负责,第二是对美的负责,第三是对大家负责。"⊖

中国企业家的"禅让"传奇,自美的始。

如今,以方洪波和莫斌为代表,中国最优秀的本土职业经理人,依托顺德的千亿企业,开始走上全球化的巨幕舞台。

对现阶段的中国民营企业而言,职业经理人的进入从来不是锦上添花之举,而往往是拯救企业于急难之间。1997年,美的遭遇内忧外患,空调业务陷入低谷,被迫进行事业部制改革。其结果是推动美的培养了第一批真正意义上的职业经理人。2008年,碧桂园集团在世界金融海啸以及股市大幅贬值的冲击下损失惨重。2010年,原中建五局总经理,有着丰富建筑工程管控经验的莫斌出任碧桂园总裁,取代了此前任职8

⊖ 黄治国. 静水流深:何享健的千亿历程 [M]. 广州:广东经济出版社,2018.

年、擅长财务的总裁崔健波。

由于受命于危难之间,留给职业经理人证明自己的时间很短。碧桂园的比赛规则是残酷的淘汰制,"拿不到地,走人;工程质量落后,走人;卖不动房子,走人……"每个职业经理人都压力巨大,"你只要跟公司走,与外面比就是跑的速度。"

而在美的,事业部总经理是一年一聘,下属经营单位两个季度未完成指标尚可原谅,第三个季度还没完成,经理人就要下课。"美的人习惯于接受这样一种文化,业绩指标达不到,即刻换人。"当然,如果完成目标,"所获得的奖金激励也是行业内最为可观的,甚至有知情人士用'多得吓人'来形容。"

其实顺德的民营企业家对于真正的人才,从来不吝惜奖励,包括股权激励在内,顺德的职业经理人收入在业界相当可观。

但是凡事皆有代价。那些走向金字塔尖的职业经理人,也必须承受常人无法忍受的艰难熬煎。

比如每天都生活在忧患中的方洪波,他率领着这艘千亿家电航母,一旦在茫茫大海中迷航,一个判断失误,就可能万劫不复。方洪波一直强调危机意识,2017年,他在接受《每日经济新闻》时说:"发自肺腑地讲,我不认为美的是一个成功的企业。我跟管理层也一直是这样讲的。《易经》里面有一句话叫'君子终日乾乾,夕惕若厉,无咎'。意思就是你每天要保持谦虚谨慎,要谨小慎微,要保持高度的危机观,就不会有麻烦和灾难。"

方洪波接下的不仅是一个千亿企业,还是一个千钧重担。他必须要在变革中精准掌舵,迎接极限挑战。比如美的集团如今已经成长为全球性企业,业务近一半在海外。但是无论是方洪波还是他的团队,都没有管理过跨国公司,没有整合德国企业和日本企业的经验。方洪波表示:"我们都是在顺德北滘这个小镇上,见到的都是镇里面的人。这个挑战很大。"

2015年，方洪波参加了华东师范大学毕业典礼演讲。身为成功校友，他热忱地为年轻人鼓劲："面对这样一个大的时代，我们不能妥协，妥协就是无奈；我们也不能观望，观望就是懦弱；我们更不能等待，等待就会失去一切。"

方洪波对毕业生们表示，如今美的集团各个层级都在使用90后，"为什么用90后？因为他没有过去，在剧变的时代当中，背负太多的过去就会抑制我们前进的动力。年轻人永远相信未来。"

职业经理人做到顶层，是高处不胜寒，平凡的快乐，光阴的故事都渐渐成回忆隐去。2001年，何享健在接受日本《日经商务周刊》采访时总结自己的人才观："首先，必须年轻，思路敏捷，有专业知识，必须能够经常否定自己，把握住新时代的发展潮流。另外，个人的私人空间固然重要，但必须要有为了公司的发展牺牲部分个人空间的心理准备。㊀

当重大的历史机遇呈现出来的时候，只有那些勇于接受挑战，朝前跨出一步的人，方可担当大任并获得机遇。在顺德"敢为人先"的精神内涵中，闪烁着"企业家精神"的光芒。**他们深深地扎根于这片土地，深深扎根于市场，他们以其热爱和担当，不断拓展自己的视野、格局以及胸怀。**改革开放赋予了每个人更多的发展机会，但是为什么顺德人能够拥有这时代的机遇？勇于实践与创新是成功的关键，故步自封在任何方面，只会使人走向困境。无论是第一代的顺德企业家，还是第一代的顺德经理人，他们非常清楚地知道，缺乏远见、松弛懈怠，就无法在大时代中前行。

㊀ 黄治国. 静水流深：何享健的千亿历程 [M]. 广州：广东经济出版社，2018.

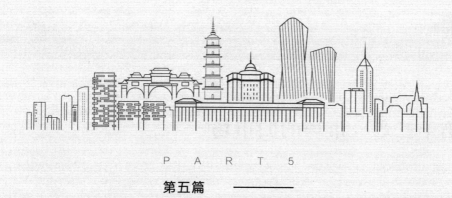

PART 5

第五篇

回归基本规律

在这个困惑的年代,如何生存下去?如何走向未来?从匮乏到富足,从落后到进步,从"拿来主义"到"走出无人区",从经济繁荣到社会可持续,有什么必然选择能够帮助我们完成这个旅程?

第十二章　市场的归市场

商贸活跃

顺德的商品经济在明代中期开始，趋向活跃。嘉靖年间，"朝聚午散为圩，早晚营业为市"。清朝顺德圩市数量继续增长，到光绪二十六年（1900年），顺德成为广东省蚕茧业的贸易中心，形成了桑市、蚕市、丝市、塘鱼市、猪圩、牛圩、布圩、鸡鸭市、米市等。民国时期，"县属各乡均有桑市，不能悉数"。

清代被誉为广东四大名镇之一的陈村，就是顺德当时的商贸重镇，曾经是珠江水系之东江、西江、北江农副产品集散地之一。粮食是当时最大宗的贸易，"陈村谷埠"闻名一时。来自中山、番禺等地的谷物收获后，先运到陈村，再转运到各地，或者就地在陈村加工，连省城广州的米市也要仰仗陈村的供应。生意最兴隆之际，约有200多艘拖船和数十艘小船汇聚陈村，"鱼船、谷船首尾相接""来自东江、北江的货船及四乡货渡往来如鲫"。

咸丰二年（1852年），陈村还开设了口岸，从香港、澳门进口棉纱、焦炭、椰子等商品，同时进口的还有鸦片，当时陈村是广东进口鸦片最重要的口岸之一，"最多时每月约进320担"，其中有四分之一会留在本地，或者运往广州出售。

容奇是顺德另一个商业发达之地。"20世纪20年代，容奇成为蚕丝、塘鱼、生猪、果菜等农产品的集散地，被称为'小广州'。"当时外商美孚、亚细亚和英美烟草公司，在容奇、大良、陈村都设有代办商号。

蚕丝生产一直是顺德的特色产业。明代中叶以后，就有"近日丝多价愈起，洋船采办来千里"的盛景。至20世纪20年代，顺德蚕丝业仍然处于鼎盛阶段，广州岭南农科大学蚕丝科主任霍华德在《南中国蚕丝业调查报告书》中描述："广东省的蚕丝贸易中心在顺德，容奇、桂洲是顺德最大的蚕丝贸易城镇，也是广东丝业的实际中心，在那里有最大的蚕丝市场和80%的蚕茧仓库。"不过，受到世界经济危机和日本人造丝的冲击，顺德蚕丝出口不久就锐减。

抗战时期，日军入侵，顺德商业凋零，顺德手工业产品出口遭受沉重打击。抗战胜利后有短暂复苏，奈何内战爆发，顺德商贸再次萧条。

1949年后，顺德对外出口以向香港输送塘鱼、果蔬、家禽等农副土特产为主，顺德集市贸易则几经起落。顺德曾经规定，个人外出探亲，仅能携带蛋1公斤、猪肉2.5公斤，超过必须持有生产大队或者是街道证明，以阻止私自贩卖。

1978年后，顺德集市贸易全面恢复，顺德商贸日渐崛起。⊖

贸工农联动

与顺德明清之际就活跃的商品经济相对应，顺德的金融业也毫不逊色，堪称同气连枝。

顺德在明代就有典当铺。清光绪年间开办钱庄，因为顺德蚕丝业发达，货币大量流通，钱庄业也因此而兴旺。20世纪20年代，在顺德商

⊖ 顺德县地方志编纂委员会. 顺德县志[M]. 北京：中华书局，1996.

业欣欣向荣之际，顺德拥有 40 多家钱庄，占据了珠江三角洲地区钱庄数量的三分之二，广州金融界也有 30% 的资金周转要仰仗顺德，这个小小县域被誉为"广东银行"。后来蚕丝业衰落，抗日战争爆发，顺德金融业随着顺德商贸的滑坡而没落，或停业，或内迁，失去了在珠三角如日中天的金融枢纽地位。

1949 年以后，中国人民银行、农行、建行、中国银行、工行、广东发展银行等相继在顺德设立支行或办事处。[一]

1952 年，顺德农村信用合作社开始在众涌、龙清、细滘三个乡进行试点。信用社是农村集体性质的合作金融组织，以"股金每股 2 元，入社 2 角"的方式筹集资金，并向生产和生活有困难的农民发放贷款，"既弥补了国家信贷资金的不足，又阻止了农村高利贷"，被称作是"及时雨"和"救命稻草"。

顺德众涌信用社成立之时，条件十分艰苦，就在当地祠堂的一个角落里办公，柜台是直接从庙里搬来的一张供桌。当时信用社吸收存款困难，工作人员就摇着铃铛走街串巷，还自己编曲，说唱龙舟，吸引注意力。他们从早到晚，挨家挨户做工作，农村信用社终于克服了"前期资金不足、人才短缺、储户资源匮乏等困难，在全县范围内迅速建立起来"。[二]

有着悠久经商传统的顺德，曾拥有过发达的商贸及金融体系，虽然历经蹉跎，经受战争和动乱的打击，可是一旦大气候有所松动，在僵化体制中垫伏经年的商业基因，就会迅速活跃起来，并散发出巨大的能量。

改革开放后，顺德传统的零售业继续发展。顺德的城市商业中心区仍以大良为依托。百年老街华盖路，曾经被称作笔街，20 世纪 20 年代，这里曾聚集着文房四宝老店铺、金铺、药铺、茶楼、戏院等 600 多

[一] 顺德县地方志编纂委员会. 顺德县志 [M]. 北京：中华书局，1996.
[二] 《顺德人、顺德事》编辑委员会. 顺德人、顺德事：从农村到城市的嬗变 [M]. 广州：广东旅游出版社，2013.

家店铺,除了没有棺材铺,几乎各行当都聚集在此,成为民生日用品集散地。

20世纪90年代末,华盖路被改造为具备观光、旅游、休闲、购物功能的商业步行街。清末民初整齐划一的岭南特色建筑变身为欧陆风格,成为现代化的商业旺地。㊀

国内外的零售业大鳄也在顺德攻城略地。沃尔玛、麦德龙、大润发、乐购等纷纷进驻顺德,大型超市之间的竞争白热化。顺德本地龙头企业"顺客隆"凭借多家店面累积销售额,成为顺德当地销售额最大的连锁企业之一。

不过,顺德商贸真正让全中国刮目相看的,还是"贸工农产业联动发展",以商贸推动了产业集聚,这成为"顺德模式"独步天下的关键因素之一。

20世纪80年代起,从路边摊起步,遵循"市场带产业、产业兴市场"的模式,顺德逐步培育出家具、钢铁、塑料等大型专业市场,因而得以在产业集群之中,构建了一个以贸易零售、专业市场、金融保险、交通运输等为龙头的庞大的商贸体系。

这个明清时期就闻名的农副产品集散地、蚕丝中心,如今变成了"贸工农"齐头并进的现代商贸重地。

只是,同样是农副产品贸易,顺德今天的贸易种类在发生巨大的变化,这里是中国最大的淡水养殖基地之一、中国最大的花卉种植和销售基地之一、中国最大的饲料生产基地之一。2005年时,顺德的鳗鱼产量就占全国的三分之一,加州鲈产量占全国的80%。2007年,顺德花卉出口额达到3290万美元,韩国近90%的花卉来自陈村。㊁

㊀ 《顺德人、顺德事》编辑委员会.顺德人、顺德市:从农村到城市的嬗变[M].广州:广东旅游出版社,2013.

㊁ 招汝基,邓俭,李允冠,杨文灿.先行者的30年:追寻中国改革的顺德足迹[M].北京:新华出版社,2008.

陈村，这个千年花乡，成为花卉产业集群与商贸物流联动的样板。

2005年8月8日，国内第一家农业物流企业国通物流在陈村开张。这是国内首个以农产品进出口为主的综合性物流基地，设立了海关、商检一站式办公，保证农产品可以用最快的速度通关，满足保鲜需求。

2014年1月，国通保税物流中心获得海关总署、财政部、国家税务总局、国家外汇管理局联合批准建设，并于2015年6月投入运营。国通保税物流中心具有"境内关外"的政策优势，可开展保税仓储、国际中转、保税展示、简单性流通加工等业务，目前园区已建设配套10.27万平方米的监管仓库和花卉熏蒸区、供港澳水产品中转中心，以及3万吨储备冷库等设施。

有了集安全农产品认证、物流、出口、商贸四位一体的产业平台，陈村花卉形成了"大基地、大市场、大流通"的格局。

乐从、伦教借助发展专业市场，形成了另外一种与商贸联动的模式。乐从先是建设了足有10千米长的家具展销街，成为全球最大的家具卖场，而后建设了中国第一个超大规模的家具专业市场。2004年3月10日，乐从镇荣获中国唯一的商贸流通特色区域荣誉称号："中国家具商贸之都"。

此外，乐从还是华南地区最大的塑料专业市场和物流中心，并从20世纪80年代起，发展钢铁市场。乐从从地摊式到仓储式，再到设立乐从钢铁世界，成为中国最大的钢铁交易中心，将钢铁贸易、加工、物流配送、电子商务及金融服务等功能完美组合起来，推动建设全球钢铁龙头企业的区域性贸易总部。

伦教则获益于顺德发达的家具产业，发展出木工机械制造特色产业。2003年3月，建筑面积达23万多平方米，顺德国际木工机械新商城落成，可设1000个标准展位，容纳120家木工商铺，功能包括商铺、仓库、金融、运输、生活设施等。伦教成为全国最大的木工专业市场，

也是大产地、大展会、大商城功能融合的典范。○

顺德商贸以"贸工农"联动的超大气魄，凭借"专业大市场"，一度成为顺德做大做强、经济腾飞的引擎，至今仍然在商贸流通领域保持着骄人业绩。

根据《顺德年鉴2017》披露的信息，截至2016年年底，顺德批发和零售业销售额达到875.6亿元，重点监测的13个专业市场总销售额达到1219.8亿元。其中，乐从钢材市场销售额为702.2亿元，塑料市场销售额为75.6亿元，家具市场销售额为51亿元。○

顺德人自己的银行

改革开放后，顺德金融业也随着顺德"贸工农"的全面兴旺，一荣俱荣，成为顺德经济发展的另一个助推器。

1991年，全国评选出十大乡镇企业，广东省入选五家，全部在顺德。顺德银行业的鼎力支持功不可没。

其中，顺德农行和信用社的信贷支持尤为典型，其贷款业务量一度占顺德全市业务量的70%以上，几乎是倾力支持顺德政府的中心工作，在全民皆商的年代，"没有自己去搞房地产、开公司"，而是动用所有的精力和资源，不仅主动支持，而且有效介入，特别是推动和参与了顺德企业产权改革。

根据《见证与突破：顺德改革开放三十年回眸与前瞻》记载，1994年5月25日，广东省召开劳动模范和模范集体表彰大会，顺德农行是当年金融系统唯一的模范集体。时任农业银行顺德市支行行长兼顺德市

○ 《顺德人、顺德事》编辑委员会.顺德人、顺德市：从农村到城市的嬗变[M].广州：广东旅游出版社，2013.
○ 顺德地方志办公室，《顺德年鉴》编辑部.顺德年鉴2017[M].北京：光明日报出版社，2017.

信用社主任马继章向省领导汇报说，关于顺德的综合配套改革，顺德农行和顺德信用社"一是倡导者，二是鼓吹者，三是支持者，因为我们最早提出来进行改革，并进行游说宣传，还用银行资金支持改革"。

1992 年 8 月，马继章曾经与时任顺德市市长冯润胜和美的创始人何享健等一起去韩国考察。参观之余，顺德这三位金融界、政界、企业界的领军人物，一路探讨的话题，就是怎样解决这样一个困境：企业不是经营者所有，亏损了也不心疼。银行给企业的贷款越多，银行的包袱就越重，各级政府越是帮助企业拉贷款，亏损的风险就越大。

马继章提出，企业应该进行转制，"如果这个企业是他自己的，他肯定不会这样花钱。"他更大胆地表示："办企业和经商是社会的事情，政府不要去办，政府应当为企业提供软硬件环境。"

马继章、冯润胜、何享健"铿锵三人行"的结果是，1993 年 3 月，受政府委托，在马继章率领下，顺德农行和顺德信用社对全市乡镇企业进行摸底调查，结果显示全国超过四分之一的企业有经济包袱，高达 21 亿元欠贷成为不良资产。这为顺德痛下决心，进行产权改革，提供了最直接的政府决策依据。

原顺德市委书记冯润胜回顾那一段经历感慨地说："改革开放之后，顺德的经济可以概括为'两家一花，全面开花'，而信用社在支持'两家一花'上起了中流砥柱的作用。顺德的经济发展到现在这么强大，信用社功不可没。1992 年我前往韩国考察，回来后感触很深，我们认为再不调整，顺德的优势就要画上句号。顺德必须要进行体制创新，必须要从计划经济转变为市场经济。两个月后，信用社就将一份完整的资产质量报告交到我手中，我终生难忘里面的两句话，'瞩目的成果，惊心的包袱。'信用社给了政府很重要的信息，这两句话更加坚定了我改革的决心。顺德的改革实践了这么长时间，我觉得最成功的是产权改革。而产权改革是信用社和农行最先给出的信息，没有这个信息，顺德还会沉迷在计划经济里面,大面积彻底的二次改革就不会出现。"

此外,源源不断的资金"输血"为顺德成功改制提供了金融保障。比如,顺德农行和顺德信用社"对产权明晰、管理贴身、信用好、效益高的转制企业大力支持,仅 1994 年就对转制企业累计发放贷款 35.2 亿元,占工业贷款总额的 30%"。

顺德银行业反作用于地方经济,还体现在对经济形势和市场做大量的研究,提出"符合当地特点、符合市场发展规律的战略决策"。

还以顺德农行和信用社为例,马继章曾回忆,顺德早期经济发展提倡"三个为主",即以工业为主,以集体企业为主,以骨干企业为主。但是 1992 年,银行业经过调查,认为纯发展工业的路子走不通了,因为"工业长线产品多,资金占用大,周转慢,回收慢,而许多产品的市场潜力大不如前"。于是,顺德农行和信用社提出了"放开第一产业,调整第二产业,倾斜第三产业,更多支持民营经济及混合型经济"的建议,该策略获得政府首肯,最终被确立为当时顺德的整体信贷政策,推动了顺德经济布局的调整,走向良性发展。○

随着经济形势的变化,顺德银行业与时俱进,从改革开放之初,以促进工业发展为主,调整为支持民营企业,再到现在积极发展以科技金融为核心要务,顺德银行业的服务内容、服务水准、服务规模都在不断提升。

根据《顺德年鉴 2017》记录,截至 2016 年,顺德全区各项存款余额达到 3944 亿元,各项贷款余额达到 2813 亿元,不良贷款率控制在 2.69%。顺德银行业盈利能力显著提高。2016 年,全区银行机构利润为 64.57 亿元,实现税收收入 31.33 亿元。○

○ 中共顺德区委宣传部,珠江商报社. 见证与突破:顺德改革开放三十年回眸与前瞻 [M]. 广州:广东人民出版社,2008.
○ 顺德地方志办公室,《顺德年鉴》编辑部. 顺德年鉴 2017 [M]. 北京:光明日报出版社,2017.

除了助力区域经济，顺德银行业自身发展势头也可圈可点。前身为信用社的顺德农村商业银行异军突起，作为"顺德人自己的银行"，努力促进地方经济转型升级，撑起了顺德经济近半壁江山。

1996年，顺德信用社与农行脱离隶属关系，2009年，成功改制为顺德农村商业银行，这是广东省三家首批成功改制的农村商业银行之一。

改制后的顺德农商银行依然紧密围绕顺德政府的战略部署，配合政府开展政策性支持业务，比如推出"科技盈""智融通"等产品，还抓住家电产业升级、龙头企业智能改造的机会，提出"赢在供应链"，发展供应链金融。

根据顺德农商银行官网发布的信息，截至2017年年末，顺德农商银行总资产超过2900亿元。其中，人民币存款的市场份额达到42.55%，贷款的市场份额达到41.36%，位列顺德23家银行业金融机构的首位，连续三届获得银监会授予的"全国标杆农商银行"称号，在2017年度英国《银行家》杂志全球1000家大银行综合排名中，排在第298位。

顺德农商银行迅速成长为一家以顺德为本部，辐射珠三角地区的现代金融企业。

面对经济形势和金融格局的深刻变化，顺德农商银行坚持"用行动构筑未来"，始终坚持企业与社会的共同发展。

作为本土金融机构的龙头企业，顺德农商银行曾经连续17年举办国内一流经济学家开讲的财经论坛，曾请来著名经济学家许小年、巴曙松、周其仁、张维迎以及著名管理学家陈春花等，目的就是为顺德企业持续领先提供新思维和方法论，所谓"大咖论道，脉握时代"。

而自2008年起，该财经论坛的主题几乎只有一个，那就是顺德的产业转型与升级换代。

顺势转型

回望顺德改革开放40年，几乎10年为一个轮回。第一个"10年"，顺德抓住了改革开放先机，政府积极引导扶持集体企业，导致顺德乡镇企业蓬勃兴起，完成了顺德的"原始积累"；第二个"10年"，顺德率先在全国完成了企业产权改革，"现代企业制度和新的政企关系形成，为顺德赢得了发展的时间和空间"；第三个"10年"，在一批龙头企业的带领之下，顺德产业集群发展壮大，2000～2003年，顺德综合实力一直位于全国县城百强之首；而第四个"10年"，"转型"与"升级"成为顺德中心词。

2017年顺德农商银行财经论坛上，北京大学国家发展研究院教授陈春花做了主题演讲《未来已来：创新时代企业转型之道》。陈春花指出，新时代下，顺德有两个机会，一是原有产业升级换代，二是全新的产业和全新的商业模式，比如金融、互联网、生命医药等，"这些能起来，顺德就有机会"。

新形势下，顺德发展需要棋局思维，无论是商贸流通还是金融产业，无论是传统经营还是新兴业态，都需要通盘考虑，步步关联。各自为营，单打独斗的发展时代已然结束。"一镇一业"背靠背发展的格局，被"全局一盘棋"替代。

"高起点融入全球价值链分工"，成为顺德在改革开放40年之际新的奋斗目标。

就顺德商贸流通领域而言，随着土地、劳动力成本的上涨，以及互联网时代的兴起和电子商务的日益发达，早年曾经"敢为天下先"的"顺德模式"，几乎已经走到了尽头，倘若不能革故鼎新，就将陷入没落周期而无力自拔。

顺德变则兴，不变则衰。

产业和产业的共生，实体经济与互联经济的融合，成为大势所趋。

顺德区"十三五"规划（2016~2020年）提出，要建设广东商品国际采购中心，眼光向外，走国际化路线，并进一步推动钢材市场、塑料市场、机械市场、花卉市场等专业市场的提升，同时大力发展"互联网+专业市场"电商模式，比如建设龙江家具电子商务集聚区、陈村花卉电子商务交易中心、伦教木材机械电子商务交易中心等。

发展中的顺德专业市场，将是一个多功能的线上、线下的融合组织。比如塑料交易市场，将发展为集现货交易、在线交易、物流配送和金融服务等为一体的国际塑料采购分销平台。而陈村花卉市场，在运用互联网科技发展国际花卉交易市场的同时，还将大力发展花卉金融、花卉文化创意。

在顺德区"十三五"规划中，"智慧物流"提上议程，传统如广东国通物流城、乐从钢铁世界等物流园区将继续得到巩固和提升，此外，还要拓展物流金融、物流保险等产业链条。

时代已经改变，但领先的要诀没有改变，还是持续不断的变革能力，以及创新的"高度、速度与力度"。

只是，在顺德的这盘棋中，最终的目标是要从"顺德制造"升级到"顺德智造"，商贸物流虽然不可或缺，但高科技与金融才是撬动顺德新经济的杠杆，是决胜布局的关键所在。

20世纪八九十年代，顺德发展主要是政府扶持，以本地资本为主，依靠银行信贷的支持。而如今，区域产业转型升级迫在眉睫，企业欲二次腾飞，除了科技创新，还需要主动走向资本市场，寻找更广阔的舞台。顺德专门设立了"顺德区科技金融产业发展局"，确定了"科技、金融、产业"融合之路，希望做到资金链、创新链、产业链协同发展，从科技和金融两端发力，以使顺德经济能走得更平稳，走得更远。

顺德政府的第一个导向型举措是努力推动企业进军多层次的资本市

场，打出"组合拳"，力争到 2018 年，推动 300 家优质企业完成股改，作为顺德进军资本市场的后备力量，因而被视作顺德第二次产权改革时代的来临，"影响顺德未来二三十年"。

2015 年，顺德区政府出台了《促进企业利用资本市场扶持办法》等文件，全年拨付企业上市扶持资金达 8000 万元，为企业上市出具近 4000 份协调函。顺德企业上市、并购、发债，甚至是外地上市企业迁入顺德，都会获得真金白银的奖励。

2017 年，顺德首次召开全区大会，主题几乎都聚焦在企业上市。2017 年 8 月 8 日，《珠江商报》刊登署名王世彪，题为《舞动金融龙头，筑起经济新高地》的文章，做了如下描述："纵观过往，顺德力推金融服务实体经济的决心，从来没有如此之坚决，顺德力推企业股改上市的扶持力度，也从没有如此之巨大。"

在政府的强力号召和推动下，"无数的顺德企业家，身影开始频频出现在企业股改、市值管理、资本价值运作这类的主题研修班上，各类的行业大咖、创投机构，也成了他们最热衷结交的新朋友。"

根据《珠江商报》报道，截至 2017 年 7 月末，顺德区境内外上市企业有 22 家，新三板挂牌企业为 34 家，直接融资已经超过 1000 亿元，"主板、中小板、创业板、新三板四板完整的多层次资本市场体系已完备成型。"

广东星徽精密制造股份有限公司蔡耿锡就是企业上市的受益者。2015 年上市前，公司年营业额不到 2 亿元。2015 年 6 月，公司在深交所创业板上市，获得了资金支持，企业迅速壮大。如今总市值近 40 亿元。《珠江商报》报道了蔡耿锡的故事，他说："现在一个项目可以投 3 亿多元，以前想都不敢想。还可以发行 10 亿元债券，去收购项目也有资金。"

顺德区政府的第二个导向型举措，是不惜工本，孵化、培育高新技术企业。

2016年1月，顺德"科技、金融、产业"融合的平台——顺德众创金融街挂牌成立。这是引导和整合区镇两级政府机构和民间资本、专业机构而形成的，众创金融街设有路演大厅、孵化器、企业服务工作站及金融服务工作站等。目前，众创金融街共引入工商注册登记单位112家，注册资本已超过38亿元，其中引入国内外知名证券机构、投资机构、保理公司、金融信息吧超过40家，国富顺投企业孵化器在孵企业41家。

广东顺德科创管理集团有限公司是区属国资一级集团，是众创金融街的运营主体之一。科创集团推出了首期规模为10亿元的顺德创新创业投资母基金，主要投向智能制造、生物医药等重点产业。

根据顺德区"十三五"规划，顺德要构建多层次、多渠道、多元化科技投融资体系，建立科技金融人才和智力培育基地，建设"天使投资大道""民间金融街"，要鼓励科技企业在多层次的资本市场上市及融资。

总之，顺德要通过培育有全球竞争力的行业、有重大影响力的上市公司，吸引有创造力的高科技人才，"从而将顺德打造成为全国甚至全球的制造业创新中心"。

这与北京大学国家发展研究院的陈春花教授对顺德的期待不谋而合。陈春花在2017顺德农商银行财经论坛上表示，在她心目中，顺德不仅是一个区域，不仅是面向全国的，更是面向世界的。顺德企业家要树立新思维，学习新技术，打破行业壁垒，引入人才、聚合人才、善用人才。

未来已来，顺德能否持续领跑，获得持久的竞争力，进入下一个"黄金十年"，实现产业的跨界与融合，下活顺德转型升级这盘棋？以务实闻名的顺德人，又如何能够扛起资本的大旗，在现实与虚拟的世界里来去自如？在这个复杂多变的时代，答案还在风中飘荡。

第十三章　合作与共生

"在这些地域,连空气中都闻得出产业的味道。这种现象也许不能在每个产业的身上都能看到,但是对世界一流的企业而言,就地与竞争对手厮杀是竞争过程中不可或缺的先见之明。"⊖

1990年,美国"竞争战略之父"迈克尔·波特(Michael E.Porter)在其著作《国家竞争优势》中,总结了"产业集群"(industrial cluster)的概念。他注意到在具有国际竞争力的产业中,很多竞争者往往集中在某个城市或者地区。比如英国的拍卖业都集中在伦敦的几条街上,美国广告业的圣地是纽约麦迪逊大道,而绝大多数的意大利羊毛纺织企业就集中在两个城市。尤其是在意大利和德国,部分产业的地理集中现象明显,"当国内市场的竞争对手打成一团时,供应商会开始在其竞争外围落脚,共同对付重要又挑剔的客户。如此一来,这个城市和区域就形成了这个产业独特的竞争环境,产业信息交流,透视敌手及互动强化的机会不断出现。"⊜

迈克尔·波特出版该书前后,恰好处于全球竞争日趋白热化的年代,随着苏联彻底解体、东西方"冷战"结束、世界贸易壁垒拆除,全球市场在开放,而人口数量最大的中国,于1992年

⊖⊜ 迈克尔·波特. 国家竞争优势[M]. 李明轩,邱如美,译. 北京:中信出版社,2012.

邓小平南方谈话之后，改革步伐进一步加大，振兴经济，发展本国人民的福祉成为全球共识。"产业集群"概念的提炼，为全球范围内的区域经济增长，形成"以点带面"的核心竞争优势，提供了理论支持。

如今，"产业集群"已经成为企业战略、区域经济发展乃至国家竞争优势的重要组成部分。特别是在中国，经过改革开放40年，经济持续高速增长，业已成为世界制造业中心，"产业集群"对此功不可没，"产业集群"的兴盛与否，对中国的发展具有重大影响力。

"产业集群"指在某个特定区域内，存在着一群由相互关联的公司、供应商、关联产业和协会等机构组成的群体，相互竞争，也相互合作，在空间上相对集中，在文化上气息相近，而且在同一个地方集中的竞争者越多，"扎堆"的附加值越高。

得益于乡镇企业的发展，产业集群在中国的出现早于理论界的认知，几乎是一种自发聚集行为，而且发展速度惊人。目前，在中国各主要省市，从城市到乡镇，从繁荣富庶的沿海地区到相对不发达的中西部，从高新技术产业到低端制造业，几乎遍布各种形式的产业集群。中国地方的县域经济增长，尤其依赖于产业集群，一些地方甚至成为全球商品集散的中心。比如浙江嵊州市，拥有领带生产企业2000余家，年产领带3亿多条，全世界60%的领带都出自这个县级市。

作为中国县域经济的奇迹、"中国制造"的民营经济大区，顺德当然也不例外，而且是中国最早出现产业集群趋势的地区之一。

顺德早期的"产业集群"，可以简称为"两家一花"，这是顺德的支柱产业，指的是顺德家电、家具和花卉产业。这是时任广东省委书记李长春考察顺德后得出的结论。

顺德家电

家用电器是顺德第一大支柱产业,以"白色家电"为主。"白色家电"指可以帮助人们减轻家务劳动负担,提升生活质量的产品,比如洗衣机、空调、冰箱,由于早期这些产品的外观以白色为主,所以又称"白色家电"。

在顺德这个面积不过 806 平方公里、常住人口 261 万的辖区内,活跃着 80 多家产值亿元以上规模的家电企业,以及 3000 多家中小型家电生产和配套企业。顺德已经成为国际级的家电生产基地,也是中国最大的家电生产基地。

顺德家电产业群在当地配套 80% 以上,产值占全国市场的 15% 以上。

顺德也是全国最大的电冰箱、空调器、微波炉、电饭煲、电风扇、消毒碗柜、热水器、电热水壶、豆浆机、电磁炉、家用燃气灶具和家用燃气热水器等生产基地。

换言之,顺德制造的优劣,直接决定着相当一部分中国家庭的生活品质。

2016 年,顺德家电行业规模以上工业总产值高达 2624.8 亿元。[一]

2017 年,顺德家电出口量占全国家电出口的五分之一。

声名赫赫的顺德家电王国,起步于 20 世纪 70 年代末 80 年代初,顺德大批农民"洗脚上田",乡镇企业如雨后春笋般涌现,很多企业都选择做家电产品,当时光做电风扇的就有 200 多家。

美的作为顺德家电的"带头大哥",1980 年开始生产风扇,才得以进入家电领域;格兰仕 1992 年才开始转产微波炉;珠江冰箱厂即便上溯到第一台土法打制的双门电冰箱,也不过是 1983 年。

[一] 顺德地方志办公室,《顺德年鉴》编辑部. 顺德年鉴 2017 [M]. 北京:光明日报出版社,2017.

但是，相对于全国而言，顺德家电业已经起步够早。2006年10月10日，在北京人民大会堂，举行了"中国家电之都"的授牌仪式，顺德摘取桂冠，除了规模最大、产业集群效应最明显、产业链最完整，还缘于家电生产历史最悠久。

其实，顺德人一开始只是想申请一个"家电之乡"的称号，时任顺德区副区长王干林回忆，"家电之乡"被中国家电协会否决了，因为对方认为，应该叫"家电之都"。时任家电协会会长说，"我们这个'都'就是留给你们的，只有顺德才配有'家电之都'这样的称号。"因为当时顺德家电产值占全国四成比例，还拥有七个著名品牌，"每一个项目拿出来都是全国的'单打冠军'"。⊖

顺德没有辜负"中国家电之都"的称号，而且还在不断获得全国乃至全世界的"单打冠军"。

截至2017年，顺德已拥有美的、万家乐、格兰仕、科龙等9个中国驰名商标，并拥有"美的"电冰箱、"格兰仕"微波炉等23个中国名牌产品。

庞大的家电产业集群，成就了一条全球规模最大、品类最齐全的家电配件产业链。

顺德成为全球家电零部件生产供应大本营，相关配件大部分的采购半径都在50公里范围之内，也就是一小时车程以内。

围绕着家电龙头企业美的集团，顺德家电产业集群又衍生出恒基、美芝、瑞德电子等一系列家电上下游高新技术企业。

一批配套产业的"隐形世界冠军"浮出水面。比如，顺威精密是全球最大的空调风扇叶制造商，美芝压缩机在行业内的产销规模一直稳居全球第一。

⊖ 《顺德人、顺德事》编辑委员会. 顺德人、顺德事：从农村到城市的嬗变[M]. 广州：广东旅游出版社，2013.

单个冠军的强强组合，使得"顺德家电"乃至"顺德制造"都渐渐有了王者之风。

2009年8月，"顺德家电"集体商标获得国家工商总局批准，成为国内家电行业首个区域集体商标。这意味着"顺德家电"最终获得了团体冠军。

顺德家具

无独有偶，早在2010年，顺德家具协会就成功申报了"顺德家具"这一集体商标，紧随"顺德家电"集体商标之后。

2017年12月12日，由顺德家具协会参与起草的《顺德家具集体商标使用及管理规范》团体标准顺利通过专家审定，目的是推动企业小品牌和区域大品牌的共同崛起。

顺德从事家具制造的企业有5000多家，从事家具材料销售的商铺有1万多家。

从最初简单的小作坊生产，简单的卖场聚集起家，到目前的家具产业集群模式，顺德形成了完整的家具产业链，既有家具原材料市场、家具生产基地，又有大型家具专业卖场，还有配套的木工机械、家具油漆、五金配件等产业，家具生产、销售的上下游企业环环相扣，而且各个环节物流的车程基本上在半小时以内。

根据《顺德年鉴2017》发布的数据，2016年，顺德家具制造业规模以上企业总产值达101.3亿元，家具市场销售51亿元。○

顺德的家具产业集群主要分布在龙江镇和乐从镇。龙江镇因为江水曲折迂回、势若蟠龙而得名，在唐代已经有稠密的居民点，而今则是大

○ 顺德地方志办公室，《顺德年鉴》编辑部．顺德年鉴2017 [M]．北京：光明日报出版社，2017．

名鼎鼎的"中国家具制造重镇""中国家具材料之都",是全国规模最大的家具原材料生产和集散地。

乐从的名字源于清末,顺德、南海各路民军汇集在此,进军佛山,以同盟会号令"乐意服从"为旗号,所以后来改名"乐从"。

乐从被誉为"中国家具商贸之都",家具行销100多个国家和地区,是全国乃至全世界公认的最大规模的家具专业市场。时任中国家具协会理事长贾清文考察乐从家具市场后称赞说:"这是名副其实的永不落幕的国际家具博览会。"

倘若沿着325国道进入顺德,就能看到世界家具业的奇迹,这个没有一片森林,不出产木材的地方,从乐从到龙江,沿线分布着连绵十里[一]的家具商贸市场,以及星罗棋布的家具制造企业。

和顺德家电一样,顺德家具王国也主要是从20世纪80年代初发展起来的。《顺德人、顺德事:从农村到城市的嬗变》记载了一个犹如神助的乐从发家故事。1983年,曾经做过木工的马荣洪到深圳出差,见识到"高档家具",意识到这种材质和款式的家具商机无限,就软磨硬泡,让深圳老板同意在乐从罗沙村合办家具厂。

很有商业头脑的马荣洪发现从外地来顺德拉家具的大货车都会经过乐从,就修建了一个水上吊脚屋商铺,方便推销自己的家具产品,"这就是今天乐从'十里家具黄金长廊'的雏形。"

马荣洪成为在乐从建家具厂和展销铺的"第一人",顺德家具产业集群的种子就这样偶然在乐从生根。此后短短几年工夫,乐从26个自然村就开办了2000多个家具厂。[二]

"吊脚楼商铺"其实是违规的,但是政府没有"一刀切",顺德人也

[一] 1里=500米。

[二] 顺德地方志办公室,《顺德年鉴》编辑部. 顺德年鉴2017 [M]. 北京:光明日报出版社,2017.

充分发挥了变通的聪明才智，当年325国道的两旁都是鱼塘，按规定是不能把鱼塘填平的，人们就在鱼塘上搭了个棚子，上面开家具店，下面养鱼。

后来闻名遐迩的中国乃至全球家具王国，就是在这样简陋的条件下发展起来的。其发迹是一个偶然事件，转型升级同样是一个偶然事件。

1993年夏天，乐从家具市场发生一场大火，损失上千万元，这与"吊脚楼市场"低端、安全隐患众多有关。难上规模、难上档次的"吊脚楼市场"成为乐从家具业发展的瓶颈。乐从镇政府下定决心，对家具市场进行统一规划和大改造，但是遭到了很多人反对，有人觉得有钱赚就行，不必大动干戈建市场。镇政府耐心劝服，"给大大小小的老板鞠了一年的躬，磨了一年的嘴皮"，最终完成了改建任务。

同年，乐从镇支持澳门志柏实业集团和顺联集团联手建立了一个大型的家具专业市场，他们麾下的"皇朝家私城""顺联家私城"，花巨资聘请港澳明星代言，引入港澳先进的物业管理经验和专业的市场服务体系，牢牢树立起家具市场"高大上"的江湖地位，也让顺德人开了眼界，"原来搞家具可以搞得这么大……"

一场大火，使得乐从镇成就了中国第一个家具专业市场，并一发不可收。

乐从因祸得福。因为专业市场的形成对中国产业集群的形成至关重要。这是一个真正的区域经济"增长极"，能够推动相关产业倍速成长。

乐从的发展虽然依赖于一些偶然事件，但也是时代发展的必然。20世纪90年代，随着乡镇企业在整个经济领域的淡出，顺德企业产权改革的深入发展，政府的角色已经发生巨变，从过去对企业进行直接管理，转为组织协调角色，以提供相应的公共服务为主。这是乐从镇政府坚持把"吊脚楼商铺"推向专业化市场的时代因素。[⊖]

⊖ 《顺德人、顺德事》编辑委员会. 顺德人、顺德事：从农村到城市的嬗变[M]. 广州：广东旅游出版社，2013.

2000年，乐从镇又引入民间资本高达20多亿元，进一步改造建成了十里家具长街，即"十里家具黄金长廊"，现在已经发展成为中国家具"第一批发市场和物流调配中心"。

根据乐从家具城商会的官网介绍，目前乐从商铺总面积达400多万平方米，拥有家具销售、安装、运输等从业人员5万多人，汇聚了海内外4000多家家具经销商和1300多家家具生产商，销售家具4万多种，仅每天进出乐从运送家具的车辆就超过3万台次。乐从家具出口到香港，只需两个小时。欧美、中东国家也有来自乐从的家具，乐从成了中国以及国际家具价格的"晴雨表"。

龙江镇的故事则是另外一个传奇。据说当年顺德龙江镇一个姓陈的农民，将香港亲戚送的一套沙发拆了，发现沙发原来构造简单，大部分原材料都可以找得到，于是开始在家里做沙发出售，获利丰厚。乡亲们纷纷模仿，龙江出现了一个又一个沙发小作坊，这就是龙江家具制造之始。

龙江成为诞生全国首套沙发的"中国家具第一镇"，其实龙江镇肯定不是中国第一个拥有沙发的地方，但是只有顺德的农民舍得把来之不易的"新潮"家具拆了看个究竟，还动手仿制销售，并将家具制造的风气传播到外省。日后有不少人南下来龙江学艺，有一种说法，说全国做家具的五个人中必有一个龙江人。

而今，顺德家具产业集群已经外延到了南海、江门、广州、中山等地，以顺德为核心区域的泛顺德家具产业圈，成为决定全球家具行业走势举足轻重的力量。

比如顺德伦教镇，就以泛顺德家具产业圈为依托，发展木工机械，2006年首度荣获"中国木工机械重镇"称号，并于2011年获得国家工商总局批准"伦教木工机械"集体商标，这是全球首个木工机械行业集体商标。

目前，伦教已经成为中国木工机械最大的生产基地，加入伦教木工机械商会的企业有近200家，产品涵盖实木加工、板式加工、门窗加工、喷涂机械、输送设备等，这里同时也是国内外最大的木工机械采购市场。伦教国际木工机械博览会在行业内颇负盛名，"大产地、大商城、大展会"三位一体，让伦教木工机械的江湖地位不可撼动。

大产业集群里又有小产业集群，顺德家具产业集群的互相依附、互相渗透，不仅仅推动了家具行业的发展，房地产、物流业、现代服务业和文化创意产业也因此而繁荣。

如今，乐从镇正在全面建设特色小镇，"要开启生命健康小镇、国际创新小镇、文旅小镇、水利小镇等综合发展新模式"。

乐从"闻名以家具始，但将来则会蔓延到各种创意产业"。

正如迈克尔·波特在其著作《国家竞争优势》中指出的："一旦产业集群形成，集群内部的产业之间就形成互助关系。它的效应是向上下左右四处展现的。凭借新的谈判筹码、扩散效应及企业的多元化经营，激烈的产业竞争气氛往往会由一个产业扩散到另一个产业。"

顺德花卉

与家电产业集群和家具产业集群40年前白手起家不同，顺德花卉产业有着悠久的生产历史，集中在今天的陈村镇一带。这里之所以叫陈村，是因为东汉时期，此地出过一位姓陈的太尉，后人在这里修建了陈太尉祠，因此得名。

早在汉武帝时期，上林苑是皇家园林，园中所建的扶荔宫里，就栽有陈村进贡的花卉。

明代中叶，陈村一带园圃密集，花卉交易活跃。屈大均所著《广东新语·地语》里记载，"他处欲种花木……率就陈村买秧，又必使其人手种搏接，其树乃生且茂。"

明末清初，陈村花果种植规模扩大，已经是"村前弥望皆为花"，商人用船贩花，运往广州及邻近州县售卖，形成了"渔舟曲折只穿花"的一方盛景。

民国时期，有"百花村"之誉的弼教村曾经遍植米兰，"花开时节，香溢数里"。

顺德的花卉种植历史上也曾经有过两次大的中断。

一次是日伪统治期间，花圃抛荒，改种杂粮。

一次是"文化大革命"时期，种花被批判是为资产阶级服务，集体花场被砍掉，每户只限种6棵花，腾出来的地儿改种粮食、甘蔗和蔬菜。

其实原本在1958~1962年，为出口创汇，花卉生产已经有所复原，陈村公社种植了很多米兰和茉莉花，供制作花茶使用，但"文革"期间"千年花乡"被迫"批资砍花、增产粮食"。

1979年，陈村才开始逐步恢复花卉种植，并且很快遍及全县，包括陈村、北滘、大良等在内，都开始出产花卉。[一]

如今，顺德花卉产业集群作为中国最负盛名的种苗花卉种植基地和年花市场之一，已拥有陈村花卉世界有限公司、日景艺生物科技有限公司、广东维生温室科技有限公司、巨扬园艺有限公司、菊花湾农业发展有限公司等5个龙头企业，这里出产的陈村年桔、顺德国兰、顺德蝴蝶兰扬名海内外。其中，"顺德国兰"成为顺德首个国家农产品地理标志产品。

根据《顺德年鉴2017》中的统计数据，2016年，顺德花卉种植面积达3250公顷[二]，产值16.31亿元，全年销售鲜切花5093万枝、盆花2771.45万盆、绿化苗木2905万株。[三]

[一] 顺德县地方志编纂委员会. 顺德县志[M]. 北京：中华书局，1996.

[二] 1公顷 = 10 000平方米。

[三] 顺德地方志办公室，《顺德年鉴》编辑部. 顺德年鉴2017[M]. 北京：光明日报出版社，2017.

顺德花卉第一次令全国瞩目，源于2001年9月在顺德陈村举办的第五届中国国际花卉博览会。

这是顺德曾与广州、深圳、沈阳、大连、无锡等城市同台竞标后的结果，一个乡村小镇战胜了包括省会城市在内的强劲对手，成为"花博会"承办中最大的一匹黑马。

《广东农业科学》记者谭良懿，在《花海潮涌万千重：访广东陈村花卉世界有限公司董事长郑志民》一文中，记述了此次竞标的幕后故事。

首任陈村花卉世界负责人郑志民是申请这届"花博会"的始倡议者，但在"花博会"承办权投票进行时，他都不敢进去，一直蹲在门外听，听到陈村胜出时，眼泪"哗"地流出来。这种喜悦，不亚于北京当年获得奥运会承办权时的国民狂欢。

郑志民是花卉园林专业科班出身，1998年，于而立之年从顺德国土局调任陈村镇负责花卉产业运作。他深知"花博会"落户陈村将带来的连锁效应，"花博会"堪称花卉行业的奥林匹克，这意味着陈村花卉从此正式进入了中国乃至全球花卉业界人士的大视野。

第五届中国国际花卉博览会开幕时，全国31个省（市、自治区），连同台湾、香港、澳门在内，全部都组团参展，还有15个国家的政府代表团、花卉企业或机构参展，参展企业多达500多家，是真正的群英荟萃。

陈村声名鹊起，当时顺德人常常被问一个问题："陈村究竟是多大一个村？"

时任顺德市委书记冯润胜机智地回答："陈村是个花卉的世界村。"

不过，即便栽培技术居岭南之首，有着"千年花乡"的美誉，陈村从顺德走向世界，变成"世界村"还是经历了近40年。

早年陈村花农卖花，卖的是"水中花"，花农不得不划上小船，载

第五篇　回归基本规律

上几十盆鲜花桔果，摇橹数小时，到广州销售，有些花不能及时卖出，只好忍痛丢弃。世人眼中的乱花迷离，不过是花农的生计维艰。

为了防止"水中花"变成"镜中月"，白白欢喜忙碌一场，陈村人自发形成了广场市场、路边市场。1981年，有4家规模不大的集体花场，以及40多户花农，看上了陈村唯一的灯光球场。这个灯光球场挨着一条小河，花农们用船把鲜花运来，摆放在球场上，陈村第一个球场花市开张了。

20世纪80年代起，陈村人沿着广珠公路陈村段，年年举办迎春花市。那个年代农户都是分散经营，花农就沿着大路两边摆摊卖花。

迎春花市成为岭南盛大花事。十里长街，花摊一档接着一档，鲜花桔果，争奇斗艳，国色天香，璀璨如锦。

截至2018年，陈村已经成功举办34届迎春花市。香港顺德籍乡亲还会专门组织返乡购花团，购买鲜花带回香港。

只是，花市虽好，佳期短暂。

陈村镇每年春节销售的盆桔就超过400多万盆，这还不算出口到港澳及国外的50万盆。倘若都集中在岁末上市，假如当年市场不景气，花农就会损失惨重。

如何让陈村四季都有花卖？

1997年，陈村花卉世界方案获得政府批准，稍后投入建设。这是一个现代化的花卉交易中心，规划面积达1万亩，其中包括高新种植区6000亩、销售区3000亩、综合配套区1000亩。陈村花农们一度对此心存疑虑，担心太多外地花商入驻后来抢本地人的饭碗，花卉世界筹办方耐心做说服工作，认为一年半载之内，对本地花商的冲击肯定不小，但长远来看，专业化、规模化的种植和批发，能把市场蛋糕越做越大，最终大家都能获益。

1999年2月，由"政府搭台，花商唱戏"的陈村花卉世界正式开张，一条宽 24 米，长 6.8 千米的"花卉大道"，贯通了原有的花卉生产基地。

"广场市场"和"路边市场"，在花卉世界落成后渐渐隐去。此前，陈村花卉的影响力大多辐射珠三角，常常局限在广东省内交易，此后，跨省交易、国际交易便摩肩接踵而来。

专业大型花卉市场直接推动了顺德花卉产业集群的形成。300 多家国内外大花卉企业入驻这个花卉"世界村"，连接了周边上万户花农，带动了上下游相关产业，比如陈村遍布花盆生产厂、遮光网厂家、种苗袋厂，以及经销花卉农药、器具、肥料的店铺，常常是买家只需要打一个电话，半小时内商家就能送货上门。

2008 年 8 月，北京奥运会上，奥运场馆装饰花卉有七分之一来自顺德。曾经"户以花为业，村以花出名"的陈村，过关斩将，以品种齐全、技术成熟、生产量稳定等优势，成为奥运的花之冠。⊖

陈村花卉世界落成之初，刚上任的郑志民曾经豪言要把陈村花卉卖到全世界去，一年卖上 10 亿元，当时被认为是"痴人说梦""好高骛远"。如今他的梦想已然成真。

根据广州海关的统计，2018 年 1～5 月，顺德共出口种苗花卉 1.38 亿株，总值 3188 万美元。而近三年，陈村花卉出口创汇已经超过 1 亿美元。

陈村花卉不仅走进了花园国家新加坡，而且走进了拥有国际一流花卉行业的荷兰；2017 年，顺德蝴蝶兰还代表中国介质兰花首次出口美国和加拿大，在全国率先打开北美高端市场。

在中东，在东南亚，在希腊，来自中国陈村的蝴蝶兰、年桔、榕树、富贵竹、发财树，以及大花蕙兰正欣欣向荣。

⊖ 招汝基，邓俭，李允冠，杨文灿. 先行者的 30 年：追寻中国改革的顺德足迹 [M]. 北京：新华出版社，2008.

千年花乡传送着千里繁花,漂洋过海,一路盛开。

顺德花卉产业集群的崛起,首先归功于陈村千年未绝的花卉种植文化和传统,其发展花卉产业积淀深厚,在文化和人才技艺方面,都有充足的预备。

其次,当地政府功不可没,不仅在土地资源、政策扶持方面不遗余力,建设了陈村花卉世界这样大型的专业交易平台,依托花卉世界开展园区规模经营,还积极发展配套服务。

从花卉世界出发到陈村海关,只需要半个小时车程。花卉龙头企业巨杨园艺有限公司,曾向海外销售发财树,其生产基地在湛江,但是公司坚持将发财树运到陈村出口,因为其觉得湛江海关"业务不够熟练",而植物"不能等"。㊀

此外,台商的深度嵌入、与本地经济的完美结合,促进了陈村花卉种植档次的升级换代。"陈村以其独有的历史遗传资源,吸引台湾的产业资金、技术以及管理模式进入。"㊀

早在20世纪80年代后期,台湾花商就来到了陈村,以花卉内销为主。2000年左右,陈村花卉世界运营后,台商纷纷在周边开拓花卉生产基地。比如来自我国台湾宜兰县的陈昌龙,曾经在越南投资花场。2001年来到顺德考察后,陈昌龙在陈村建立了洋兰生产场,以及蝴蝶兰种苗厂,还把家都搬到这里来。

嫁接台资后,传统花乡面貌一新。盆桔、茶花和时花是陈村人的传统栽种品种,花卉档次相对较低,经济效益不高。台商带来了国际流行、高附加值的花卉新品,先进的栽种技术和生产设备,以及成熟的管理流程。

大陆花卉生产成本仅是台湾的三分之一,而且气候相宜、交通便宜

㊀㊀ 杨锐,李萍. 花卉业的全球化和地方集群创新 [M]. 北京:中国建筑工业出版社,2010.

便捷，倘若走海运，从陈村到台湾仅用两天时间。陈村备受台商青睐，渐渐成为台湾地区花卉产业转移的重要承接区域。2008年，在陈村落户的台湾花卉企业就有60多家，成为全国台资花卉企业最密集的区域之一。

借鉴台湾花卉产业发展的经验，陈村"花经济"也在不断转型，曾经开设兰花拍卖市场，虽然因为太过超前而夭折，但是这样的新路径尝试，陈村人从不止步，注重科技创新，开拓花卉特色产业，比如举办花展，建设盆景文化基地，建立奇石贸易，并发展为艺术品市场。

进入新世纪以来，陈村以花为媒，培育发展着包括电商、会展、文创、休闲旅游等在内的产业新业态：

2001年，陈村花卉世界展览中心落成。

2002年，"大名堂"名石馆开业，奇石市场乃至艺术品市场雏形初次亮相。

2003年，首届广东盆景雅石博览会开幕。

2005年，中国首届花卉汽车展开展。

2007年，中国盆景大观园开幕。

2007年，陈村花卉艺术品市场开张。

2011年，举办第十届IPM中国国际植物展。

2017年，第二届粤台南风盆景展开展。

2017年，第四届安全食用农产品博览会暨佛山农业旅游博览会开幕。

2018年，"善行花海·筑梦陈村""花海骑行"在陈村花卉世界广场启动，来自珠三角地区的7000多人以骑行和徒步的方式参与，穿行花乡花海。

为什么在顺德这样一个弹丸之地，能够形成"两家一花"这样全国领军规模的产业集群，而且一口气就拿到了三个"团体冠军"？

有很多众人耳熟能详的原因，比如**顺德人敢闯禁区**，能够抓住改革开放的头茬机会；比如**临近港澳，眼界更宽**；比如**顺德人有经商传统，不以经商为耻，且务实勤奋，擅于学习变通，合作意识更强**；比如**顺德政府更有服务意识**，为促进家具出口，配置了海关、商检、金融、物流等一系列配套服务体系，为打造完整的产业链条尽心尽力。

其实，三大产业集群的形成，各有各的机缘。有些是冒险砥砺一搏，有些则是顺势而为，那些起源于小镇的商业神话，在顺德俯拾皆是。那些只有特定时代才赋予的机会，机不可失后，也时不再来。

不过，顺德能在一个县级制造的领域，成就中国乃至全球三大产业集群，看似是无心插柳，但最终"成荫"，有个**本土基因不可忽视，即顺德的移民文化传统**。

《解密顺商》中记载，顺德祖先大多来自中国北方，他们南下躲避战乱，与顺德土著居民往来，带来了中原先进的生产技术。中国历史上历次人口大迁徙，造就了顺德复杂的移民社会融合："顺德不少姓氏都来自不同省份。如龙山排沙左姓来自江西。桂洲陈姓来自浙江宁波。冲鹤潘姓来自福建。陈村的云姓甚至是蒙古人。"⊖

这样的移民轨迹进入现代后依然未终止。

20 世纪 80 年代起，随着顺德大量引进外地人才，移民开始源源不断涌入顺德。虽然顺德依然以本地人为主，但是已经呈现出现代移民社会的特征，成为一个"半移民城市"。

一个移民社会，势必更开放，更不论出身，对外来的人与事更具包容性。这使得顺德产业集群与中国其他地方的产业集群，比如浙江产业集群有显著不同。后者依靠血缘、乡缘、业缘，如同滚雪球般"抱团"形成一个紧密的产业链条，共生共荣，而顺德产业集群中的企业，则没有如此紧密的结盟，而是非常擅于借助外力和外来人才，用合作来弥补

⊖ 顺德顺商发展研究会. 解密顺商 [M]. 广州：广东人民出版社，2013.

自己的不足，比如依靠产业集群，做大专业市场，吸引外来资本和人才进驻产业链。乐从镇当年之所以坚持上马规模化、专业化的市场，就是因为顺德人骨子里觉得"一家一户、散兵游勇是成不了大气候的，一人一桨怎么经得起大风大浪？"

顺德三大产业集群的发展都依赖于此，呈现出开放包容、兼具天下的霸气格局。

一方面，顺德产业集群本着"移民社会"的特性，保持对外的开放性，允许本土乃至外来的新企业不断进入；另一方面，则是"谨慎竞争""同行之间互视为竞争对手，密切关注同行企业的产品质量、价格、技术和客户群，一旦发现同行的变动，迅速做出反应。"㊀

不过，同行之间的"谨慎竞争"，并不适用于顺德产业集群里，那些主要龙头企业的衍生企业和配套企业，它们有更强烈的本地色彩。顺德不少家电配套企业的创办者，"往往是工友、师徒、亲戚、朋友""一个人办了工厂，就拉另外一个人为他做配套产品"。

如今生产电子智能门锁的必达公司创始人陈伟禧，起初做模具。后来一个熟悉的电器厂对他说："既然我的模具你都做了，你干脆用这个模具把我要的塑料配件也一起做了。"从此陈伟禧开始生产家电配件，特别是空调配件，赚取了创业所需的资本。

在顺德产业集群中，这种本地配套企业往往以亲情或人情等社会关系为纽带，稳定，而且高效，极富竞争力。㊁

改革开放 40 年后，顺德拥有的三大产业集群的积聚，已经达到了中国"县级制造"的巅峰。

所谓"高处不胜寒"，顺德"两家一花"的风光，在这个激烈剧变、不进则退的年代，其实稍有不慎就是"镜花水月"，规模越大，越容不

㊀ 顺德顺商发展研究会. 解密顺商 [M]. 广州：广东人民出版社，2013.
㊁ 林德荣. 中国千亿大镇 [M]. 广州：广东人民出版社，2010.

得半点差池。

顺德三大产业集群，几乎前后脚，都经历了白手起家的艰辛、发展壮大的欢畅，以及做大后面临结构调整，不得不转型升级的战战兢兢，因为退一步就极可能是万丈深渊。

关于产业集群衰退后的结果，迈克尔·波特曾提出过预警："很少有产业在失去竞争优势后，还能重回领先宝座。"

产业升级

推动顺德产业集群升级，成为顺德经济发展重中之重。

《顺德区国民经济和社会发展第十三个五年规划》中，产业集群升级成为重点专项规划。该规划提出，要放眼全球，积极融入世界产业分工网络，促进产业链向高端发展。为此，要发展智能制造、绿色制造，强化工业基础，提升品牌质量。

顺德"两家一花"产业集群，都面临着一条相同的"微笑曲线"。

这是宏碁电脑董事长施振荣曾经提出的一个企业竞争战略。微笑曲线左端代表技术和专利，中间段代表组装和制造，右端代表品牌和服务，而连接这几个点的曲线代表着附加值。这个曲线看上去就像是一个微笑的符号，越靠近中段，越靠近曲线底部，说明附加值越低。因此，要增加企业的附加值，必须向技术、专利、品牌和服务努力，而不是一味埋头组装和制造。

从表面上看，顺德三大产业集群几乎毫无干系。其生产方式、产品形态乃至销售渠道大相径庭。但是，发迹于小镇的"两家一花"，从事着影响力日渐式微、利润渐渐稀薄的传统制造业或者传统种植业，其实都面临着"低附加值"的难题。

"微笑曲线"低附加值，具体到顺德家电企业是"两头缺憾"，一头是企业缺少自主知识产权的核心技术，技术上严重同质化，生产工艺抄袭和模仿者众多，很容易陷入价格战的恶性竞争，产业利润急剧下降；另一头则是品牌战略意识缺乏，品牌影响力较弱。《解密顺商》一书解构了顺德家电业面对的主要难题，特别提及顺德家电品牌建设的重要性，因为"青岛家电企业的数量虽不及顺德，但家电经济总量已超过顺德，品牌仅一个海尔就超过美的、科龙、容声、万家乐、格兰仕5个品牌的品牌价值总量。""在海外品牌家电市场上，青岛制造在某种程度上等于中国制造。"○

顺德家具企业的"微笑曲线"洼谷，则体现为原创设计的缺乏，抄袭国外设计的现象很普遍，而且对市场变化不够灵敏，对设计潮流和趋势反应迟钝。在网络冲击下，家具实体店销售额下降，家具企业的利润率严重下滑，缺乏创新能力的家具企业濒临倒闭。

顺德花卉企业的"微笑曲线"与前者大同小异，表现为自主研发能力有限。"花卉业真正的优势是品种。"随着花卉技术的进步，花卉产业对自然条件的依赖度越来越低，但对花卉研发技术的依赖度越来越高。缺乏核心技术，就意味着缺乏真正的竞争力。

总之，无论顺德"两家一花"达到什么样的产业规模，只要没能达到微笑曲线的高端，无论是家电王国、家具王国还是花卉王国，都会时刻面临被赶超的风险，而且容易被自己处在生产链条的低端地位所拖累。比如土地成本、人力成本和环保成本暴涨，密集劳力型企业向外转移，汇率大幅波动，中美贸易开战，以及传统出口地区经济不景气，乃至中东油价下跌，都会对"两家一花"企业造成严重的损失。

根据《南方都市报》的报道，曾经是明星企业的广东安博基业电器有限公司因为债务纠纷倒闭，此时距离它于2014年9月被评为"龙腾企业"只有短短四个月。

○ 顺德顺商发展研究会. 解密顺商[M]. 广州：广东人民出版社，2013.

"龙腾企业"是顺德政府从全区两万多家企业中筛选出的300多家优秀企业，其纳税总额超过全区税收总额的一半。

安博电器以代工为主，曾经为TCL代工冰箱。根据家电业界人士透露，代工一台冰箱，利润在50元到100元之间。因为利润太过稀薄，市场寒冬来临之际，安博电器资金链很快断裂，几乎欠了所有原料商的货款，弹尽粮绝之后，不得不关门大吉。

无独有偶，顺德杏坛一个家具厂突然倒闭，老板欠薪77万多元后跑路。这个厂主营高端家具，部分产品销往俄罗斯。结果俄罗斯经济形势不佳，订单频繁被退。再加上建设新厂，各种因素导致家具厂资金周转不灵，只能歇业。

2014年下半年起，顺德企业倒闭的消息开始见诸报道。

一方面，顺德凭借"两家一花"三大产业集群的积累，仍然有着骄人的GDP业绩；但另一方面，"微笑曲线"的低端困境已经迫在眉睫，粗放式经营的企业面临出局。

无论是自主迸发还是潮流驱动，40年后，顺德这三大产业集群已经全部走向了全球高地，而在国际化的竞争洗礼中，寒冬也许会突然来袭。

"敢为天下先"的顺德人当然不会坐以待毙。

顺德区"十三五"规划，对产业集群升级做出了明确的路径指引。

比如，指导家电应向智慧家具、智能家电转型，要突破变频技术、制冷技术和智能控制技术等关键核心技术，在家电制造高端成套装备和生产线中推广应用物联网、智能控制、工业机器人等技术。

具体到家具制造，则应以技术升级、安全生产和节能减排为方向，符合市场需求，大力发展创意家具、高端家具和功能性家具。"十三五"规划强调要强化产业间产业链的融合发展，"促进龙剑家具制造、乐从家具展贸、勒流五金、伦教木工机械、涂料化工等家具关联产业协同发展"。

至于花卉产业，"十三五"规划提出要加快发展特色新型农业，比如应加快以陈村花卉世界为代表的花卉苗木生产基地建设等。

"两家一花"开始迅速向"微笑曲线"的价值链高端延伸。

实践中，顺德家电求助于新兴产业，不断推动物联网、新型显示器件、LED、太阳能和新材料等新兴产业与家电产业融合发展，同时加强产业战略布局，发展总部经济、工业设计、电子商务、现代会展等现代服务业，目的是以智能制造为核心，"围绕产业链强化创新链，围绕创新链，补齐金融链和人才链"。

"带头大哥"美的集团又先行一步。它把 2011~2015 年定为美的集团的"转型升级年"，进行"智能制造""产融结合"的产业新布局。此后，便开始攻城略地。

根据美的集团 2017 年发布的年度公报，美的在过去 5 年投入研发资金超过 200 亿元，已在包括中国在内的 9 个国家设立了 20 个研究中心，研发人员整体超过 10 000 人，外籍资深专家超过 300 人。

投入就有收获，美的在家电领域的发明专利数量连续三年稳居全球第一。

美的最大的手笔当然是收购德国机器人巨头库卡。2017 年 1 月，美的宣布收购完成，持股 94.55%，美的由此一跃成为全球机器人及自动化领域的领军企业。

顺德家具产业则针对创新乏力的现状，设法引入国际设计资源，提升产品的国际竞争力。乐从镇正从"家具商贸之都"向"家具设计之都"转型。

顺德区家具协会在 2017 年年底的总结中说："尽管'山寨'是一直萦绕在中国制造头上挥之不去的乌云，但其实我们的企业一直有着求变创新的内在驱动。"

该协会积极打造行业研发平台，与华南农业大学合作，共建木材及木制品检测站；与华南智能机器人创新研究院合作，共建智能制造工程示范基地；与阿里巴巴合作，共同推进外贸本地化服务中心建设；还引入环保管家，提供环保设备、环保检测、危废处置等方面的资源对接服务。无论是政策要求还是企业社会责任的担当，环保合规都是未来家具企业的大趋势。

顺德花卉行业正努力向国际先进标准靠近，鼓励花木企业研发和科技创新，开拓新品种、新技术、新种植方式、新运营模式，并建立更严格的产业标准。

2015年起，顺德区政府联手顺德出入境检验检疫局，构建运行质量安全标准化、疫情疫病控制、农业化学投入品控制、质量安全追溯等八大质量体系，使顺德花卉品牌形象明显提升，2016年成为国家级出口种苗花卉质量安全示范区，这将极大推动顺德种苗花卉的出口，特别是如蝴蝶兰这样附加值较高的花卉。

此外，"千年花乡"还要讲好花的故事，大力发展花卉生态旅游，形成"花市、花业、花艺、花展和花赏"的立体组合。

陈村镇的下一个梦想，是成为全球花乡、全球花卉制造高地，户户皆花，人人懂花。有人提议，在当地中小学开设花卉选修课，把千年的种花传统延续到下一代。

顺德的"两家一花"各自奋战在"微笑曲线"上，而且越来越彼此靠近。

产业与产业间，纵横联合，互相借力，无限延伸。

"顺德家"是获得政府支持与授权的顺德品牌集群营销推广平台，2017年6月推出，目的是把"两家一花"的品牌产品组合销售，利用产业网络，打造顺德品牌的"互联网之家"。

"顺德家"首席执行官李结林解释为何"抱团"，因为同一个客户买家具可能只买一次，但是买完家具后还可以推送地板，买地板后可以推送家电，买家电后可以推送花卉……

2017年9月，顺德区泛家居联盟商会主办的"全球家·中国造·走出去——中国家居品牌走向世界高峰论坛"在上海举行，顺德家电行业从此纳入"泛家居"概念，对外亮出"顺德家"的国际名片。

"两家一花"还衍生出了新的产业集群，即顺德工业设计产业集群。

2009年1月，广东工业设计城开园，北滘镇的一处旧厂房翻新重建，迎来了几十家设计企业，重点面向顺德"两家一花"产业，进行跨界融合，实现设计与相关产业的协调共生。

2012年12月9日，中共中央总书记习近平到访广东工业设计城，参观后留下了"希望我下次再来的时候，你们这就有8000名设计师了"[⊖]的寄语。

如今，广东工业设计城已聚集设计研发人员超过8000名。根据广东工业设计城官网发布的数据，该园区已有253家设计企业进驻，拥有中国工业设计十佳设计公司3家，拥有发明专利和授权专利3191项，创新设计产品转化率近85%，累计设计服务收入近30亿元。

2017年，广东工业设计城更荣获21项国内外设计大奖。

顺德从一座以工业制造闻名的"硬城市"，转变为一座以设计为傲的"软城市"，业务范围从"两家一花"延伸向珠宝、机械等，服务对象则从珠三角拓展至全国制造业，开始执中国工业设计产业之牛耳，并更新着中国工业设计的服务理念。

在广东工业设计城2018~2020年的三年规划中，包含有一个愿景，即要引导家电、家居的龙头企业分离研发设计机构，既为母体企业设计业务，也提供社会化的设计服务。通过鼓励工业设计在城市公共设施、社会民生、社区营造等领域的应用，实现工业设计文化共享。

⊖ http://www.chinanews.com/gn/2012/12-12/4403352.shtml。

早在 1990 年，迈克尔·波特在《国家竞争优势》一书中，就描述过一个产业转入另一个产业的积极作用："创新的气氛随供应商和客户的关系快速地扩散，自然形成了产业集群内的关联，因此也带来新的竞争观念和新的机会。新人与新智慧出现新的组合。"⊖

展望将来，顺德"两家一花"以及由其衍生的产业集群，是否能够最终抵达"微笑曲线"的制高点？

2018 年 3 月，"两家一花"中最靓丽的王牌企业美的集团，在美的 50 年庆典之际，交出了一份最慷慨激昂的年报发刊词，作为迈向未来的动员令：

"于人而言，五十已知天命，不再怨天，不再尤人，也不会懈怠。

要做基业长青的企业，更应顺应时代，志存高远，重拾创业信心、创始人精神，勇担时代使命。

时代的巨变超乎想象，2000 年以来，《财富》500 强中有一半已经从榜单消失了。2017 年，一大批曾经辉煌的明星企业跌下神坛。在时代巨变的潮流之中，美的必须保持谦卑与敬畏之心，勇于变革创新，才能避免被时代洪流淹没的命运；必须时刻怀有进取之心、创业与奋斗者精神，才能践行梦想，摒弃平庸。

今日美的需要静水深流，像亚马逊河一样表面平静，水下波涛汹涌，滚滚向前；今日美的不仅要仰望星空，更要脚踏实地，积跬步，行千里。"

美的 2017 年年报说："凡是过往，皆为序章！"

回望百年，身为中国最具冒险精神的县级区域，顺德又能否突破产业的兴衰周期，不惧大时代的坎坷迂回，跋涉低谷，从一个顶点走向另一个顶点？

顺德没有标准答案，只有标准的顺德式奋斗。

⊖ 迈克尔·波特. 国家竞争优势[M]. 李明轩, 邱如美, 译. 北京：中信出版社, 2012.

第十四章　社会的归社会

民生为上

"顺德从'万能政府'变'有限政府'。三大改革探路社会管理创新。"这是 2011 年 10 月 13 日,《南方日报》刊登的一篇文章的标题。这三大改革是指自 2011 年 8 月起,顺德开始陆续启动的行政审批制度改革、农村体制改革,以及社会管理体制改革。目的是要改善民生,使顺德城乡居民都能够平等地参与现代化进程,共享顺德经济腾飞的改革成果。

顺德人在经济的高速列车奔驰 30 年后,率先意识到一个幸福社会的前提:不能够为了建设而建设,不能够为了发展而发展。

2011 年注定是顺德改革开放史上不平凡的一年。已经深入顺德人骨髓的改革 DNA,再一次被调动起来。顺德人要在自我革命的过程里,完成一场更深入的社会革命。身为改革先锋,顺德被广东省寄予厚望。

2011 年 1 月 28 日,广东省委省政府联合下发《关于进一步完善和深化顺德行政体制改革的意见》,确定顺德区为广东省直管县试点,享有地级市的行政执法权限,支持顺德开展综合改革试验。

2011 年 7 月 14 日,时任广东省委书记汪洋考察顺德,要求顺德继续深化体制改革,成为广东省社会建设和社会管理创新的尖兵。

顺德深化改革的步伐就此明显加快，最先启动的是行政审批制度改革。

2011年8月19日，顺德《关于全面深化行政审批制度改革的工作意见》颁布，并很快召开了工作会议进行动员，注重实用，基本原则是"不唯书、不唯上、不违法，全方位再造政府流程，全面提升行政效率"。这是广东省县域城市率先开始的行政审批制度改革，目标是本轮改革减少审批事项30%以上，审批时限缩短50%以上，而且要逐步减少行政服务的收费。比如顺德新建立的企业登记审批，就从平均13.5个工作日一下缩短到4个工作日。

2011年9月29日，《关于深化农村改革 统筹城乡发展的意见》出台，顺德农村综合改革启动，"集中针对农民当前关心的利益调整及历史问题，'对症下药'"，提出建立农村集体交易网络，发展现代农业，探讨多元化征地补偿安置模式，促进农村居民就业等。

2011年11月12日，《关于推进社会体制综合改革加强社会建设的意见》发布。内容包括加大简政放权力度，健全政府购买社会服务制度，推进法定机构试点和事业单位改革，试行参与式公共预算，大力扶持社会组织发展，降低准入门槛，加强公民教育等。

《顺德年鉴2012》中，详细描述了顺德改革攻坚的愿景：

"先行先试，以深化行政管理体制改革和农村改革、创新社会治理和公共服务形式为重点，率先建成有中国特色、国际化水平的政府治理新模式，完善多元化的公共服务供给形式，建设市民满意的公共治理型、服务型政府。"㊀

顺德再一次成为中国深化改革的试验场。"三大改革"犹如三剂猛药，差不多以"一月一大改"的频率推出，且环环相扣、互相配合、互

㊀ 顺德地方志办公室，《顺德年鉴》编辑部．顺德年鉴2012[M]．北京：光明日报出版社，2013．

为掣肘，要医治的是社会病，"意图打通政府与社会间的藩篱，消弭社会体制与经济发展间的差距"，其涉及的社会格局变动之深刻，利益调整之剧烈，都是史无前例的。

其中，社会体制综合改革影响巨大，根据《南方周末》报道，时任顺德区委副书记杜镜初说，"这是三大改革中最具份量，且起到统领作用的重要改革。"改革进入了敏感的深水区，触碰了政社互动的关键。如果改革成功，将可以有效地把政府从不该管、不善管、管不好的领域中"解放"出来。

顺德发出"三大改革"动员令的前夕，即2010年，顺德全区GDP达到1935.6亿元，以一个县域经济的规模，超过了西藏、青海两省（区）的总和。

但是，在经济建设突飞猛进的同时，顺德的社会建设相对滞后，公共管理和公共服务都比较单一，效率低下，居民社会参与度很低，远不能匹配现代城市的发展需求。

《羊城晚报·顺德新闻》曾经组织过"2007顺德市民幸福指数调查"，回收有效问卷12 761份，参与调查的人有大良新滘居委会的百岁老人何志安，也有三洲学校学生，年仅7岁的冯卓莹。对顺德就医环境不满意的人接近三分之一，顺德交通刚刚够及格线。虽然觉得幸福的人占到了71.3%，但是感觉"不幸福"的人也高达28.7%，超过了四分之一，他们无论从职业还是文化程度上，都处于城市相对较低的阶层。

还权于社会

一个创造了中国县域经济奇迹的城市，为什么幸福感并没有人们想象的那么强烈，社会底层的满意度甚至还在不断走低？

改革开放以来，随着乡镇企业的崛起、产权改革等经济改革措施的成功，顺德解放了生产力，经济实力也大增，连续多年在中国县域经济中独占鳌头，但在文化教育、社会保障等方面却始终投入不足，社会利益分配方面的严重不均，导致"城乡发展失衡，社会治理滞后，环境压力巨大"。根据《人民日报》2015年3月发表的题为《凤凰涅槃：顺德全面深化改革与发展转型探秘》的报道，顺德"全区806平方公里，遍布3万多家工业企业，土地开发强度达50%，几乎'山穷水尽'"。

一方面，顺德居民没有能够完全共享经济发展的成果；而另一方面，人们的公民权利意识慢慢觉醒，民众对公共治理提出了更高的要求。

《南方日报》曾专门就顺德社会体制改革话题，发表文章《为何顺德必须转向"小政府大社会"》。该文章指出深化改革的背景之一是："过去市民认为不是问题的问题今天成了大问题，过去政府认为理所当然的事情今天越来越底气不足。市民更习惯选择信访来解决问题，而且形成了'大闹大解决、小闹小解决、不闹不解决、乱闹乱解决'的怪圈。"

据《凤凰涅槃：顺德全面深化改革与发展转型探秘》一文，以花卉生产为名的陈村，曾因为征地纠纷，村民多次大规模集体上访，"该镇越级上访量排名全省第一"。

这并不是顺德一地一城的困境。顺德需要在"公平、保障、贫富分化、区域、环境等社会问题上，平衡经济发展带来的影响"。这也是整个广东省，乃至中国面临的紧迫任务。

中国（海南）改革发展研究院院长迟福林曾基于顺德改革，剖析了国家层面社会创新的意义。他认为，经过30多年的改革开放，我国已经从温饱为主的生存型阶段进入以人的自身发展为主要需求的发展型阶段。"当前公共产品短缺取代私人产品短缺，成为我们社会经济发展的突出矛盾"，是引发群体性事件、突发性事件的导火索。

迟福林认为，进入发展新阶段，各利益群体已经进一步形成，"基于利益关系的社会矛盾和社会冲突,在中国这个特定背景下,利益表达和利益诉求已日益成为全社会一种新的基本的、重要的公共需求。"

"传统的维稳思维面临挑战,政府需要不断强调民生,需要更加尊重公民权利。政府不能再像昔日一样统管一切,需要厘清自身职责,实现自我解放和赋权于社会。"

这是《南方周末》在《顺德:改革"尖兵"的自我革命》一文中的引言部分。

而一个真正"以民为本"的政府,关键是要还权于社会,引进民间的智慧和力量,共同协调社会矛盾。

顺德政府在"放权"问题上经历了一个从量变到质变的过程。

2009年,顺德实施了大部制改革,41个区级部门合并成16个,部分权力下放到镇街,但是政府管理的事务并没有减少,顶多算得上是"物理变化"。

2011年10月24日,顺德召开社会体制综合改革会议,正式启动社会体制综合改革。这才引发了一场由表及里、反应剧烈的化学变化。

2012年8月,《人民日报》刊登文章,题为《顺德:政府向社会放权》,指出顺德"已向社会转移22项政府职能,并将再转移118项"。比如,法律服务、社区事务、公益服务等社会事务管理与服务性职能,业务咨询、资产项目评估、技术性监测检验等市场监督与技术性职能,"都将通过授权、委托等方式,依法、逐步转移给相关社会组织实施"。

时任顺德区委书记梁维东表示:"现在社会发展到了这样一个阶段,经济结构多元,社会结构多元,公众利益和需求多元,公众自主意识增强,这给传统上一包到底的'大政府''全能政府'带来巨大挑战。政府必须简政放权,从大量繁重的具体事务中解放出来。"

只是,权力下放后,又由谁来承接?

"自发组成、自我管理、自我服务"的各类社会组织担当了大任。

顺德通过参评单位自评、专家考察审定、媒体公示等方式，评估出首批 30 家试点单位，作为承接政府转移职能的载体。

这项工作一直在进行中。比如 2015 年，根据《珠江商报》报道，顺德区经济和科技促进局向社会转移包括"中华老字号认定审核"在内的 8 项职能，这些职能分别由顺德区产业服务创新中心、佛山市零售商业行业协会、顺德区电子信息商会、顺德区知识产权协会、顺德区经科中小企业服务中心以及佛山市康诚会计师事务所有限公司等 6 家单位承接。

针对民间组织注册登记困难，必须要找个上级主管单位担任"婆婆"的现象，顺德一步到位，建立了社会组织直接登记制度，规定除了民办教育机构和医疗机构，其他社会组织均可直接申请登记为独立法人机构。政府还将重点扶持行业协会商会、公益及慈善类社会组织、社区社会组织，"建立社会组织发展专项资金，列入财政预算，并在税收、捐赠等方面给予倾斜，探索建立社会组织发展定向捐赠制度"。

根据《顺德年鉴 2012》，顺德推进社会体制综合改革后，"是年新增登记社会组织 80 个，社会组织总数达 693 个，其中社会团体 386 个，民办非企业单位 307 个，行业协会商会 47 个"。这些社会组织覆盖了经济、科技、建设、文化体育、社会福利等领域。

2012 年春，三级社会创新服务体系在顺德起步，即区社会创新中心、镇街社会服务中心和社工机构。

顺德现代社工制度初现雏形。根据《珠江商报》报道，2011 年 11 月 12 日，"大良、乐从、容桂等镇街分别与启创、君行等顺德本土社工机构签订购买社工服务协议，此举是政府集中向社工机构购买公共服务，让专业社工机构参与社会管理和公共服务的一大探索。"[1]

---

[1] 顺德地方志办公室，《顺德年鉴》编辑部. 顺德年鉴 2012 [M]. 北京：光明日报出版社，2013.

比如，容桂率先实现26个社区（村）社工服务全覆盖；容桂伍威权庇护工场成为首家残疾人庇护工场，为青少年、残疾人、老年人、外来工等提供服务。

顺德借鉴新加坡和我国香港的经验，让"社会'挑担'，基层自治"，形成"多元共治管理格局"。

作为顺德社会治理改革的先驱，容桂青少年成长促进会就是顺德青年企业家参与社会治理的典范。这是顺德第一个由顺德青年企业家自发筹资成立的社团、第一个与政府合作共同参与社会治理的社团、第一个以NGO身份介入公办幼儿园管理的社团，负责对幼儿园日常管理工作进行"非谋利性监管"，使得幼儿园条件改善、教育水准提升，七年内教职工工资翻倍，备受幼儿家长青睐。

创会会长佘永亮曾解释自己投身公益事业的原因："其实做事情做到最后就是做人，社会要进步发展，无论富人还是穷人，都不能独善其身。"

在中国的一个县域内进行这场关于社会体制的革命，前无古人。但也正因为如此，顺德重任在肩。因为这是中国最具样本意义的基层一级政府，负有直接联结政府与社会，直面民生问题的使命。倘若县级社会体制改革模式成立，中国改革的前途不言而喻。

郑永年教授认为，"在很大程度上说，经济、行政和社会方面的改革意义已经超越了它们各自的领域，而具有了非常重大的政治意义。无论成败，广东的改革都关系到国家的未来。"

顺德人再一次把目光向外。如果说顺德第一次经济起飞，是借助了毗邻港澳的优势，从技术、资金到经营管理理念，香港都是顺德的样板，那么这一次，涉及社会深层的改革，顺德人仍然是"以港为师"，同时还求教于社会治理堪称典范的新加坡。

根据《南方日报》的报道，2011年8月7日至20日，顺德选派了

20 人远赴新加坡进行了为期 14 天的集中培训，要求学习时结合新加坡经验与顺德区域特色，拿出顺德解决方案。

同年 9 月，顺德政府又陆续两次派出考察团赴香港，学习香港的社会建设和管理创新工作经验。根据《南方周末》刊登的文章《顺德：改革"尖兵"的自我革命》，当年来自顺德各部门、镇街的官员考察了公司注册处、消费者委员会、新界乡议局及其下辖乡事委员会、香港房屋委员会等 20 多个机构。大家很有感触。

香港的法治、社会参与度、权力的相互制衡给顺德官员打开了一扇窗。

考察归来后，一份 15 页的《香港社会建设和管理创新考察报告》形成，文章开头就发起设问："香港特区政府的社会管理工作，其理念是以人为本、追求公平与正义，构建起法治管理、民主政治、小政府大社会的多元化服务型政府。香港何以做到？"

"请进来"指点

除了"走出去"反思，顺德还努力"请进来"指点。

2011~2013 年间，就顺德深化改革议题，顺德请来各地专家"汇聚顺德把脉支招"，新加坡、我国香港以及内地的知名学者，包括郑永年、梁祖彬、孙立平、党国英、迟福林等在内，大批来自海内外社会思想前沿以及实践一线的公共知识分子，纷纷为顺德社会体制改革贡献思路，以及分享典型案例，比如举办顺德首批法定机构借鉴香港经验讲座，介绍香港社会福利及政府购买服务等。

这场以顺德为中心的智囊头脑风暴中，香港大学社会工作及社会行政系主任梁祖彬直言，社会管治的落后，会带来社会的危机。要跳出中等发达国家陷阱，改革要能够带来一个平衡发展、包容性发展的社会环境。

清华大学社会学系教授孙立平一直积极关注顺德社会创新,他简明扼要地提出,建设一个好的社会,才是社会管理的真正目标。什么是好的社会?孙立平说:第一,要解决民生问题。"我们的经济已经快速发展了30多年,现在到了用经济发展成果来改善人民生活、改善民生的时候了。"第二,要有公平正义。老百姓摊上事,应有说理的地方。要建立积极的社会管理,核心是法治。孙立平表示:"积极的社会管理强调的是将来要实现官民公治,得把社会自我管理能力逐步培养起来,把社会形成自我秩序的能力培养起来。"

顺德立即学以致用,将公共服务型政府、法定机构和咨询制度等"香港元素"引入顺德社会体制改革方案,这"对从计划经济时代留存下来的传统体制造成了巨大的震撼"。

顺德改革中,富有标杆意义的行动措施包括:

(1)加大公众对于财政决策的参与性。

2012年,顺德在全省率先开展参与式预算项目,"政府的钱,百姓说了算",经过多年实践摸索,参与式预算逐渐成熟。2018年度,21个单位的38个项目,预算总额高达20.15亿元,包括群众文化事业、电子商务、学前教育三年行动计划等。顺德市民可以通过手机和电脑登录网络评议平台,就该项目发表自己的意见,相关部门会搜集这些意见,提交给区政府,作为人大审议项目预算时的重要参考。

(2)为加强政府和社区的互动,建设了三大平台,"为社会各界参与公共事务和改革创新拓宽渠道,使公共决策和社会管理能够更大程度地汇聚民智、体现民意"。

第一个平台是党代表工作室。党代表、人大代表、政协委员会一起定期到党代表工作室听取民意。这是仿效香港的做法。在香港,每个议员代表都设立了工作室,并且经常与社区沟通。顺德区"以党代表工作室为抓手,搭建'知党情、听民意、促和谐'的平台,引导职能部门主动把资源下沉,促使党代表深入基层,接地气、得民心"。

根据《珠海商报》题为《收集群众意见超 10 万条,办结率超 98%》的报道,如今,顺德已经建有 247 个党代表工作室,每周至少开放一次,在收集民意上实现了"全区全覆盖"。工作室不是摆设,党代表要不少于 6 次到工作室履职,镇街领导一年不少于 12 次,"主动下沉到群众身边听意见解难题的事情,在顺德几乎每周都在发生"。

比如 2017 年 2 月,有村民向逢沙村党委领导及驻村团队反映,位于逢沙村宅基地通往南国路东延线的 T 字路口,与该处的红绿灯控调头位相距约 70 米,布置不合理,居民出行心惊胆战,后经与大良交警部门多次协调,将该路口进行改造,居民出行安全了,对党和政府的满意度大大提升。

第二个平台是公共决策咨询机构,吸纳社会精英参与公共事务。这是借鉴香港的精英辅政和公众咨询经验。比如 2012 年 11 月成立的第二届顺德区决咨委中,36 名委员就包括新加坡东亚研究所所长郑永年、独立学者李少魁等。委员平均年龄为 46 岁,分别来自经济、社会、城建、文化、法律、医疗等不同领域。

顺德的民间力量从来都很强大,早在 2010 年 9 月,顺德就成立了全国第一个县域公共决策咨询机构,即顺德区公共决策咨询委员会。《珠江商报》于 2013 年 12 月刊登了一篇题为《巧借"智力源",促综合改革》的报道:"区决咨委共提出各类意见或建议 1000 余条,其中半数以上被党委政府采纳。"

通过举办决策咨询会、座谈会、委员访谈会以及书面咨询意见,民间力量可以对顺德政务"指手画脚"。"这对辅助决策和社情民意征集、政府与社会的沟通、知识与公权力的连接都起到很好的作用。"

推行社会综合体制改革后,顺德公共决策咨询机构得到了大发展。

根据《珠江商报》的报道，顺德区镇两级共有决策咨询机构达到30多家，"大到城市建设、财政预算，小到一条人行天桥的兴建，都会听听决咨委的意见。"提交决咨委讨论的公共事务，还有五年规划纲要、中国南方智谷建设等更高层面的决策建议。

顺德政府曾出台一项政策，扶持企业工业设计，但是没有充分顾及中小企业。区决咨委委员、广东宝丽雅实业发展有限公司董事长叶中平在决策咨询会上提出异议。他认为，该政策没有具体规定，扶持资金可能都流向大企业。他建议附上两个条件，"50%的钱要用于中小型企业，限定每家企业获支持不可超过20万元。"叶中平的意见被采纳了。

2015年，顺德"公共决策咨询委员会制度"获得"2015年度中国政府创新最佳实践奖"（由北京大学中国政府创新研究中心主办）。

第三个平台是在法定机构和事业单位建立的理事会，以此为平台，引入社会精英直接参与公共事务决策。官方人士、社会贤达、专业人士共同参与。

"法定机构"也是直接引自我国香港和新加坡的经验，"是根据特定的法律、法规或者规章设立，依法承担公共事务管理职能或者公共服务职能，不列入行政机构序列，具有独立法人地位的机构"。法定机构拥有人权、财权、管理自主权。美国称为"独立机构"，英国称为"执行局"，在日本则被叫作"独立行政法人"。⊖

顺德先后成立了五家法定机构，即区社会创新中心、文化艺术发展中心、人才发展服务中心、产业服务创新中心、城市更新发展中心，"以市场化运营模式拓展社会治理、文化服务、人才引进、产业创新服务、城市更新'三旧'改造等公共服务，这也成为全国县区级行政区域

⊖ 顺德地方志办公室，《顺德年鉴》编辑部. 顺德年鉴2012 [M]. 北京：光明日报出版社，2013.

的首创"。

顺德区政府绩效评议，法定机构几乎都是打头阵，其中的社会评价部分，可直接由网民打分。比如2016年的网络评议，面向公众的网络问卷调查内容包括对收费是否满意，对服务是否满意等。三年下来，五家法定机构的绩效评价平均分为90分，总体评价为优秀。有网民给人才发展服务中心点赞，因为这名网友刚刚出来工作，得到过人才中心的帮助。

小政府、大社会

《人民日报》在《凤凰涅槃：顺德全面深化改革与发展转型探秘》一文中，对顺德全面深化改革，开创协同治理新格局的做法进行了积极评价："市民广泛参与，决策治理透明，社会矛盾减少，市场活力增强，向'小政府、大社会、好市场'目标逼近。"

这篇发表于2015年3月的文章指出，"顺德群众越级上访量下降90%。"

如何从"富裕顺德"走向"幸福顺德"？

不论是多么轰轰烈烈、深及骨髓的社会体制改革，最终都会落地在社区。

随着中国社会的剧烈变革与转型，单位体制瓦解，传统村落共同体功能丧失，社区成为社会治理的基本单元，也是中国社会矛盾最为集中的地方——犹如干柴烈火，稍有不慎，就容易引发群体事件，引爆舆情。"经济、社会的快速发展将社区推到了社会问题的焦点。"

承载了政府职能的大量独立的公共组织，进驻社区后，推动居民参与社区的公共事务，帮助解决各类社会矛盾，在社区营造方面的作用越来越重要。①

"社区"最早由德国社会学家滕尼斯提出,源自英文community,其含义是共同体和亲密的伙伴关系。该词最早传入中国时被译作"地方社会",费孝通将之翻译成"社区"。

费孝通认为:"联系着各个社会制度的是人们的生活,人们的生活有时空的坐落,这就是社区。"在当今中国,"一般来说,人们都把一个街道或居委会所涉及的辖区范围视为一个社区。"②

近年来在中国发展迅速的社区营造,借助于社区内部力量,组织社会资源,通过社会精英人士的志愿服务,推动社区居民进行互助与合作,"自组织、自治理、自发展",解决社区问题,实现社区治理创新。

社区营造源于英国,"其前身可以追溯到20世纪初的睦邻组织运动",社区营造"广泛实践于日韩,后被引入我国台湾地区"。③

与海外社区营造"自下而上、自主发展"的理念不同,顺德社区营造有着自身特色,是与政府"协同共营"的模式,政府仍然要从"统筹协调、财政补充、引导、理念推广、技术支持"等各方面提供协助,因为顺德社区营造的发展仍然有一定的官方色彩。政府和社区民众一同成为社区发展的驱动力。

2012年7月,顺德区社工委成立,社区营造由顺德区社工委主导推动,通过其政策执行机构,即顺德区社会创新中心来具体执行落实,通过社区、社会组织和社会工作专业人才"三社联动",一起推动社区建设。顺德社会创新中心在社区建设方面,一直扮演着"教练"和"媒人"的角色。一方面引入新理念,教导新方法;另一方面则搭建平台,实现资源对接。

---

①② 王颖,杨贵庆. 社会转型期的城市社区建设 [M]. 北京:中国建筑工业出版社,2009.

③ 尹广文,彭振芳,梅文馨. 社会组织参与社区治理体制创新研究 [M]. 兰州:甘肃文化出版社,2016.

2013年起，顺德开始在农村社区、城乡结合社区、城市社区中推行社区营造试点工作。

伦教仕版村是顺德第一批社区营造试点。

伦教社会建设一度严重滞后于经济建设。随着城市化进程的加速，伦教村居有"空心化"现象，大量农村人口非农化造成"人走屋空"，留下的人则出现老龄化、贫困化现象。

伦教农社局副局长邓智泉在接受顺德区社工委刊物《顺德社区发展动态》专访时表示："多数农村因种种原因沦为简单的居住共同体，而传统的生产共同体、利益共同体、情感共同体正日趋弱化。此时引入社区营造，正好修补了社会建设的短板。"他认为，当前最迫切的任务就是"重建社会信任、恢复友善、村居善治"。

伦教社区营造项目选择了仕版村。这个项目获评2013年顺德区社会创新项目，获得顺德社会创新中心的重点扶持，由非营利组织，北斗星社会工作服务中心承接服务，并于2014年12月开始运营。

北斗星社工由华南农业大学公共管理学院张兴杰教授等，联合校内外30多位专业人士成立。该机构的愿景是"致力于创办一个有信念、有灵魂、有良知、有专业操守的服务创新型一流社工机构"。

仕版村位于伦教街道西南部，文化历史悠久，其名字来自御赐"孔恩正寝，仕途之版"牌匾的传说。

社区营造团队先从文化保育入手，整理村史故事，发掘城隍文化、祠堂文化、农耕文化，并调动村民积极参与。

社工将村内热心长者组织起来，组成村史保育导赏小组，口述村史，并带着访客们导赏仕版的村史文化，"那些几乎被人遗忘的村史在他们口中重新说出来时，他们仿佛换了一个人，变得更加自信和风趣。"

村民们制作了村史小册子、绘制了村史墙画、拍摄了村史微电影《仕版，我们的家》，荣获"中国首届社工微电影大赛"全国30强。

在这部由村民们自己主演的微电影中，记述了仕版村村民从漠视到围观，到热心参与社区营造的全过程。仕版有很多的祠堂，在伦教数一数二。社工将村民们组织起来"逛仕版"，看祠堂，找水井，一起画仕版村旧地图。村民们被社工引导，以一个崭新的角度来看自己生活许久的村庄，带来很多美好回忆，引发了情感共鸣。一位老伯说："以前，我觉得村里的事和我没关系，但现在我不这么认为了，村里的事就是大家的事。"

社区营造团队还为仕版打造了专属的邻里节，因为本地发音中，"薯"和"仕"听起来很像，所以邻里节被冠名为"薯粉节"。根据《顺德社区发展动态》中《仕版：搭载生活记忆的农耕文化再开发》的记述，"薯粉节"设立了舞台表演、跳蚤市场、互动游戏等。村民们已经连着三届参加，对邻里节日认可度越来越高，增加了社区归属感。

此外，社区营造团队还特别注重村内的环境，推动外地人和本地人的融合，让异地务工人员和本地村民一起"共享福利、共建社区"，还关注社区的弱势群体。比如2018年6月15日，这里就举办了"粽有温情在"联欢活动，邀请环卫工人一起包粽子过端午节，一共包了260只粽子，平分给了仕版村的30位环卫工人。

而社区营造团队最具创造力的，则是重新开发搭载着仕版人世代生活记忆的农耕文化，引导8位村民建立了仕版梦乡园合作社，将1.5亩的荒地改造成生态体验基地，开展"做回农夫"公益蔬果园项目，还开发了"蕉蕾茶"。

蕉蕾是香蕉的花蕾，原本是要被舍弃的。但是村民们获得了专业配方，经过采摘、清洗、切碎、晾晒之后，就变成了很有特色、可供销售的蕉蕾茶。

仕版村变样了，村民们心齐了，就像微电影中的村民所说的："社区的事不再只是社区的事，社区所发生的事都与我们息息相关。只要大家愿意去做，社区会变得更加美。"

如今，仕版村生态农业已经小有名气。社区营造团队因势利导，"利用仕版的生态、文化资源优势，打造了结合农耕文化、城隍文化、蕉产业文化、河流和扒艇文化的生态观光体验路线，让这些正在凋落的生态、文化，通过创新的形式引导村民重新去探讨和守望"。

郑永年教授认为，广东的社会改革条件优于其他地区，广东已经进入了中等收入阶段，为社会体制改革奠定了物质基础。"小政府、大社会"有可能出现"强政府、强社会"的理想状态。

在伦教仕版村这个小小的村落，政府和社会组织，社工和村民，都强壮起来，获得了共赢的结果。

顺德民间力量进一步壮大。根据《顺德年鉴2017》，顺德经核准登记的社会组织有1526个。35个社会组织可优先获得政府购买服务。

顺德社会创新中心则因为出色的社会创新实践，获得2016年度中国慈展会"社会价值投资人（社企平台服务支持机构）"和中国国际城市化发展战略研究委员会颁发的"2015年中国城市化影响力机构"称号。[一]

《顺德区"十三五"规划》中，社会服务建设成为重点专项。顺德提出的一个更高目标是，"在回应困难群体、老年人、未成年人、外来务工人员、残疾人、妇女儿童等弱势群体照顾需要的同时，注重分担普通家庭的照顾压力，改善居民的生活品质。"

"以人为本、改善民生"成为"十三五"顺德区社会服务建设的第一条基本原则。在砥砺奋进40年之后，顺德**再次回到了"改善民生"的原点**。

[一] 顺德地方志办公室，《顺德年鉴》编辑部. 顺德年鉴2017 [M]. 北京：光明日报出版社，2017.

第十五章　政府的归政府

城市化

"20世纪80年代末，我跟一位香港乡亲说，顺德要申请建市。当时我们正在凤山路散步，他说，顺德一盏红绿灯都没有，怎么叫城市？一语惊醒梦中人，我们后来就陆续建红绿灯，建垃圾厂。"这是曾主抓顺德城建工作，时任顺德县副县长的刘世宜对这个城市的回忆。㊀

"最好的农村，最差的城市"，城市化明显落后于工业化进程，这曾是改革排头兵顺德的尴尬。

《先行者的30年》一书中，梳理了顺德城市化的隐痛："一是建设分散，规划上有中心城区，但建设上还是以镇为主。一些单体建筑很漂亮，但整体欠缺，'诸侯经济''马路经济'特征明显，城市形象不突出。""二是工业分散，遍地开花。"

当时的珠三角城市，尤其是包括顺德在内的广东"四小虎"，都是以镇为主发展的农村工业化，好处是城乡差别不大，达到了所谓的"城乡一体化"，坏处是"城中有乡，乡中有城，城不像城，乡不像乡"。走在城市里，完全没有城市的感觉。

㊀ 招汝基，邓俭，李允冠，杨文灿. 先行者的30年：追寻中国改革的顺德足迹[M]. 北京：新华出版社，2008.

时任顺德市市长冯润胜则认为，顺德是"有城市，无中心"。他们为此曾专程带队，到深圳、苏州、台州、杭州一带参观，受到的震动很大，决定要向深圳学习。

2000年10月，顺德召开市委九届五次全体（扩大）会议，"提出顺德必须从城乡一体化转移到城市化上来，集中力量建设中心城区和镇级集约工业区，将顺德建设成为现代化花园式的中等河港城市"。㊀

什么是"城市化"？"较早提出这一概念的埃尔德里奇（H. T. Eidridge）认为：人口集中的过程就是城市化的全部含义。而日本森川洋认为，城市化主要是指农村居民向城市生活方式的转化过程，反映为城市人口增加，城市建成区扩展，景观、社会以及生活方式等城市环境的形成。"㊁

改革开放前，顺德城市化进程缓慢。新中国建立时，顺德县城大良城区面积仅1.6平方公里，1991年才扩展到5.5平方公里。顺德城市建设数得上的是1959年落成的县人民礼堂。这座礼堂坐落在环城路侧的钟楼岗上，薄壳拱顶，高25米，内部可容5000人开会，建筑面积共14 100平方米，是当时全国最大的县级会堂。㊂

20世纪80年代到90年代，是顺德城市化的初级发展阶段。顺德乡镇企业迅速崛起，吸纳了很多农村剩余劳动力到工厂务工，成为农村"隐形城市化"的主要推动力。顺德很多镇都变成了重点工业镇，"村村点火，处处冒烟"，大量的乡村区域工业化，使得城乡一体化成为顺德城市发展的主要模式，不过这也导致了"弱中心"与"强镇区"的混合。

㊀ 招汝基，邓俭，李允冠，杨文灿. 先行者的30年：追寻中国改革的顺德足迹[M]. 北京：新华出版社，2008.

㊁ 顾朝林，于涛方，李王鸣. 中国城市化格局·过程·机理[M]. 北京：科学出版社，2008.

㊂ 顺德县地方志编纂委员会. 顺德县志[M]. 北京：中华书局，1996.

得益于乡镇企业的发展，顺德成为中国县域经济的明星，1999年实现人均 GDP 3265 美元，按照当时世界银行的标准，属于中上等收入国家水平。但是1999年顺德城市化率，即非农业人口占户籍人口的比例仅为32.6%，"比1992年只增加3个百分点，但同期工业产值增加3倍多"。

工业化落后于城市化，不仅制约了城市建设，也拖累了城市生活品质，"1999年，顺德还没有大型的购物中心或超市，没有一家生活污水处理厂，没有管道煤气。"[1]

2000年是顺德城市化的拐点。政府主导，统筹安排，区域协调，使得顺德城市化水平迅速提升。

2000年12月22日，新的大良区成立，合并了大良和德胜，从而形成了大良—容桂—伦教中心城区。时任市长冯润胜在成立大会上指出，"这是顺德市实施从城乡一体化转向城市化、全面提高城市化水平的重大举措，使中心城区的龙头地位得以充分发挥。"

顺德在"城市化"道路上推出了大手笔，"其范围之广，力度之大，程度之深，在顺德城乡建设史上，可以说是前所未有。"

首先是"并镇该村"，2001年，顺德原来的222个村居重组为197个，其中60多个村委会并改为50多个居委会。

其次是建设农村新体制，固化农村股份社股权，鼓励农民"携股进城，离土离乡"。政府负担村居干部工资，补贴办公费用，促进村（居）委会职能向社会管理和社区服务转变。[2]

鼓励农业人口进入城市的同时，顺德中心城区的建设也开始提速。

---

[1][2] 招汝基，邓俭，李允冠，杨文灿. 先行者的30年：追寻中国改革的顺德足迹[M]. 北京：新华出版社，2008.

"造城"运动

顺德新城是佛山第一个提出新城概念的区域，从最初规划的 6.5 平方公里逐渐扩大，根据顺德政府网站发布的信息，目前总用地面积达到 40.6 平方公里，是顺德中心城区的核心发展区域。此外，顺德还陆续出现了北滘新城，以及囊括乐从镇的佛山新城等，改变了顺德强镇只有产业没有城市的格局。

2001 年 1 月，顺德市委 30 多个市属机关搬进了新城区的新行政办公大楼，开始正式在新城区办公。

作为城市化进程的配套措施，顺德交通建设全面升级，极大地便利了中心城区与其他各镇之间的沟通。以顺德新城为例，《南方日报》在《历时 12 年，顺德如何"造城"》一文中评论说：顺德新城已"从一个开放度相对不足的区域，变为一个拥有轨道交通、高速公路，通达广州、衔接珠江西岸城市与深圳的重要区域"。

自"农村城市化"后，顺德"城市化"进程幸运地遭逢了又一次历史性机遇。

从国家层面，"广佛同城"以及"粤港澳大湾区"的规划，给顺德城市化带来了高驱动力。前者是指广州和佛山市打破行政壁垒，进行区域一体化建设。后者则包含珠江三角洲城市群，还包括香港、澳门，是继美国纽约都会区、美国旧金山湾区和日本东京都市圈之后，世界第四大湾区。

改革开放以来，珠三角区域"依托毗邻港澳优势，在国内率先推行经济体制改革，承接全球制造业与生产要素转移，珠三角区域多个城镇迅速崛起。随后城市化发展的 30 年中，珠三角区域发展成为国内一流、城镇规模达世界级的城市群"。⊖

⊖ 肖荣波，李智山，吴志峰，吴昌广，易雯. 珠三角区域城市化过程及其生态环境效应 [M]. 北京：科学出版社，龙门书局，2017.

顺德在行政级别上虽然只是隶属于佛山的一个区，只是一个县域规模，但是其经济发达，且具备得天独厚的地理位置（顺德距广州只有32公里，距离香港118公里，距澳门80公里），因而在珠三角城市圈中占据了重要的一席之地。

顺德获得的大城市群发展最重要的红利之一，是轨道交通的规划建设。根据顺德区"十三五"规划，十三五期间，计划投资703亿元进行基础设施建设，其中包括推进广州地铁7号线西延顺德段、佛山9号线和11号线组合线"L"线、佛山地铁1号线（三期）、佛山地铁6号线（顺德段）等。

顺德享有巨大的天时地利，顺德城市化的格局因而得以发生根本性的变革。务实的顺德人发展中心城区，但没有因此而拘泥于所谓的"城市中心"建设。"多中心"曾是顺德城市早年的发展格局，顺德城市化借力打力，提出了"一片三区"概念，将顺德分成东部都市发展片区、北部都市发展片区、中南部城乡协调片区等，全面开放，多方对接，将自己的地利发展到极致。

比如"十三五"规划中，要促进北部片区与广州融合发展，融入"半小时广佛城市生活圈"，借助广州资金、科技和人才优势，这部分地区包括陈村、北滘、乐从和龙江四镇。东部片区则要与广东自贸区对接，探索与自贸区共建国际市场平台，吸引自贸区高端人才，这部分地区包括大良、容桂、伦教及勒流和杏坛佛山一环南延线以东部分等。

顺德未来20年的城市化方向，将是充分发挥产业、水乡环境和人文优势，初步建成阳光智城、岭南水乡、幸福家园，并有三个"基本形成"，即基本形成与全面实现现代化相匹配的城市功能布局，基本形成城乡一体、协调发展的区域城镇布局，基本形成人与自然和谐的生态环境。

顺德开始越来越像一个"城市"了。

中心城区里，顺峰山公园、音乐馆、图书馆、美的体育广场等大批城市公共设施投入使用。

富有现代城市感的服务生活配套体系开始逐步建立。

大型超市沃尔玛、吉之岛、易初莲花来了。

肯德基和麦当劳，在顺德的分店越开越多。

2009年3月12日，顺德首家五星级旅游饭店——容桂哥顿酒店挂牌开业。

顺德的两个高尔夫球场分别坐落于北滘君兰与均安碧桂园，许多重要商事在这里落定。

顺德引入了华侨城欢乐海岸，还引入了高端智能产业以及高端教育资源。

除了造新城，旧城改造也变成顺德城市化的日常工作。2009年3月27日，顺德区政府"三旧"改造项目启动，即对旧城镇、旧厂房、旧村居进行改造。

顺德人用上了天然气。截至2016年年底，全区天然气管网达到1072.1千米，用户16.3万户。

顺德是水乡，工业废水与生活污水污染，直接影响着顺德人的生活品质。2001年，顺德第一家污水处理厂大门污水处理厂开始建设，2003年投产。

为了防止有人沿顺德水道倾倒固体废物，顺德还启用了无人机检测非法倾倒垃圾。

2017年年初，顺德桂畔海水系综合整治工程开工，大良八坊涌、大围涌、云路支涌3条内河涌开始清淤，"从根治污染、生态修复、水体活化等方面对水体进行综合整治"。这个工程项目计划整治56条河涌，涉及建设截污及工业废水处理、河岸垃圾及养殖污水治理等。

近两年，顺德开始逐渐推动海绵城市建设，这是一个生动的比喻，"指城市能够像海绵一样，在适应环境变化和应对自然灾害等方面具有良好的'弹性',下雨时吸水、蓄水、渗水、净水,需要时将蓄存的水'释放'并加以利用"。

当然,"造城"的过程,也不都是一帆风顺。比如顺德新城由大良、容桂、伦教组成,但是根据媒体报道,连接容桂与大良的德胜大桥收费站直到2013年8月才拆除,镇街之间还要收过桥费。

顺德新城启动区初建时,由于人气不旺,人们只回到这里来睡觉,工作、生活却在旧城,因而新城也被称作"睡城"和"鬼城"。

不过,顺德"城市化"已经不可逆转,而且成绩不菲。

根据《顺德年鉴2017》发布的数据,2016年,顺德区总人口2 807 847人,其中,常住人口中,城镇人口已经达到了1 302 894人,城镇化率高达98.6%。

2016年,第一产业增加值为43.34亿元,第二产业增加值为1605.77亿元,第三产业增加值为1144.12亿元,一、二、三产业结构比为1.5∶57.5∶41.0。[一]

2015年,顺德人均地区生产总值达到102 056元人民币,约合15 716美元,已经跨过了1万美元门槛。而在2014年,顺德城乡居民恩格尔系数,即食品支出占总消费支出的比例,按照联合国粮农组织提出的标准,已经达到富裕阶段。

顺德渐渐演变成了一个宜居的城市。

相比广州、深圳,顺德的房价还算平稳。2016年,顺德商品住宅成交建筑均价为8940.41元/平方米。

顺德的空气质量令大城市羡慕。

2016年,顺德区空气优良天数达到306天,优良率为83.6%。

顺德饮用水源地水质稳定,每个月均达标。[二]

[一][二] 顺德地方志办公室,《顺德年鉴》编辑部. 顺德年鉴2017 [M]. 北京:光明日报出版社,2017.

最重要的是，顺德即将通地铁。佛山市 2 号线、3 号线及广州地铁 7 号线西延段计划于 2020 年前后通车。尤其是后者的开通，极大地便利了顺德与广州的交通，从顺德的北滘站到广州南站还不到 30 分钟，比很多住在大城市的人通勤时间都要短。

富裕的顺德、宜居的顺德、搭上大城市群快车的顺德、即将进入地铁时代的顺德，是否对天下英才具有足够的吸引力？这才是衡量顺德"城市化"程度的终极指标。

毋庸讳言，因为历史传统，也因为大城市意味着更多的机会、更好的服务、更时髦的生活方式，北上广深这样的特大城市，仍然像磁石一般，吸引着中国的年轻人。

顺德人曾经坦言："顺德在服务业和软环境方面还需要完善，美的很多经理人都住在广州或者北滘碧桂园，他们认为广州服务业发达，软环境好。我们跟广州比还有差距。"

而碧桂园则需要在广州建立设计研发中心，专门用于解决"设计师不愿意过来"的问题。

轨道交通或将改善顺德的人流和信息流汇聚，但是服务与文化的城市软肋，则需要时间和空间弥补。

其实城镇人口比率的大幅上升，可见的新城市景观，都只是城市化的初级体现。社会文化中的城市化，生活方式的城市化，才是城市化从量变到质变的过程，是精神上的城市化。罗西认为："只有人口的集中，没有人们价值观和文化上的变迁，那是假城市化。"

顺德继续改进中

进入 2018 年，顺德城市形态的提升迎来了又一次重要的转折。从年初开始，村级工业园改造被列为区委区政府"头号工程"，德胜河一河两岸的大良—容桂城市"强中心"建设被提上日程,城市化与乡村振兴的路径也越来越清晰了。

在改革开放历程中,四十而立的顺德,正在努力树立起一个全新的城市形象,让远者来,让近者悦。

早在2014年起,华语文学传媒盛典开始在顺德永久落户。华语文学传媒大奖是由《南方都市报》创办的,每年颁发一次,至今已连续举办16年,"坚持以透明的评审程序、深具公信力的评审结果,对年度最值得重视的文学作品表达敬意"。2018年4月21日,年度大奖在顺德揭晓,叶兆言、严歌苓等获奖者齐聚顺德。有媒体称:"这场文学盛典,你想见的大咖都来了。"

2018年7月8日,茅盾文学奖作家张炜做客"阅读北滘"读书会,分享他的新作《艾约堡秘史》。这是纯粹的公益活动,市民可以免费参与。"阅读北滘"是北滘镇政府提升城市软环境,增加高层次文化供给的举措。每季度都会邀请一到两位著名作家来到北滘,与市民一起分享读书心得,比如贾平凹、刘震云、王跃文。

一位叫"月儿上山了"的网友,已经把顺德当成了自己的第二故乡。她在简书上撰文说,在顺德,她最爱去的地方是图书馆和演艺中心。图书馆藏书有50多万册,不论是否是本地人,都可以凭借身份证一次性借10本书,还可以网上续借,"方便如家"。另外,演艺中心常有顺德政府请来的各类艺术家,大部分都能凭身份证取票观赏,"如此真好"是许多市民想为此说的话。

一个人,爱上一座城,其实只需要一个简单的理由——这个城市有灵魂栖息的空间,有温暖的人文素养流动。

如今,包括顺德在内,"珠三角城市体系从广州、深圳双核心模式开始转向网络化发展。"

而分片区、"串珠成链"的网络型城市格局也是顺德"城市化"的特色。这是珠三角地区普遍具有"双轨"城市化机制的体现：一方面是早期乡镇企业大发展阶段，形成自下而上的农村城市化；另一方面是由国家政策主导，进行"自上而下"城市化。双轨齐下的结果是："珠三角城镇扩张同时存在着集聚与分散，城镇在空间上紧密相邻，逐步形成现今网络化城镇格局。"[一]

"网络化"的城市化分布，要求开放共享的精神，实现更多的互联互通。

"网络化"格局下，每个城市都不必，也不应再发展成为包罗万象的特大城市，而是必须以特色立足，这给一直艳羡大城市生活的中国人，提出了一个新的城市化路径。

顺德规划设计院总规划师许红卫曾明确指出："不要用广州的城市化标准来要求顺德，顺德应该是一个温馨的城市，有舒适的生活环境、良好的创业氛围、和谐的人际关系，要让顺德人愿意回来创业，企业愿意留在这里。"

顺德规划设计院总工程师吴希平则表示，"我们应在自身历史文化和地理特征基础上去培育这座城市。""你的水还是那么清，小桥、大树还在，没有抛弃过去的东西，保留住城市记忆，这样的顺德，才是值得追求的。"

华南理工大学谭元亨教授畅想了一个"生态顺德"："令'顺德制造'掩映在一片深林水泊之中；或者，在龙江—杏坛区域中，对锦屏山、甘竹滩的天然景致，认识到其悠远价值，使古桥、古庙、古榕等重新焕发生机。"[二]

当高楼鳞次栉比、霓虹闪耀不再成为一个城市魅力的标志之时，

[一] 肖荣波，李智山，吴志峰，吴昌广，易雯. 珠三角区域城市化过程及其生态环境效应 [M]. 北京：科学出版社，龙门书局，2017.

[二] 招汝基，邓俭，李允冠，杨文灿. 先行者的30年：追寻中国改革的顺德足迹 [M]. 北京：新华出版社，2008.

"另一个顺德"开始在很多人心目中闪回。这是共享的幸福，共享天人合一、过去的记忆，以及尊重这个城市天然的肌理。

众多专家学者给顺德"城市化"提出的建议，不再是做大做强，而是追寻城市与周边环境的和谐，城市与乡村的紧密互联。这需要对改革开放40年的"城市化"进程进行深入的反思。是否能够在制度上持续创新，比如土地使用制度创新、包括吸引人才的户籍制度的创新，以及保护城市环境永久可持续发展的体制创新，特别是创造城乡关系之间的新平衡，都成为现代"城市化"所要面对的难题。因为一个幸福的城市体系，一定是利益共享的，而不仅是城市人的城市。

新加坡国立大学东亚研究所所长郑永年曾经为顺德"城市化"发展献言。他认为，顺德城镇化比例已经很高了，在广东尤其是珠三角提城镇化没有意义，应提出"保护农村"的概念，因为农村是传统价值观的载体。但是，"保护农村，不等于不让农村走现代化，而是农村本身就要走现代化。"

郑永年建议顺德学习欧洲或者日本，"一个小镇可以用交通把各个村都结合起来。"

深层面的城镇化，要通过体制改革来推动。郑永年认为，"如果城市、城镇化不讲城市体制改革，会出大问题，会演变成再一次的农民与土地矛盾。"顺德在此方面"可以一试""可以为整个广东做出标准来，为整个国家做出标准来"。

然而，顺德仍然面临着土地资源紧缺，产业布局零乱的历史问题。正是在这种困境下，占用了大量土地而又效率低下的村级工业园改造与乡村振兴相结合，成了顺德破解发展瓶颈的一把钥匙。

这是一道难题，也是一次机遇。对于顺德来说，它需要对过去的反思，更需要对未来的担当。正如顺德区委书记郭文海所言：对历史问题，对基础性工作，要有"功成不必在我"的境界，要有"啃硬骨头"的勇气，更要重新激发起"可怕的顺德人"的精气神。

如何处理好市场、社会、政府之间的管理关系，是顺德过去40年积极探索的核心问题之一，这三者是互为主体又完整不可分割的存在。**在顺德政府管理者的灵魂深处，是对缔造人民美好生活的责任**。他们知道出路不在内部，所以他们本能地寻找各种可行的方案，寻找与外界的交流与互动。他们清楚政府在经济与社区发展中的角色，专注于自己的发展目标，并恰如其分地扮演好政府角色。顺德能够做到这一点，其关键就是尊重市场规律，尊重发展规律。

PART 6

第六篇

"可怕"的顺德人

在同样的社会制度和政策法规之下,一个地区的发展状况既取决于地理环境,又取决于区域文化。也许,这也是改革开放40年来,内地区域发展不平衡的一个重要原因。

第十六章　商业基因

"桑基鱼塘"

以中国幅员之辽阔，地理差异之巨大，把顺德放在全国去比较是毫无意义的，将其放在珠三角相邻地区加以比较，才具有一定的可比性。

如果细细端详珠江三角洲的地图，就可以发现，珠江在经过广州之后，就以更加宽阔的狮子洋和伶仃洋将珠江三角洲分成东西两岸。与此同时，又与其支流西江相呼应，在珠江西岸划出了一个伸向南海的半岛。半岛的顶端是广州，南端是澳门、珠海和中山，中部是佛山。在佛山五区之中，禅城、南海、三水紧邻广州，偏向半岛北部，高明的范围已跨过半岛之外，只有顺德位居半岛核心部位，北连广佛，南接中山，东邻番禺。

更重要的是，珠江与西江之间最主要的两条水系连接线陈村水道和容桂水道，正好从南北两端穿越顺德，不仅在顺德内部形成了水网纵横的水乡农业格局，更是形成了四面临江的商业航运体系。

对此，编修于清咸丰年间的《顺德县志》有一段极为形象的描述："邑以海为池，潮汐出入，一时贯穿都堡，自香山、新会而至，通舟楫，输阡陌，奏庶鲜食，其功臣矣。"

可以说，顺德是这个半岛上农业水网和商业水道最为完善的地方，也是亦农亦商，两者兼得的风水宝地。在农耕时代，顺德可以利用纵横密布的水网发展农业与水产养殖业；在商业时代，则可以利用航道优势连通西江与珠江，直达南海，尽享商贸物流之便。

自明代以来，顺德人就是通过充分利用宜农宜商的地理特点，将农业与商业两大优势结合起来，发展出了珠江三角洲最具特色的商品性农业，将水果、花卉、蚕丝等农产品销往世界各地，然后利用航道之便回购粮食，使土地的产出效益明显高于其他地区。

商品性农业的发展促进了产业分工，带动了手工业的发展，使顺德成为珠三角地区专业化程度最高、经济最为富庶的地区。"岭以南，顺德为壮县，地廓人众，膏壤沃野弥望，木石之工遍邻郡，会城居肆者，皆邑人也。不事远贾，惟种树、豢鸭，鼓棹而行。"

在此过程中，"桑基鱼塘"可谓是将各种地理优势结合在一起的神来之笔。

珠三角早期的农作物以水稻为主，早在西汉时期，顺德境内已有水稻种植。由于宋代以来中原移民的大量南迁，珠江三角洲得到了充分开发，水稻的种植面积不断增加。随着人口不断增长，原本自然条件优越的珠三角各地最先感受到了人口增加与土地不足的矛盾。

为解决这一矛盾，在珠三角各地，人们开始引进江南地区的双季稻和三季稻，以增加产出。据编纂于1407年的《永乐大典》记载，潮州府早在宋代就已经开始种植双季稻了："谷尝再熟。其熟于夏五、六月者曰早禾，冬十月曰晚禾。"㊀

到了清代，三季稻也得到广泛普及。屈大均在《广东新语》中提到："志称南方地气暑热，一岁田三熟，冬种春熟，春种夏熟，秋种冬熟。"㊁

㊀ 马立博. 虎、米、丝、泥：帝制晚期华南的环境与经济 [M]. 王玉茹，关永强，译. 南京：江苏人民出版社，2012.

㊁ 屈大均. 广东新语（下）[M]. 北京：中华书局，1985.

然而，就在珠三角各地想方设法增加水稻种植与产出时，顺德却另辟蹊径，发展出了基塘农业。据《顺德县志》载："明代，农民把低洼地挖成水塘养鱼，用挖出的泥土筑成塘基，利用塘基种植果树，称为果基鱼塘。"[一]

果基鱼塘后来又发展为桑基鱼塘。明嘉靖年间，澳门成为中外贸易场所之后，国际市场对生丝的需求不断增长，价格上涨，刺激了顺德基塘面积不断扩大。"景泰年间已经广种桑树，至崇祯十五年（1642年），全县种桑面积已达58 094亩。"[二]

到了清代，顺德又两度掀起"弃田树桑"的高潮，到清末，稻田种植已不到十一分之一，全县年产稻米不足人口15天之需。[三]

稻作农业与基塘农业相比，前者是一个自给自足的封闭系统，后者则是依赖于交易的开放系统；前者是自然经济，后者则是商品经济。**商品意识一旦觉醒，就会成为开放的动力和商业的基因，很难再回到自然经济的状态。**

"养鱼和种桑的农民必须得吃饭，而他们的主要食物是米。在明代的大部分时间里，珠江三角洲产丝地区的稻米消费基本可以由本地生产或者周边地区比较容易地满足，但到了16世纪末期，这些稻米往往来自数百公里以外。"[四]

顺德是基塘农业最早兴起的地方，也是桑基鱼塘开发和发展最充分的地方，因此也是商业意识萌芽最早、表现最充分的地方。

珠三角的核心部位

开放的经济与开放的地理环境密切相关。

[一][二][三] 顺德县地方志编纂委员会. 顺德县志 [M]. 北京：中华书局，1992.

[四] 马立博. 虎、米、丝、泥：帝制晚期华南的环境与经济 [M]. 王玉茹，关永强，译. 南京：江苏人民出版社，2012.

从地图上看，珠三角核心部位是由广州、香港、澳门构成的一个三角形，顺德又正好处于这个三角形的核心部位。自明末以来，澳门、广州、香港先后成为中国最主要的对外窗口，顺德也先后利用了这三次机会，抓住了三次重要的历史机遇。

第一次是澳门通商的机遇。明嘉靖年间（1553年），葡萄牙人占据澳门并取得居留权之后，澳门很快成为东亚地区最主要的中外贸易场所，国际市场对蚕丝织品的需求很快从澳门传递到珠三角地区。

在此背景下，顺德人抓住时机，发动了一场农业变革，在原有果基鱼塘的基础上，大力发展桑基鱼塘，出现了专业性的商品农业区：一种是以龙山、龙江、桑麻为主要分布区的基塘式养鱼区，主要发展养鱼业和蚕桑业；另一种是以陈村为中心的多种经营养鱼区，发展花、果、麻、桑、蚕、鱼等多种经营。据明万历九年（1581年）清丈，全县有鱼塘40 084亩，占珠江三角洲鱼塘总数的25%。㊀

可以说，17世纪以来，澳门的持续兴旺为中国开通了一条新的"海上丝绸之路"，顺德人成功地抓住这个机遇，成为最大的受益者之一。

伴随着生丝产量的增长，商业空前活跃。"万历年间，顺德县墟市增至42个，比嘉靖年间增长了281.8%。"㊁

商业发展带动了手工业水平的提高。"顺德居民食蚕桑之利，所织绮罗，其佳者不亚于江浙。"㊂

商业的兴盛也提高了人们的生活水平。"顺德割南海三都膏腴，水乡为多，聚族以处，烟火稠集。楼房高至五六丈，遥望之，如浮阁高出林表，参差不一。"㊃

第二次是广州通商的机遇。清乾隆二十四年（1759年），清政府封闭沿海各港口，独留广州为全国唯一对外贸易口岸，致使广州口岸生丝

㊀ 顺德县地方志编纂委员会. 顺德县志 [M]. 北京：中华书局，1992.
㊁㊂ 方志钦，蒋祖缘. 广东通志（下）[M]. 广州：广东高等教育出版社，1996.
㊃ 罗天尺，李元调. 清代广东笔记五种 [M]. 广州：广东人民出版社，2006.

外销量激增，价格不断上涨。与广州近在咫尺的顺德人又一次抓住时机，在全县掀起了一场"弃田筑塘，废稻树桑"的热潮。许多地区不仅将稻田改为桑基鱼塘，而且将原来的果基鱼塘改为桑基鱼塘，成为无稻田的纯桑基鱼塘区。至光绪年间（1875～1908年），全县共挖鱼塘10万亩，植桑30万亩，而稻田仅占耕地的10%。㊀

自清末到民国初期，由于广州的持续兴旺和国际市场对蚕丝的需求量不断增长，顺德不仅成为珠三角最主要的蚕丝生产基地，而且出现了大量的手工缫丝业。19世纪开始，随着西方机器缫丝技术的传入，顺德成为全省最大的机器缫丝基地，并出现了一大批声名远播的机器缫丝企业和企业家，成为中国民族工商业最早起步的地区之一，并带动了商贸、航运、金融（钱庄、银号）的发展，被称为"南国丝都，广东银行"。

顺德缫丝业鼎盛时期，产业工人达6万之巨，甚至超过了同一时期的上海。顺德人办实业的风气也由此开始，延绵不绝，并在改革开放之后迅速成为中国最大的家电生产基地。

第三次是借势港澳的机遇。改革开放之后，香港、澳门成为内地通向世界的主要窗口，顺德人充分利用邻近港澳的优势，以及海外华侨与港澳乡亲的资源，成为珠江三角洲地区最早承接"三来一补"业务，走向国际市场的地区。

如果说，以广州、香港、澳门为三角形的这个地区是珠三角的核心，那顺德就是这个核心中的核心，顺德充分利用这一优势，既可以北上广州，又可以南下港澳。

由此可见，顺德虽然没有直接邻海的海岸线，但是通过充分发挥内河连通大海的地理优势，形成了面朝大海的开放格局，同时也塑造了**开放的商业基因和强烈的机遇意识。更重要的是，顺德通商以来，就是一个基于广泛市场而发展自身的地方**。

㊀ 顺德县地方志编纂委员会. 顺德县志[M]. 北京：中华书局，1992.

第十七章　文化秉性

龙舟竞渡

　　划龙舟是中国南方很普遍的一项文化活动。但是在顺德，划龙舟却有着超乎寻常的内涵和意义。

　　清代屈大均《广东新语》载："顺德龙江，岁五六月斗龙船。斗之日，以江身之不大不小、其水直而不弯者为龙船场……"并约定起止地点，连斗三天，第一天三战三胜者进入第二天，第二天三战三胜者进入第三天，第三天五连胜者，得获"状头标"，并"张伎乐，簪花挂红，送之还埠。凡出龙之所曰埠。斗得全胜者还埠，则广召亲朋燕饮，其埠必年丰人乐，贸易以饶云。"㊀

　　由此可见，龙舟竞渡在清代已成为顺德最重要的民俗活动。但是，官府并不提倡。对此，咸丰版县志专门加了两段按语加以说明。

　　其一："顺德端午斗龙船，村村皆然，争竞之弊，甚至有殴伤命者，司风化者不可不严以禁之也。"

　　可见，当时龙舟运动已普及到各村，而且各村都将龙舟竞赛的成绩视为运势福气，因此都极为重视，以至于经常闹出人命，因此官方史书称之为"斗龙舟"，一个"斗"字，颇有些好勇斗狠，聚众闹事的意味，

㊀ 屈大均. 广东新语[M]. 北京：中华书局，1985.

为官府所不齿。因此，掌管风化的官员不得不严厉禁止。

其二："龙舟之斗，多聚少年勇健者，既相尚以力，易致争斗，故官每禁之。惟大良之龙凤船妙极华丽，设轮而转，作秋千戏，仿佛《清明上河图》中所有，尚为太平盛事。大约间数十年一举，而闰端午则必以闰月为之，俗称'大洲龙船'。"

由于龙舟比赛容易引起争斗，被官府严格禁止，但大良的龙凤船却得到了嘉许。其实这应该就是早期的花船，但由于花费不菲，也只能数十年才举办一次，实在是难得一见。

200年前的龙舟之所以如此难以管理，并经常引发争斗，除了管理者本身的原因之外，主要还是受经济条件的制约。以龙江为例，当时连续三天的"斗龙船"，却只有冠军才可以拿到丰厚的奖赏，又关乎全村的荣誉，而前来参加的又都是"少年勇健"者，竞争激烈，故经常引起争斗，殴伤人命，也在所难免。

如果翻阅民国版《顺德县志续编》和1996年新版《顺德县志》就可以理清顺德龙舟运动的基本脉络。顺德龙舟运动从明代开始兴起，到清代中叶遭到禁止，再到民国时期逐渐式微，新中国成立后再度兴起，到"文革"时期又作为"四旧"被破除，到改革开放再度兴盛，可谓起起落落，历经磨难。

改革开放之后，顺德是全国最早解禁龙舟的地区之一。1983年，顺德就派出县农民业余龙舟队参加了在香港举办的第八届国际龙舟邀请赛，获"市政杯"男子龙舟公开赛和国际龙舟公开赛两项冠军。

此后，顺德龙舟运动风生水起。顺德在国内国际各种龙舟大赛中摘冠夺桂，屡创佳绩，"顺德挠法"名扬四海，其中最亮眼的顺德乐从龙舟队已成为顺德一张亮丽的名片。

顺德乐从是中国家具商贸之都，是全世界规模最大的家具市场之一。乐从龙舟队是全国范围内最早实行俱乐部制的龙舟队，乐从龙舟俱乐部自 2010 年成立以来，近 8 年间就已在国内外大赛中夺得冠军 270 多次，业内称之为"冠军收割机"。

2018 年 8 月，顺德乐从龙舟队作为国家队班底参加了在雅加达举行的亚运会，获得了男子 200 米直道竞速比赛的冠军和男子 500 米直道竞速比赛的亚军。中国国家龙舟队共 18 名队员，其中 14 名来自乐从龙舟队。

在顺德，**龙舟是一种精神、一种图腾，甚至是一种信仰。**

据学者谭元亨考证，越人的渔猎，是先于稻作的。"在河网纵横的三角洲及河流上谋生，进而走向大海，熟悉水性，善于用舟，并且很早就掌握了造船技术，远远走在中原之前。为此，他们的道德风尚及民性，与楚人、中原人大相径庭……江河大海滋养了他们崇尚生猛，敢于冒险，勇于开拓的精神。"⊖

在谈及顺德龙舟文化的源头时，他认为：古越人"断发文身，以象鳞虫"（《淮南子·原道训》），其目的是"文身断发，以避蛟龙之害"（《汉书·地理志》）。严酷的生存竞争，使他们在运用龙舟上匠心独运，渐渐形成了龙舟竞渡这种方式。没有速度，就难以逃避鳄鱼、巨蟒等水中之害。闻一多也曾考证过，他认为斗龙舟的习俗，可以追溯到原始时代，是断发文身的古越人为祈求生命得到庇护而举行的图腾祭祀仪式。

在顺德博物馆，至今还保存着一块石刻牌匾，上书"压尽群龙"四个大字，该牌匾于 1983 年被发现于杏坛北水村，是清康熙三十八年（1699 年）举行的一次龙舟赛中颁给第一名龙舟队的奖项。另外，顺德各地还保存着"渡江一苇""超然高举""龙门一跃"等早期的牌匾，从这些牌匾的字眼可以感受到顺德龙舟奋勇争先的豪情与威猛。

龙舟运动之所以在顺德备受推崇，原因就在于**龙舟文化中奋勇争先、团结协作的精神已经深入到顺德人的基因**。威震江湖的"顺德挠法"实际上就是在竞赛中快速划动龙舟，以速度取胜的一种方法，讲究

⊖ 谭元亨. 顺德人 [M]. 北京：人民出版社，2005.

的是协心协力，团结一致。

顺德龙舟分为"游龙"和"赛龙"两种，前者又称"趁景"，主要供观赏、表演之用，以"大洲龙船"最为著名，大者可达40米，可坐60多人；后者又称"龙艇"，供竞赛使用，分为3桡、5桡、7桡、13桡、15桡等多种形制。

两种龙舟所使用的木材不尽相同，游龙可长达四五十米，以沉重坚实的南亚红木制作，为防硬木开裂，平时深埋于河涌之下的淤泥之中，历百十年而不坏，使用之前举行隆重的"起龙"仪式，将龙舟挖出洗净之后，上插自助彩旗罗伞，配铜锣大鼓，另择吉日，按上木雕漆彩龙头，沿河巡游。所到之处，锣鼓震天，鞭炮爆响，船上水手统一用力，激起水花四溅，颇有驱邪镇魔，以避蛟龙之害的原始先民之风。赛龙多以材质较轻的上等杉木制作，平时高悬于祠堂、村社等阔大空间的高处，用时取下来参加竞赛。

顺德几乎村村有龙舟，村村有龙舟队。以前主要是端午前后举行比赛，如今已发展至中秋、五一、国庆等各种节庆时日。比赛之日，各地龙舟集中于江河宽阔处，形成千舟云集、百舸争流的壮观景象，给人留下深刻印象。

江上用舟，无论是游龙巡游还是赛龙夺锦，都需要齐心协力的合作意识，号令严明、动作整齐、用力一致，才有可能赢得喝彩，争得先机。天长日久，龙舟运动的这些要求衍化为内在精神，成为奋勇争先，团结拼搏的精神力量，成为顺德精神的重要组成部分。

顺德人凡事爱争第一，好胜好强之心似乎与龙舟精神密切相关。改革开放40年来，从全国百强县第一的排名到全国百强区第一的排名，到全国最大的家电生产基地、全国最大的空调生产基地、全国最大的微波炉生产基地、全国最大的燃气具生产基地，再到全世界最大的家具市场、全国最大的钢铁市场、华南最大的塑料市场，排不上世界第一就争全国第一，排不上全国第一就争全省第一，排不上全省第一就争市级第一，排不上市级第一就争县级第一，排不上县级第一就争区级第一，就连在顺峰山公园门口修建一个牌坊，也要争个亚洲最大，如果不是亚洲最大，那也一定要争个东南亚最大。

可以说，改革开放 40 年来，正是这种勇争第一、敢为人先、不敢落后的精神，赋予了顺德创造经济奇迹的勇气和充当改革先锋的锐气，造就了"可怕的顺德人"的精神内核，这是顺德精神最核心、最重要的组成部分。

宗族文化

根据顺德区文物普查（2005 年）所做的统计，顺德范围内现存祠堂共有 476 座。另据长期研究顺德宗祠文化的本地学者苏禹判断，目前保留下来的这个数量与顺德历史上祠堂鼎盛时期相比，恐怕还不及十分之一。㊀

在岭南文化中，长期以来就有"顺德祠堂南海庙"之说，而佛山禅城又以佛、以禅命名，民俗活动以祖庙为中心。仅从这些名称上就可以看出顺德与南海、禅城在文化上的细微差别。

实际上，顺德祠堂的发展也经历了明清两朝数百年的时间，直到清末民初，才形成了蔚为大观的景象。

顺德建县于明景泰三年，建县的原因是发生于正统十四年（1449 年）的黄萧养起义。这次起义虽然只有不到一年的时间，却对岭南的封建统治造成了极大的冲击。起义被镇压之后，本地乡绅联名上书，谓南海之东涌、马宁、西淋三都离县治远而濒海，民雕悍而易为乱，宜另立一县以利管治。明景泰三年（1453 年），朝廷划出南海东涌、马宁、鼎

㊀ 苏禹. 顺德祠堂 [M]. 北京：人民出版社，2011.

安、西淋四都三十七堡及新会白藤堡设置顺德县，以大良为县城，归广州府管辖。

由此可见，顺德在建县之前，是个由于远离县治而封建统治薄弱的地方，本地人民不满于封建制度，尤其是在沙田兼并日趋严重的情况下，不惜铤而走险，富于冒险精神。顺德建县之初，虽然是一个拼凑出来的县域，但作为起义策源地，人们在经历了镇压与"清乡"的共同的命运之后，很快形成了较强的认同感。

在中国古代，对于祠堂的设立有着严格的限制，所谓"庶人无庙"，一般百姓人家是不能设立祠堂的。南宋以后，朱熹等人开始倡立祠堂，并通过《家礼》设置了完备的祠堂制度，规范了士大夫阶层的祠堂等级，但民间以宗族立祠的行为仍然受到限制。到明代嘉靖年间，朝廷才开始"许民间联宗立庙"，宗族祠堂制度才开始全面普及。

尽管如此，**祠堂的设立与兴盛还需要一个重要的条件，就是宗族本身的凝聚力，而凝聚力又建立在经济基础和文化基础之上。**

顺德学者苏禹在《顺德祠堂》一书中将顺德祠堂的发展过程总结为三个高峰期，这三个高峰期正好对应着经济、文化全面发展三个高潮期。⊖

第一时期是顺德建县至明中后期。这一时期，在政治上，朝廷放松了对祠堂的管制，"许民间联宗立庙"。此外，自宋元以来，南迁的各宗族，经过200多年的发展，已在珠三角站稳了根基，随着果基鱼塘、桑基鱼塘的开发，提高了土地产出，并充分利用澳门对外通商的机遇，积累了一定的财富，为祠堂的发展奠定了经济基础。

与此同时，自顺德建县至明朝灭亡前夕，顺德共有112人进士及第，可谓人文鼎盛，人才辈出，也为祠堂建筑提供了形制依据和文化基础。

第二时期是清代前期与中期。这一时期，在政治上，清朝统治者为

⊖ 苏禹. 顺德祠堂[M]. 北京：人民出版社，2011.

了加强对汉文化地区的统治,大力提倡以忠孝为本的宗族文化;在经济上则实行"滋生人丁永不加赋"的新政,轻徭薄赋,使整个社会进入所谓的"康乾盛世"。正如清咸丰版《顺德县志》所载:"顺德在水乡,舟航所达,川流四绕,阡陌交通,故力农尤便。至于桑田、鱼池之利,岁出蚕丝。男女皆自食其力……隋安者益少矣。其他为匠、为圬、为场师,又或织麻鸣机,编竹作器,一艺一业,往往遍于乡堡,相效成风。大率耕六工二,余则贸迁其事。诵读而试有司者,不及十一焉……"

这一时期,仅"从康熙二十一年(1682年)至乾隆五十四年(1789年)的一百余年间,顺德又有45人文科进士及第……仅桂洲胡氏一姓,从明末到清末,族中出了文武举人97人,文武进士15人。"[一]

第三个时期是清代晚期。这一时期,由于广州的开放和世界市场对生丝的需求进一步增长,顺德又掀起了一轮"弃田筑塘,废稻树桑"高潮,至光绪年间,全县墟市增加至62个,成为全省重要的生丝集散地,出现了"一船蚕丝去,一船白银归"的经济盛况。

这一时期,顺德科举仍然保持着优势,1814~1905年科举废除前的90年间,又有84位进士及第。与此同时,还出现了兵部侍郎温当适、监察御史龙廷槐、会试同同考官梁耀枢、内阁学士李文田等一批有影响力的朝廷大员。

由此可见,正是经济与文化的共同发展、互相促进,推动了顺德祠堂的建设,而祠堂的建设又进一步提升了宗族的凝聚力,使宗族内部的族例与公尝制度更加完善,反过来又影响了经济与文化的发展。

族例,就是族规与家法。它是约束人与人之间、本族与外族之间关系的基本制度,它不仅规定了人们的道德规范,同时也维系着宗族内部的亲情与人情。**公尝**,控制着宗族社会的风尚与习俗。

公尝,又称蒸尝、祖尝、尝产,是维系祠堂和宗族公共事务的经济

[一] 苏禹. 顺德祠堂[M]. 北京:人民出版社,2011.

来源，主要由土地和房屋构成，可通过雇租不断增值。顺德各宗族的尝产除用于祠堂日常运作、对宗族内部孤苦人员的抚恤、养老之外，主要用于对宗族子弟的助学、奖学和科举。子弟考取功名后，会用各种方法回报宗族，扩大尝产。

如此循环往复，一方面，宗族的尝产不断扩大；另一方面，科举入仕的人不断增多，社会影响力越来越大，宗族凝聚力越来越强。

顺德宗祠在500年的历史发展过程中逐步形成了一个良性循环的体系，成为一种影响深远的文化现象。

顺德祠堂文化并不是一开始就形成的，它的形成经历了一个漫长的过程。在顺德各个历史阶段的县志中，对于祠堂的记录越往后越详尽。清咸丰三年（1853年）修编《顺德县志》时，祠堂部分列在风俗条目下的第三条，只有几十个字："俗以祠堂为重大，族祠至二三十区，其宏丽者，费数百金，而莫盛于碧江。龙津、古楼大族，亦二三十座，一楼费数百金……"该志还认为："顺德分自南海，南俗即顺俗也。"

到民国十八年修编《顺德县续志》时，祠堂已占据风俗条目之首，而且描述也更为详尽：

"顺德最重祠堂（语云：顺德祠堂南海庙），大族壮丽者，动费数万金。其大小宗祠代为堂构，千人之族，祠十数所，小姓单家，祠亦数所。其曰大宗祠者，始祖之庙也，庶人而有始祖之庙，追远也，收族也。又为增置祭田，名曰蒸尝，以供春秋二祭及清明墓祭、冬至庙祭之用。有馀并给族贤膏火与生童应试卷金，举人会试路费。"

该志还对前志中"南俗即顺俗"的看法提出了不同意见。

"谨按：地方风俗，每因水土而异，或因习尚而殊。郭《志》谓顺德分自南海，南俗即顺俗，亦不尽然。今顺德之风俗有与邻邑相同者，有为本邑特异者，有雅有俗，有美有恶，宜据实直书，以昭核实焉。"

由此可见，顺德在明代从南海分出时，风俗与文化并没有什么区别。但是，两地由于地理环境的差异，在历史发展过程中逐渐形成了各自富有特质的文化，而宗祠文化的发展使这种差异更加明显。

宗祠文化带给顺德的一个明显特点是在内讲究和谐共处，邻里敦睦；在外讲究故土亲情，回馈乡梓。

一方面，由于水网密布，河涌成为天然的分界线，减少了相邻而居的各宗族之间的矛盾，使各宗族能够专心于自身的发展，而很少去干涉或眼红其他宗族的利益。与其他地区宗族之间、乡村之间因争田争水而经常出现大规模械斗的情况不同，在顺德几乎没有单姓的村，往往都是三五个宗族或十几个宗族共同居住，但在历史上几乎没有宗族之间发生争斗的记录。这一点，应该归功于宗祠制度的完善，其对各种乡规民约的制定和遵守起到了很好的监督和执行作用。

另一方面，祠堂对于宗族亲情的重视，使人们从小就在耳濡目染中受到了亲情与乡情的感染，对宗族的亲情像血液一样根植于内心，特别是受到宗族资助的知识分子，永远都怀着感恩之情。清代嘉庆年间，在京顺德同乡筹建的"京师顺德邑馆"，房屋多达500余间，专门用来接待赴京赶考的顺德举子。㊀

除此之外，还有顺德商人在全国各地为了互通声息、互相扶互而筹建的顺德会馆，乃至于今天遍及世界各地的顺德联谊会，用投资、捐赠等方式支持家乡建设的海外侨胞、港澳同胞，还有今日为数众多的本土企业家，都怀着深厚的亲情、乡情与感恩之情。

美食情趣

2014年11月28日，时任顺德区区长黄喜忠收到了一封来自联合国教科文组织的邮件。

㊀ 苏禹.顺德祠堂[M].北京：人民出版社，2011.

邮件是由联合国教科文组织总干事伊琳娜·博科娃女士发出来的，告知顺德已成为联合国教科文组织全球创意城市网络组织的成员，并获得"美食之都"的称号。她还在邮件中说："我想借此机会，对顺德的申请获得成功表示祝贺。"

无论对于顺德，还是中国，这都是一个荣耀与收获的时刻。

早在100年前，革命先行者孙中山先生就在其《建国方略》一书的开篇第一章中以"以饮食为证"为题，畅述中国饮食文化的深远历史和文化意义。他说："我中国近代文明进化，事事皆落人之后，惟饮食一道之进步，至今尚为文明各国所不及。中国所发明之食物，固大盛于欧美；而中国烹调法之精良，又非欧美所可并驾。"①

一个革命者，为什么会在《建国方略》这样严肃的著作中专门谈及饮食，且置于卷首呢？细读《建国方略》才可以发现其用心之良苦。孙中山的《建国大纲》共分为"心理篇""物质篇""社会篇"三个部分，其中"心理篇"的主要内容是论述文化和精神对于国家建设的重要意义，并以此证明在革命与建设过程中"行之非艰，知之实惟艰也"。

孙中山还特别将中国饮食与法国饮食相提并论，认为烹调水平代表着一个民族的文化水平和文明水准。"西国烹调之术莫善于法国，而西国文明亦莫高于法国。是烹调之术本于文明而生，非深孕乎文明之种族，则辨味不精；辨味不精，则烹调之术不妙。中国烹调之术之妙，亦足表文明进化之深也。昔者中西未通市以前，西人只知烹调一道，法国为世界之冠；及一尝中国之味，莫不以中国为冠矣。"②

顺德对"世界美食之都"的申请开始于2000年，从这一年开始，作为联合国教科文组织所在地的巴黎就成为顺德展示饮食文化的重要窗口。

在巴黎，顺德在香榭丽大酒楼举办了一场"顺德美食节"，顺德厨师的一招姜撞奶艳惊四座，引来阵阵喝彩。

---

①② 孙中山. 建国方略 [M]. 北京：中国长安出版社，2011.

在巴黎，顺德在凯旋门旁边的福利酒店举办了一场美食招待会，并且与巴黎第九区达成了美食交流与烹饪人才培养的意向。

同年，顺德以美食的名义走进联合国教科文组织的总部大楼，举办了为期7天的"顺德美食周"，以实际行动表达了申请"世界美食之都"的意向。

从此以后，顺德政府官员、协会领导、民间厨师往来于顺德和巴黎之间。一方面，在巴黎举办连续不断的美食文化交流活动，表达申请"世界美食之都"的真诚心愿；另一方面，在顺德本地通过提升美食节的品牌与水平，推行粤菜的标准化和英文名，建设中国烹饪学院等方式，以实际行动推动美食文化与国际接轨。

4年之后，顺德终于获得了"世界美食之都"的称号。这是继成都之后，中国第二个获得这项殊荣的城市，到目前为止，全世界也只有8个城市获得联合国教科文组织授予的"世界美食之都"称号。

顺德人在这件事情上，表现出来的自信与底气来自于深厚的美食文化传统和"全民皆厨"的美食文化氛围。

千年水乡，食不厌精。这是一句顺德人耳熟能详的话，它的背后则蕴含着这一方水土的特质与骄傲，更蕴含着顺德人通达世界，视野广阔的追求与品性。

早在清代，就有人称道"顺德乳蜜之乡，言饮食，广州逊其精美"。及至近代，"食在广州，厨出凤城"的说法更为外界所公认，广州、香港、澳门以及海外华人餐厅，多喜标榜"顺德名厨主理"，以广招徕。

在顺德，从大餐到家宴，从正餐到茶点，从龙舟饭到团年宴，美食渗透到生活的方方面面。无论男人女人，下得了厨，做得了菜，是一件值得炫耀的事。

这一点，在每年一度的顺德私房菜大赛上得到了充分展现。在大赛现场，夫妻搭档、母子配合、全家上阵、亲朋助威的场面让外人感叹。私

第六篇 "可怕"的顺德人

房菜大赛的冠亚军,被众多粉丝追捧,拿了冠军,开私房菜馆是很多人走上创业之路的捷径。如首届私房菜大赛冠军黄妈妈创办的"黄妈妈私房菜馆"、第四届私房菜大赛亚军奇哥创办的"奇哥私房菜",如今都宾客满堂。

早在2004年,顺德已获得"中国厨师之乡",这是广东第一个、全国第三个拿到这个国字号招牌的地区。2006年10月,第十六届中国厨师节在顺德成功举办。以此为契机,顺德开始年年举办美食文化节活动,至今已成功举办12届,已成为全国最有影响的美食文化节庆活动之一。美的、万家乐、海天、华侨城等企业也纷纷参与其中。其中,顺德本地企业美的集团连续多年对美食节进行总冠名,每年的总冠名费用高达200万元。顺德美食节的观众人数也从10万、20万,增加到了如今每年都超过百万人次。

2016年,《舌尖上的中国》摄制组走进顺德,拍摄了三集电视纪录片《寻味顺德》,在中央电视台播出后引起极大反响。以此为契机,顺德旅游局和当地媒体《珠江商报》成立了一个项目小组,经过征询多方意见和多次讨论,形成了一个顺德美食文化的研究报告,从其中或许可以管窥顺德美食的一些特性。

这份报告将顺德美食总结为"五味周全,六艺领先,饮和食德,顺其自然"。

所谓五味周全,并不是指顺德美食只有五种味道,而是在承认顺德美食用材广泛的基础上,选出了五种最具代表性的味道。

顺德美食的食材有数百种之多,口味也有几十种之变,可以说是包罗万象。因此,在"五味"的概念之下,只能谨慎地选取五种最具差异化和地域代表性的食材与口味,突出顺德菜与众不同的鲜明特征。

五种食材是指鱼、米、奶、禽、花。

鱼:顺德吃鱼被誉为一绝,根本原因在于顺德人在长期的生产生活中掌握了鱼的特性,熟知各种鱼的习性和质地,因而从选鱼、烹鱼到吃鱼，都怀着至善至美的追求。从生鱼片到清蒸鱼，从鱼肉到鱼嘴、鱼皮、鱼骨、鱼肠、鱼鳔、鱼卵、鱼子，"一鱼百味"成为粤菜经典，也是顺德人吃鱼的形象描述。

米：食料求精，制作求细，以稻米为原料制作的岭南风味小吃，是顺德饮食的重要组成部分。通过研磨、打浆、发酵、蒸熬等手法，普通的大米、面粉发生神奇的变化，成为远近闻名的美味食品。伦教糕、陈村粉、龙江煎堆以及数不胜数的粥品，是顺德美食体现粤菜源流的重要基石。这些美食往往蕴含漫长历史文化演变，在明清两朝之后逐步成型与兴盛，记录着不同时代的印记，成为舌尖上的"岭南生活博物馆"。

奶：以水牛乳创制菜品是顺德人的神来之笔，以大良炒牛奶、炸牛奶、双皮奶等粤菜名菜、名点为代表。顺德人以水牛奶为核心食材或辅助食材，创造出一个令人眼花缭乱的美味世界。只有顺德，牛奶从液体、半固体到固体，各种状态都有恰当的吃法，炒、炖、煎、炸、浸各具风味特色。丰富的牛奶菜点，使顺德菜在粤菜中独树一帜。

禽：以禽类为原料，顺德菜创制出了粤菜体系中独具特色的美食经典。"无鸡不成宴"的顺德食俗，既包含隆重而深远的意义，也是鸡肴名菜层出不穷的动力。凤城四杯鸡、脆皮鸡、铜盘蒸鸡等顺德菜肴成为粤菜经典，对整个粤菜体系乃至中国饮食产生了巨大影响。以鹅、鸭为原料，顺德人同样创造出各种经典粤菜，羊额烧鹅、彭公鹅、八宝鸭、鲜莲鸭羹等制法各异，成为极具岭南色彩的代表性菜肴。

花：以花入馔成为顺德美食的一大特色，也是对粤菜文化的传承与丰富。以各种可食鲜花制作菜肴点心，传承中国自古以来的食疗、养生之道，兼具岭南地理与风味特征，百花争艳的色香味，促使顺德美食中精美的花菜、花宴，桂花鸡、玫瑰虾、姜花鱼、茉莉乳鸽、桂花糕、菊花水蛇羹等佳肴美点创意频出。近年来，陈村花宴更是推陈出新，给粤菜谱系增添的是深厚底蕴与创新魅力。

五味周全，还包括五种最典型的口味特征：清、嫩、爽、滑、真。

清：顺德美食之清，是清淡味感，清中求鲜，淡中取味。清甜、淡雅的口味风格成为顺德菜的基本追求。顺德具有代表性的清蒸菜品，讲究取材新鲜，轻酱淡汁，不以佐料、调料喧宾夺主，充满求真务实的自然气息。

嫩：顺德美食之嫩，是鲜嫩质感，讲究原料取材处理得当，火候火力把握精准，菜品生熟恰到好处，入口质感柔软易嚼。品类繁多的"凤城小炒"，是顺德菜讲究镬气的代表作，充分体现粤菜急火猛攻、仅熟为佳、注重鲜嫩的典型风格。短时速烹的吃法，在顺德美食中尤为突出，采用不同制法的菜品多讲究质地鲜嫩。

爽：顺德美食之爽，是脆而爽口，讲求口感上的弹性，齿颊间的畅快。在众多田园、乡土、家常风格的顺德美食中，清脆、松脆、焦脆、香脆、酥脆等丰富口感，被赋予各式菜品和小吃。鱼、鸡、鹅、猪、蛇、虫、蛹，荤菜系列中常见皮脆肉香的美味；青绿田园蔬果瓜，素菜系列中的顺德菜更是追求清脆爽口。

滑：顺德美食之滑，是滑溜触感，既因原料鲜嫩等先天因素，也因厨师善控火候、勾芡、搭配调和等高超技法。顺德美食多讲究对食材的精细处理和制作，菜点温润宜口，无论是鱼肉作胶、蛋清和奶，还是磨米成浆、花汁入菜，都要追求与温润气候相适应的滑溜口感与细腻美感。

真：顺德美食之真，是原味、本味、真味，善于对原料避短扬长，留存食材纯正滋味，提升菜点丰富口味。辟腥去臊、荤素相配、肥瘦两宜、五味中和，顺德菜肴、小吃、点心对美妙味道的讲究既朴素又执着。"鸡有鸡味，鱼有鱼味，菜有菜味"，是顺德美食对口味提纯的艺术化升华，也是其作为正宗粤菜对美性饮食的追求境界。

所谓六艺领鲜，是用古代"六艺"的概念概括顺德厨艺，其突出了厨艺的目的是保持"鲜味"。

顺德美食的厨艺方面强调的是"鲜"，"鲜"是顺德菜最大的特点。

顺德美食虽然千变万化、口味丰富，但有一个总领的主题或者灵魂，就是突出食物的鲜味。顺德厨师多博采众长，通晓古今中外烹调技艺，各种常用技艺也有二十多种。但最能突现顺德菜"以鲜为美"的地方特色，同时又能衡量厨师水准与级别的特色厨艺通常有六种，分别是蒸、炒、脍、灼、焗、酿。

蒸：顺德美食以蒸技见长的名菜颇多，蒸鱼、蒸猪、蒸鸡等品种丰富，蒸菜手法高超奇巧。顺德厨师蒸鱼被誉为一绝，清蒸鱼的技法达到了色、香、味、形、意的至美境界，菜品鲜美清甜，令人叫绝。出于对清蒸鱼的鲜美追求，顺德厨师要掌握各种河鲜海鲜的习性、肉质、口感等特征，对蒸鱼火力、火度、火势、时长等细节极其考究，出锅后原汁的保留、味汁调和方式、浇淋方法、拌料种类数量等，每个步骤的处理精细准确。蒸浸啜鱼、铜盘蒸鸡、蒸全猪等经典名菜，都是顺德厨师对于蒸法技艺的创造性发挥，体现正宗粤菜的原汁原味。

炒：顺德厨师第二项堪称绝活儿的烹调技艺，是炒。顺德厨师的炒技中，普及面最广、运用最多的是小炒。"凤城小炒"声名在外，最大卖点在于镬气够足，荤素菜品皆讲求猛火急炒，主料、配料与调味汁浑然一体，热力充足、色调鲜亮、气味芳香、质地嫩爽，出品活色生香，口味生动诱人。顺德厨师具有创造性的厨艺是软炒法，即把液态的牛奶、蛋清及调味料轻柔翻炒，使之逐渐凝结变身为半固态的炒牛奶等经典名菜，鲜香软滑，堪称粤菜一绝。

脍：将鱼、肉细切，即为脍。"食不厌精，脍不厌细"，顺德厨师以细切鱼虾贝肉为美食的功夫之精深，在中华饮食技艺中独树一帜。其中，一道传承中国先民生食遗风的鱼生（生鱼片），达到正宗粤菜原味求鲜的极致。凭借新鲜的食材、洁净的处理、上好的刀功，顺德鱼生"轻可吹起、薄如蝉翼"，晶莹透亮的生鱼片，加上油盐葱蒜等十几种随个人喜好自选的作料，冰镇凉拌而吃，入口鲜爽嫩滑。这种名为"凤生水起"（或俗称捞起）的生鱼片吃法，是顺德美食中一道奇异的风景。

灼：俗称白灼，是粤菜厨艺的一种经典烹调技法，简单而言即用煮滚的水或汤等将食物烫熟。白灼而食，以看似最简单利落的方法，取得最清鲜可口的味道，突出粤菜的清淡风格。顺德厨师将灼的技法发挥到最大范围，其中最具有创造性的是以粥水作底的灼食技法，"粥水打边炉"（即粥底火锅）为各地所传扬仿效。

焗：焗是以汤汁与蒸气或盐等介质导热，将经腌制的原料、半成品煮熟的烹调技法。顺德厨师用锅焗、炉焗、砂煲焗，均以味道鲜美为基本追求，极为讲究火候与调味搭配。煎焗（鱼甘）鱼、钵仔焗禾虫等顺德特色名菜，讲究的是表面酥脆熏香、内里鲜嫩多汁，全靠精准的火候把控，使菜品着色、受热、调味均匀，做出粤菜的纯正口味。

酿：酿菜技法由来已久，民间应用颇为广泛，而顺德酿菜在品种、酿料、口味、技巧等各方面拥有无所不在的美味创意。以最富顺德特色的酿鲮鱼为例，将鲮鱼剥皮去骨、剁肉成茸再酿成鱼形，扬鱼鲜所长，避多骨之短，构思精妙，口味上佳。仅此一品，就有清鲜型、香软型等各种创意美味，糯米酿鲮鱼、芋茸酿鲮鱼等名目众多。其余酿水鱼、酿大肠、酿节瓜、酿苦瓜、酿茄子、酿辣椒等菜品，更是五光十色。

除此之外，顺德美食文化的另外两个特点是"饮和食德"和"顺其自然"，前者强调的是人与人之间的关系，后者强调的是人与自然的关系。

饮和食德。"饮和"语出《庄子·则阳》："故或不言而饮人以和。"郭象注："人各自得，斯饮和矣，岂待言哉？"

"食德"语出《周易·讼》："食旧德，贞厉，终吉。"孙中山题宣威火腿"饮和食德"，从此为国人熟知。何启《曾论书后》："夫人生于中国，长于中国，其宗祖千百年食德饮和于中国者，虽身居异地，亦莫不欲高抬宗国，盛称故乡，以天下交游之光宠。"

"饮和食德"可综合解释为：饮食要讲究和谐与道德。其中也隐含着"饮水思源,和乐感恩"的意思。具体到顺德美食,可以理解为"邻里和睦,家族和谐"的文化内涵。

与此相关的文化元素体现在宗族、祠堂、敬老、祭祖、节庆、民俗等社会生活的方方面面,其中仅饮食风俗一项,就有敬老宴、龙舟饭、团年宴、入伙饭等;与之相关的美食文化特征,是"全民皆厨"的氛围和"妙在家常"的口味。正是因为对人际关系的重视与家庭亲情的感恩,顺德人喜欢在其乐融融的氛围中操刀下厨,一展身手,从而形成了全民皆厨、妙在家常的美食文化现象。

顺其自然:"顺其自然"最初是道家的一个概念,以后发展为中国哲学的一个常用词。其基本含义就是天地万物都要遵循自然的规律,人类社会也应该与自然和谐相处。

对顺德人来说,顺其自然并不是听之任之的被动"无为",而是蕴含着两方面的意思:一方面是尊重自然的生态意识,另一方面是主动去发现和利用规律,不断改善生活的进取意识。在尊重自然方面,顺德美食在长期的发展过程中,形成了与自然界春生、夏长、秋收、冬藏相符合,与二十四节气相对应的饮食规律,即人们常说的"不时不食"。同时,结合岭南地区高温潮湿的自然环境,形成了食补同源、注重养生的饮食特点。

顺其自然的饮食规律还体现在食材的本土性方面,顺德美食以本地食材为基本原料,适度使用外来食材。这种对本土食材的需求,极大地刺激了顺德人工养殖业的发展,形成了"三基鱼塘"、水乡特色为主的自然农业体系,推动美食文化与农耕文化的相互促进。

在顺德,美食是最容易让人们获得认同感的介质。顺德人常说:"出了顺德无好食。"这句话里包含着对家乡的热爱,同时也表达了一种深深的文化自豪感。当一个群体有着相同的自豪感时,就会形成强大的心理上的认同感和文化上的凝聚力。

美食之美，贵在合作与分享。顺德人经常挂在嘴上的一句话是"生意不成人情在，抬头不见低头见"。在人际关系中，美食如同一种独特的润滑剂。

美食之美，贵在传承与创新。顺德菜尊重传统而又不拘泥于传统的风格反映在文化上，就成为既务实又善于变通的特点。顺德民营企业的发展正是这种文化的反映，顺德人可以把生意做到全世界，但本土企业和企业家的根基永远在顺德。

正如孙中山先生所言，"烹调之术本于文明而生。"顺德美食虽属广府粤菜这一脉，却在长期的发展过程中形成了自己独特的精神文化内涵，这种内涵与本土文化中的宗祠、家族、村庄结合在一起，深刻地影响着人们的日常生活与社会活动。

"厨出凤城"可以标榜粤菜的品质。为什么顺德的厨师就能够有如此高的地位？梳理资料，可窥见其背后的因由。

据《顺德县志》载：顺德物阜民丰，县人自古食不厌精，脍不厌细，加以外出经商为官者众，不断传入外地烹制手法，从而形成了特色鲜明的饮食习俗。顺德作为"岭南壮县"，生活富足，追求美好形成了一种集体的共识。

在顺德，宗族亲情极为深厚，团年宴、龙舟饭、敬老宴动辄席开千围，万众举箸，美食佳肴则成为自豪与家族幸福的载体。

在顺德，100多年前，容桂已经是宜商宜居之地，成为中国的民族工业重镇，上百家机器缫丝厂云集，曾经拥有日进十万银的"广东银行"，当时容桂聚集的产业工人数量，甚至超过了上海和天津。各种墟市遍布城乡，陈村、龙山、容奇、大良相继成为全省最大的粮食、木材、蚕丝、银号集散地，商旅往来，樯帆云集，繁华的商业生活驱动着顺德美食的创造力与独特性。

凡有所食，皆成性格。顺德美食也是我们认识顺德的一把独特钥匙。

第十八章 财富观

家族财富课

2017年7月25日上午，顺德华桂园。

何享健在宣布了60亿元的慈善捐赠计划之后，流下了眼泪。

媒体记者拍下了他摘下眼镜，用纸巾擦拭泪眼的图片。

很快，这张图片感动了顺德，也感动了中国。

男儿有泪不轻弹，只因未到动情时。

2017年7月25日，美的集团创始人何享健捐出其持有的1亿股美的集团股票和20亿元现金，注入其担任荣誉主席、由其子何剑锋担任主席的广东省和的慈善基金会，用以支持在佛山顺德本土乃至全省全国的精准扶贫、教育、医疗、养老、创新创业、文化传承等多个领域的公益慈善事业发展。

在捐赠仪式上，何享健、何剑锋父子先后发言，情真意切。

"为何我本人及家人那么热心捐钱做慈善？"何享健自问自答："慈善是我个人以及整个家族的传承事业，可以说是家族的另外一个事业。我一直在家里强调，我的财富，除了自己的努力拼搏和美的人的共同努力，离不开改革开放与国家的发展和政府的支持。"

"我跟家人都非常感恩，要回馈社会，要有社会责任感，要帮助别人,教育下一代。我的捐赠也得到我的家人一直以来的认同,包括我的太太、子女,对我的捐赠行动非常支持。"

"我们家人都非常希望把慈善事业做好,现在捐赠60亿元也是全家的心愿。非常感谢他们,没有他们的支持,我做这个事也不会做得这么开心。我及我的家人做慈善,过去、现在、将来,纯粹是感恩,其次是形成一种文化价值观,希望能够一代代传下去。"

感恩与责任,家人与家族是何享健讲话中出现频率最高的两对关键词。

何剑锋的讲话同样围绕着感恩与责任,家人与家庭。

"今天,对我们家人来说,又是一个特别值得铭记的日子。"

"这些年来,社会、经济的进步和发展举世瞩目,我们家人有幸生活在这样的时代,一直怀着感恩之心。在多年的慈善实践中,我们更加明白,价值观才是最好的传承,美德才是最大的财富。我们慈善基金会的愿景是'民胞物与,天人和谐',我们希望财富能够去实现更高的价值和使命,让纯粹、感恩、低调的价值观一直传承下去。我们一直主张'上善若水'的理念,正是希望慈善之水能够源远流长。"

在当天的捐赠仪式上,一向很少在公众场合露面的何享健家人悉数出席,其中包括他的妻子、儿子、女儿和孙辈。

毫无疑问,这个场景会给何氏子孙们留下深刻的印象,并产生深远的影响。

对于75岁的何享健来说,这是他给子孙们上的一堂课,其中最核心的内容就是如何树立正确的财富观,如何让财富实现更高的价值。

在当年10月发布的《福布斯》中国上市家族企业百强榜单上,何享健家族的美的集团排在第三位。然而,何享健早在2012年就已全身而退,将美的集团交给了以方洪波为首的职业经理人团队。

几年下来,"美的集团的事业没有滑坡,(他的)家庭也能够持续幸福",长期专注家族企业研究的香港中文大学教授范博宏说,"他(何享健)能够成功地把经营权跟所有权分开,家人只承接了事业,但经营管理几乎已经完全给了职业经理人团队。这种模式能够成功,在中国,他是第一个。"○

与此同时,何享健鼓励子女在外头自己闯出一片天。迄今为止,美的集团决策层里没有何享健的亲属,他的子女只持股而不参与日常管理。但是在慈善事业上,他又希望把整个家庭团结在一起,形成永续发展的凝聚力。因此,当2008年,儿子何剑锋提出要做慈善时,就得到了何享健的积极支持。2010年,何剑锋成立了盈峰慈善基金会,到2017年已累计向社会捐赠900万元。

其实,在60亿元捐款之前,何享健家族及美的集团已累计向社会捐赠近10亿元。

在当天的捐赠仪式上,75岁的何享健公布了价值60多亿元的慈善捐赠计划,这笔巨款由20亿元现金和1亿美的集团股权(捐赠前一日,收盘价为43.42元/股)组成。

其中,20亿元现金主要用于何享健的家乡广东佛山顺德等地的慈善事业,其中5亿元用于顺德社区慈善信托,3亿元用于建设北滘和园,3亿元用于成立顺德区创新创业公益基金会,1亿元用于广东省慈善总会,1亿元用于佛山市慈善会专项基金,1亿元用于顺德慈善会专项基金等。

另外,1亿美的集团股权将投入由他担任名誉主席、何剑锋担任主席的和的慈善信托,用于保障慈善事业的传承。

把企业交给职业经理人,把慈善交给家人。前者要做世界一流的现代企业,后者要做世界一流的家族慈善。

至此,何享健完成了人生中最重要的两个事业的整体布局,并且以

○ https://static.nfapp.southcn.com/content/201712/04.

他特有的方式为我们传达了顺德人的财富观——让个人财富发挥更大的社会价值。

利尽其用

与中国广大地区在长期的传统农业社会中形成的重农抑商的思维方式不同，顺德由于很早就开始发展商品性农业，并且取得了良好的效益，思想意识中少有重农轻商的概念。

清代咸丰年间的《顺德县志》言及顺德各地的风俗时，虽仍在文字上有提倡"重农务本"的倾向，但更多的是"俗杂农商""逐商贾之利""商贾阜通""市盈货贿"的记录。可见，商业观念已经深入人心。

明清以来，随着澳门开埠、广州通商，国际市场的需求很快传导至顺德，桑基鱼塘的发展进一步改变了传统农业社会思想意识。及至清代，各种专业性墟市遍布城乡，市场经济更加发达，依靠商业而发家致富的人越来越多。据《龙山乡志》记载：清嘉庆年间，就已经形成了"大抵薄农重贾"风气，其商人"或奔走燕齐，或往来吴越，或入楚蜀，或客黔滇。凡天下省郡市镇，无不货殖其中，富商大贾之名所由来也。"[一]

商品经济的发展改变了传统农业社会中的财富观，也改变了小富即安，购田置地，高门大户，荫及子孙的传统观念。到清朝后期，利用资本的周转和技术进步提高生产效率，进行扩大再生产成为财富增值的主要方式。

在此过程中，出现了薛广森、岑国华等依靠实业发展民族工业的先驱。

有意思的是，这两位出生于顺德的实业巨子都出身贫寒，却依靠着

[一] 方志钦，蒋祖缘. 广东通志（古代下册）[M]. 广州：广东教育出版社，2007.

出色的商业禀赋书写了一段实业兴邦的梦想。

薛广森是顺德龙江人，只读过三年私塾，早年到香港打工，学成一手出色的机械技术。1898年，薛广森得到当自梳女的胞姐资助，以250银圆入股大良顺成隆机器厂，并出任经理，深受好评。1905年，他又自行招股，在乐从开设顺栈机器厂，业务蒸蒸日上。

此后，他与友人共同集资，在广州开办"协同和米机"（机器碾米厂），通过技术改进，协同和米机成为上千人的大型企业。此后，他大力发展碾米业，在顺德、南海、佛山、广州、中山等地开办十家"成"字号碾米厂。30年代以后，他又不断通过集股和扩大再生产，兴办了一大批实业，成为华南商界举足轻重的人物。[一]

岑国华是顺德葛岸人，出身于蚕农家庭，仅读过两年私塾，后在广州当学徒，学会了丝庄生意，回到顺德后自行招股，先后在桂洲和葛岸办了两家丝厂。1919年，岑国华率先引进日本新技术，打开销路，积累了充裕资金，又在南海和石湾增办了两家大厂。由于重视技术和质量，生产的"鸡球牌"粗丝和"飞轮牌"精丝深受欧美客商欢迎，成为名牌产品，销量大增。

此后，岑国华及时集股扩大生产，属下丝厂发展到18家，总股本高达200万元。为便于销售，其在广州设立"永泰隆"洋行，广泛代理各地生丝产品，成为广州最大的丝庄。为便利资金周转，岑国华又在十三行设立四家银号，声望日隆，在业内被称为"大帅"。[二]

薛广森和岑国华的实业梦想最终都毁于战争。虽然他们出身于农民，但他们不敛财、不守财，摒弃小富即安、不思进取的小农意识，一生不置田产，不断把利润投入扩大再生产，以实业造福社会，这种财富观和价值观为顺德留下了一笔宝贵的财富。

此外，还有"培基发冷丸"的创制人、早期的顺德工商业家梁基，

[一][二] 方志钦，蒋祖缘. 广东通志（古代下册）[M]. 广州：广东教育出版社，2007.

以教子严格著称。他生平最看不起只知道吃软饭的"二世祖",要求子女们都要学好一门谋生的手艺。他自己不购田产,不建豪宅,说是破屋几间,子孙要败家也败不了几个钱。

由于不置家业,抗战爆发后产业停顿,家庭生活陷入困境,但他还是拒绝了伪政权的招揽,保持了民族气节。梁培基经常教育子女,"你们好不好,我不看是否孝顺,主要看你们对社会是否有益。"

在良好的家风熏陶下,他的子女各个学有所长,在不同领域做出了贡献。最终,梁培基打破了家族秘方传男不传女的旧时习俗,把制造药丸的配方交给了一位信得过的师傅,充分展现了疑人不用,用人不疑的作风。⊖

在梁培基的观念中,财富就是用于社会生产的资本,而不是代代相传的家业,人的价值并不在于财富的多少,而在于有益社会。

及至改革开放以后,随着经济的快速发展,财尽其用,不守财、不敛财的观念极大地助长了民间资本的活跃,为顺德企业不断扩大再生产注入了源源不断的动力。在赚到第一桶金之后,人们将更多的财富投资于实业,造就了大量民营企业的产生和民营经济的发展。

从美的、碧桂园等大型企业的快速发展壮大,到中小型企业雨后春笋般的生长可以看到,正是**把财富当作资本,发挥更大的作用,产生更大效益的观念驱动了顺德民营企业的快速增长。**

低　　调

顺德人所谓的"低调",并不是"财不外露"的低调。

在每年一度的《福布斯》500强和《财富》500强榜单上,越来越多的顺德企业和家族显山露水。

⊖ 张解民. 顺德历史人物 [M]. 北京:人民出版社,2005.

从何享健家族的美的集团到杨国强家族的碧桂园集团,再到黄联禧家族的联塑集团、梁庆德家族的格兰仕集团……

然而,这些人里没有一个是高调的。

他们很少出现在众星捧月的公众面前,也不会在各种各样的论坛上指点江山,更不会在微博、微信上成为网红。

1994年6月,珠三角地区遭遇了一场百年一遇的洪水。刚刚转制进入微波炉行业的格兰仕一片汪洋,花了血本买回来的机器都放在一楼,泡在水里。

血本无归,内外交困。几乎所有人都认为,这一次格兰仕肯定不行了。

这时,梁庆德挺身而出,稳定军心,承担起所有的责任。他做的第一件事是果断放弃机器设备,全力确保人员安全。第二件事是在洪水退去之后,为了稳定员工心态和股东信心,他亲自下车间,带领员工挖淤泥、清设备、晒物资,三天之内让第一条生产线开工。3个月后,格兰仕全面恢复生产。年底,格兰仕微波炉销量突破10万台,跻身行业第一。

多年以后,回忆当初内外交困、四面楚歌的情境,梁庆德认为遇到困难,最重要的是勇于面对。他说:"苦难,才会逼迫你想办法。"

如今,1994年的那场大水已经成为格兰仕企业文化的重要组成部分,讲给一代又一代的格兰仕人。

经历困难之后回首走过的路,梁庆德悟出一个道理:千方百计做好企业自己的事情。遭遇再大的困难,只要企业死不了,就要承担下来。发展才是硬道理。"不要婆婆妈妈,干就是了。"㊀

长期以来,低调被认为是顺德人的一大特性,却又备受质疑。

实际上,这也是中国改革开放过程中的一个必然阶段。在改革开放初期"摸着石头过河"的情况下,一切都在变化之中,刚刚从"文革"

㊀ 中共顺德区委宣传部,珠江商报社.见证与突破:顺德改革开放三十年回眸与前瞻[M].广州:广东人民出版社,2008.

中走出来的人们，对政治运动仍然心有余悸。人们对于经济行为并没有特别的自信，对个人财产也没有特别的安全感。在这种情况下，低调务实，只干不说，甚至财不外露的行为更多的是一种自我保护的生存哲学。

随着改革的深入和法制建设不断完善，企业产权和个人财产得到国家保护，在这种情况下，刻意的低调已经没有太多的意义。但是，顺德人低调务实的风格并没有太多的变化。

由此观之，顺德人的低调的确是一种文化现象和思想观念，深刻地影响着人们的行为习惯。

低调的背后是务实。无论是大企业还是小企业，顺德企业家都很少抛头露面，也很少接受媒体的采访，更不愿意把心思用在各种各样的社会应酬上。低调隐忍，使他们能够专注于企业的发展，成就了很多隐形冠军。

务实的背后是担当。任何企业都不可能一帆风顺，作为企业的负责人，只有避开高调浮华的热闹才能时刻保持冷静。领导人不仅要有长远发展的思维，更要在关键问题上承担起责任，在关键的时刻挺身而出，这样才能让企业度过危机，重新获得生机。

顺德人的低调不仅体在企业行为上，更体现在个人生活层面上——不炫富、不摆阔、不虚荣。在顺德生活，很难从人的衣着、饮食、车辆等外在形象看出一个人的财富情况，经常可以在很普通的饭桌上看到一些朴实无华的人，经过介绍，才发现是亿万身家的企业家。

感　　恩

一掷千金的慈善，义无反顾的捐赠，在顺德是一种常态。

捐赠之风源远流长，既源于历史文化的浸染，也得益于企业公民意识的苏醒。

顺德建县以来，有历史记录的最早捐赠是青云塔与神步塔的修建，当时的主要捐赠者是官员与缙绅。此后，捐修学院、义学、桥梁等也多为官员乡绅。商业捐赠始于清代以来商业发达之后，由成功商人捐资设立了许多外地的顺德会馆，主要用于商业往来。

在顺德本土，生意成功的商人捐修宗族祠堂、捐赠"尝产"之风由来已久。随着尝产的扩大，各宗族都会选举值事若干名，组成一个"委员会"，进行尝产的管理和运营增值，同时也管理孤寡、助学、祭祀等其他公益事业。

这种风气代代相传，形成了人们无论走到哪里，都对故土充满深厚情怀的文化现象。

顺德是著名侨乡，顺德华侨是传承这种感恩回馈意识的代表。他们在外结成各种侨团，关心家乡发展，对内则慷慨解囊，支持家乡的经济建设和公益事业。

资料显示：顺德有 50 万左右的海外乡亲，有 50 多外海侨团，其中有史可查的百年社团近 10 个。[一]

清末以来，顺德华侨就踊跃回乡投资，开办丝厂、电厂、电灯公司、碾米厂等，《顺德县志》有据可查的数量多达 34 个。[二]

改革开放以来，海外乡亲在顺德的投资总额超过 40 亿美元，捐款总额超过 166 亿元人民币，学校、医院等捐赠项目 1200 多个。[三]

其中、翁祐、李兆基、郑裕彤等企业家同时也是著名的慈善家，他们在慈善事业方面的行动和理念深刻地影响了正在成长的新一代顺德企业家。

[一] 招汝基，邓俭，李允冠，杨文灿. 先行者的 30 年：追寻中国改革的顺德足迹 [M]. 北京：新华出版社，2008.

[二] 方志钦，蒋祖缘. 广东通志（古代下册）[M]. 广州：广东教育出版社，2007.

[三] 招汝基，邓俭，李允冠，杨文灿. 先行者的 30 年：追寻中国改革的顺德足迹 [M]. 北京：新华出版社，2008.

第六篇 "可怕"的顺德人

1996~2000年,顺德先后举办了两次"教育基金百万行"活动和一次"顺德大学筹款万人行"活动,在活动过程中,政府领导与港澳乡亲共同走上街头,引来万人空巷。港澳乡亲带头捐款,让感恩时代、回馈社会的理念深入人心。

2018年4月27日,由美的集团创始人何享健捐资3亿元修建的"和园"举行开园仪式,并正式移交地方管理。

这是一座岭南文化风格的园林式建筑,位于何享健的家乡顺德北滘镇,占地4万平方米,历时5年精心打造。

为了保证有一个长久发展的机制,和园设立了自己的文化保育慈善信托。这一信托由和的慈善基金会与北滘慈善会共同担任委托人,分别捐赠2000万元及1000万元成立。该慈善信托由华润信托担任受托人,并在民政部门备案。

在开园仪式上,何享健宣布,和的慈善基金会再捐资3亿元,要在北滘建设一座高水平的养老院。

此时,距何享健一年前捐赠60亿元正好过去一年,计划中的项目已大部分落地。从慈善资源投放的区域来看,何享健家族的捐赠资金主要投在了家乡顺德。

2018年8月2日,在何享健捐资兴建的顺德善耆家园养老院,一位入住其中的阿姨发现老人坐公交不方便,于是自掏腰包捐助了一辆价值24万元的中巴车。在捐款现场,一位不愿透露姓名的企业家当场表示为汽车捐款3万元购买汽油。

第二天,碧桂园董事局主席杨国强旗下的国强慈善基金表示,将再捐赠一辆中巴汽车给善耆家园的老人们,以确保他们出行方便。

距此之前半年,2017年2月14日,杨国强走进自己的母校北滘镇广教小学,捐款1亿元,启动"惠妍教育助学基金",计划每年出资1000万元,以精准教育扶贫为主,资助当地贫困学子完成学业,支持顺德区公益教育事业发展。

杨国强说:"记得我在这里读书的时候,下雨天都没有窗户,雨就淋到我头上,现在的条件好多了。""我希望通过我们共同努力,让顺德所有人不会因一时经济困难而不能上学,今后如果一年1000万元不够,我们还可以再投入一些。"

在此之前,杨国强已先后设立了国华纪念中学、广东碧桂园职业学院、国良职业培训学校这3所全免费慈善学校,在教育扶贫、产业扶贫、救灾赈灾等方面为全社会捐款累计超过27亿元。

美的和碧桂园,只是位于顺德北滘镇的两个企业。

据统计,2017年,顺德有注册资本100万以上的企业1.6万家,各类市场主体总数已突破17万。

在《中国千亿大镇》一书的序言中,长期关注珠三角发展的金心异说,深圳与顺德有一个很重要的共同点:这两个城市都是企业化生存或公司化生存。这两个城市都存在着强大的商人群体,就像"深商"的基因决定了深圳的生命力一样,"顺商"的基因也决定着顺德的生命力。[一]

既然是商业社会,其文化的核心就是对财富的态度,财富观决定着商人的价值观,也将决定一座商业城市的荣辱兴衰。

著名国际慈善家卡耐基说:在巨富中死去是一种耻辱。

感恩于时代,回馈于社会,不执着于财富,不迷恋于享受,在任何情况下都敢于承担起企业公民的责任,也许正是顺德从乡土社会走向社会的重要一环,也是这座城市不断走向产业兴旺与财富增值的力量所在。

顺德,你很难把它归结为是一个城市,还是一个乡村。在这里你可以看到最先进的生产线,也可以看到纯粹的手工农活;你可以看到最时尚的产品,也可以看到最乡土的习俗;你可以看到国际化的人才,也可

[一] 林德荣. 中国千亿大镇[M]. 广州:广东人民出版社,2010.

以看到安居乡土的父老乡亲。**我们从未把顺德定义为一个城市，或者一个县镇，而是把顺德视为一个欣欣向荣的群体。顺德之所以这样独特，是因为其内在的品性上，有一些独特的文化要素：强烈的开放与危机意识、奋勇争先与团结协作的习惯、内敛守规与和睦相处的亲情关系、饮和食德与顺其自然的生活习性、利尽其用与感恩回馈的财富观念、低调务实与脚踏实地的行为风格。**正是这些文化品性上的特征，集合成顺德人"敢为人先"的精神风貌，也承载了顺德40年的辉煌，以及下一个40年的发展。

PART 7

第七篇

持续绵延的力量

在这个剧变的时代,旧的故事已经逝去,新的故事层出不穷。全球的发展已经变得相当复杂,任何一个人都无法凭经验理解;全球的发展已经变得深度互联,任何一个地区都无法独立存在。没有人可以停留在过去,朝向未来,向生而生,会让我们找寻到持续下去的路。

第十九章　从"高速度"到"高质量"

2012年12月9日,中共中央总书记习近平来到顺德。

在顺德,习近平考察了两个地方:一个是广东工业设计城,一个是北滘镇黄龙村。

在广东工业设计城,当听说这里有800名设计师时,习近平对广东工业设计城的发展寄予厚望,他说:"希望我下次再来的时候,你们这就有8000名设计师了。"⊖

在黄龙村,习近平了解农村基层党建情况,与村民们握手交谈,了解情况,给低保户张锡尧家送来了慰问品,促膝长谈,临走时还给他的女儿送了两本英语字典和一本电子词典,并嘱托她要好好学习。

这是中国共产党第十八次全国代表大会之后,新当选的中共中央总书记习近平首次离京外出考察。

沿着20年前邓小平南方考察之路,12月7日至11日,习近平在时任广东省委书记汪洋和省长朱小丹的陪同下,来到深圳、珠海、佛山、广州,深入农村、企业、社区、部队和科研院所进行调研。习近平表示,这次调研之所以到广东来,就是要到在我国改革开放中得风气之先的地方,现场回顾我国改革开放的历史进程,将改革开放继续推向前进。

一路上,习近平反复强调,改革开放是当代中国发展进步的活力之

⊖ http://www.chinanews.com/gn/2012/12-12/4403352.shtml.

源,是我们党和人民大踏步赶上时代前进步伐的重要法宝,是坚持和发展中国特色社会主义的必由之路。

习近平指出,现在我国改革已经进入攻坚期和深水区,我们必须以更大的政治勇气和智慧,不失时机深化重要领域改革。深化改革开放,要坚定信心、凝聚共识、统筹谋划、协同推进。改革开放是决定当代中国命运的关键一招,也是实现"两个100年"奋斗目标、实现中华民族伟大复兴的关键一招。实践发展永无止境,解放思想永无止境,改革开放也永无止境,停顿和倒退没有出路。我们要坚持改革开放正确方向,敢于啃硬骨头,敢于涉险滩,既勇于冲破思想观念的障碍,又勇于突破利益固化的藩篱。我们要尊重人民首创精神,在深入调查研究的基础上提出全面深化改革的顶层设计和总体规划,尊重实践、尊重创造,鼓励大胆探索、勇于开拓,聚合各项相关改革协调推进的正能量。

习近平勉励广东,倡导实干,希望广东继续在改革开放中发挥窗口作用、试验作用、排头兵作用,为经济社会发展增添新动力。

再出发

对于顺德来说,这是一个关键时期的关键时刻。

此时的顺德,经历了改革开放以来连续30多年的高速增长,2012年地区生产总值已经达到2338.8亿元,对比国内,可谓"富可比省",放眼全球,也称得上"富可比国"。但是,随着中国经济发展进入新常态,顺德也显示出严重的路径依赖、模式依赖和动力不足,以前那种依靠人口红利、GDP驱动、规模增长和出口刺激的方式,已无法适应新常态下可持续发展的要求。

与此同时,爆发于2008年的全球金融危机造成国际市场需求不足的影响已逐步传导到实体经济,让顺德人明显地感受到了全球经济下行的寒意，特别是出口导向性企业面临着极大的困难。

在2012年10月份举办的顺德农商银行财经论坛上，经济学家巴曙松认为中国经济正处于U形底部的左侧，与以前的最大差异是经济回落探底时间长。国家政策重点将从强刺激转向调结构。另一位与会学者余阳明教授也判断："经济结构的调整将持续非常长的一段时间，要做好在较长时间内过苦日子的准备。"

一年一度的顺德农商银行财经论坛被认为是顺德经济的晴雨表。早在2011年的论坛上，经济学家许小年就告诫顺德企业家："冬天已经到了，不要对全球经济复苏抱有太乐观的想法，不能有'我们顺德永远是春天'的想法，只有成功度过'冬天'的企业才是好企业。"

寒意袭来，各级政府也感受到了压力，感受到了必须调整经济结构、转变增长方式的重要性和迫切性。

曾经风光无限的"顺德模式"到了必须再改革、再创新的重要关头。

党的十八大代表、时任顺德区委书记梁维东说："和其他地区一样，顺德在发展中不断遇到新问题、新挑战，要解决这些问题和挑战，还是要以改革作为动力，来谋求更长远的发展。"

参加党的十八大归来后，梁维东表示："科学发展的着力点更注重效率和质量，发展是硬道理丝毫没有动摇，但我们不是追求GDP，而是转向效率和质量。"

在学习贯彻落实十八大精神和习近平总书记视察广东讲话精神的背景下，顺德区委区政府按照"不回避矛盾，不掩盖问题"的要求，直面存在的问题和短板，积极谋划城市升级和产业转型。

2013年1月9日，顺德区委召开十二届三次全体（扩大）会议，会议报告在肯定了一系列成绩之后，明确指出："同时，我们也清晰地看到工作中存在的问题。区属部门之间、区镇之间的统筹协调机制需要完善；引领性大项目的引进力度需要加大；改革需要继续深化，改革能量仍需持续释放；干部队伍建设仍需不断加强；基层党组织的战斗堡垒作用需要强化等"。⊖

1月22日的顺德区《政府工作报告》将这些问题和不足进一步细化，指出，"在肯定成绩的同时，我们也清醒地认识到发展中亟待解决的问题，主要表现在：城市升级的具体举措有待深化落实，产城互动、城市品牌提升等需要突破；企业经营面临困难，新增重大项目仍然偏少，民营企业规模有待提升，产业结构还不够合理；政府流程需要进一步优化，政府服务有待进一步提升"。⊖

基于这样的认识，一场面向新时代的新变革在顺德拉开序幕。围绕"城市升级引领转型发展，共建共享幸福顺德"战略，顺德从城市升级、产业转型、民生事业、改革创新四个方面发力，为新一轮的改革发展打下了基础。

开放，开放，再开放

开放再次成为顺德主旋律。

2015年2月3日和14日，本地媒体《珠江商报》以"开放引领新征途"和"开放创新，凤凰涅槃"为题，对当年的顺德区委全会和"两会"进行了深入报道。据报道，在区委全会的报告中，"开放"一词出现了23次。

开放是顺德的骄傲，也是顺德的隐痛。

曾经的顺德正是靠着开放的胸怀，把资金和人才引进来，让产品和品牌走出去，连续多年稳坐中国百强县（市）第一的宝座，直到2005

⊖⊖ 顺德地方志办公室，《顺德年鉴》编辑部. 顺德年鉴2013 [M]. 广州：广东经济出版社，2014.

年被江苏昆山超越。在此过程中，顺德经历了撤市改区的阵痛，后被纳入中国百强区评选。虽然顺德在这个榜单上也是高居榜首，但在顺德人看来，这个榜单的含金量和权威性显然没有百强县（市）那么耀眼。

在失落与迷茫中，曾经那种开放的胸怀也发生了微妙的变化。知名媒体人龙健刚指出："很多顺德人坚持认为，2002年的区划调整是顺德走下坡路的拐点。"[一]然而，行政区划调整已过去了很多年，区域竞争却百舸争流，标兵在前遥遥领先，追兵在后越来越近，陷在往日的辉煌里不断纠结，只能故步自封，所以"顺德要有开放的思想，更要有开放的行动……顺德要打开世界，必须首先打开自己"。[二]

正是面对可能又一次错过机会的心态和局面，2015年的顺德区委全会吹响了开放的号角。会议提出要树立开放思想，建设开放城市，培育开放市场，以开放倒逼改革，以改革促进开放。特别是在城市建设方面，对外主动对接广佛及佛山"强中心"，北部对接广州中心城区、广州南站、禅桂组团，东部对接广州南沙新区和自贸试验区，西南对接珠江西岸城市；对内打破镇街"背靠背"发展局面，实现内通外连"一盘棋"。

开放的号角吹响了，还需要打开心结。

3月14~17日，时任顺德区委书记区邦敏率顺德党政代表团到苏州、杭州、重庆、深圳、广州考察，就是一次打开心结之旅。

这次行程极为紧凑的"旋风式"考察掀起了一场"旋风式"的思维风暴，很多人都表示"印象深刻，很震撼，看到了差距，看到了不足，也比出了决心和信心"。在随后举行的座谈上，许多随队考察的"老顺德"都坐不住了，他们纷纷发言，谈体会，提建议，畅谈在考察中所感受到的危机与压力。

在随后一个多月的时间内，顺德多个党政企代表团分批外出考察。

[一][二] 龙健刚. 话龙点睛：转型中国的佛山路径[M]. 广州：南方日报出版社，2016.

5月17日，区长彭聪恩又率队考察了与顺德近在咫尺、同属佛山的禅城区和南海区。

经过考察总结，心结打开了，认识统一了。所有的人都认识到：顺德下一轮发展的出路，开放是唯一选择，创新是唯一路径。

区邦敏说，顺德这只"小老虎"终于醒过来了。

思维一变天地宽。很快，开放的效果就显现出来了。

2月8日，在2015年度广佛肇经济圈市长联席会议上，时任广州市市长陈建华与佛山市市长鲁毅签署了《广佛两市轨道交通衔接工作备忘录》。至此，广州地铁7号线正式敲定"开"进顺德北滘。

与此同时，佛山地铁3号线、2号线、9号线、11号线、13号线也开始密集地论证和规划。按照规划，未来将有7条地铁线路开进顺德。

开放的思维换来了高效的执行力。到2017年，对接顺德的佛山地铁1号线（二期）投入运营，广州地铁7号线西延顺德段、佛山地铁3号线也先后动工，预计将于2020年前后陆续开通。

地铁建设为顺德北部的北滘、乐从、陈村三镇带来了前所未有的发展机遇，片区一体化融合发展成为当务之急。

2015年11月12日，顺德召开北部片区项目对接大会暨项目奠基及动工仪式，在500多名中外嘉宾见证下，总投资722亿元的55个项目签约，潭洲国际会展中心等9个项目举行了启动和动工仪式。

在此之前，位于乐从，并已建设多年的佛山新城已交由顺德管理，其中的中德工业服务区还成功举办了中国（广东）国际"互联网+"博览会、世界机器人展暨智能装备产业大会和中国制造2025对话德国工业4.0大会一系列品牌展会活动。由中德工业服务区牵头发起的"中德工业城市联盟"，让佛山、顺德作为中国制造业的代表，与发达国家之间搭建起了密切合作的桥梁与平台。

如果能盘活佛山新城与中德工业服务区的资源，就能为顺德北部的发展注入强大的动力，为顺德产业转型提供强有力的支撑。

北部片区九大工程在布局上正是考虑到了这一点，使佛山新城与乐从、北滘、陈村连成一片，形成了一体化融合发展的格局。九子落地，全盘皆活，顺德北部由分散而聚合，成为顺德全面开放，对接佛山强中心、广州大学城、深圳创新资源的主阵地和桥头堡。

一年后，潭洲国际会展中心8万平方米的首期工程投入使用。这个颇具现代化风格的工程不仅创造了全新的"顺德速度"，而且为整个佛山以及珠江西岸奠定了一个面向国际的展示平台，为顺德北部片区打造了一个新的高潮区。

新馆开张之日，迎来了规格更高、规模更大的第二届中国（广东）国际"互联网+"博览会。这届博览会以"世界互联，智造未来"为主题，开设了"互联网+"前沿技术、智能制造等七大主题展区，吸引了包括谷歌、Facebook、百度、阿里巴巴、腾讯、华为、美的等全球互联网与制造业巨头在内的600余家企业参展，展示了世界最前沿的互联网技术以及蓬勃发展的互联网经济。同期还举办了中德工业城市联盟2016全体会议等33场专题活动，为各方搭建了一个展示、研讨、合作一体化的综合性平台。

潭洲国际会展中心整个工程投资70多亿元，全部建成之后，将深刻影响珠三角会展业的格局。

这一次，人们重新看到了一个开放大气、敢为人先、虎威依旧的顺德。

"头号工程"打响攻坚战

进入2017年，"粤港澳大湾区"八面来风，成为广东各地抢抓机遇的关键词。

开放的顺德又一次站在了风口上。

金秋十月,中国共产党第十九次全国代表大会在北京召开。

中国特色社会主义进入新时代,顺德站在新起点开启新征程。

2018年是中国改革开放40周年,无论对于中国、对于广东,还是对于顺德都有着非凡的历史意义。

3月7日上午,习近平总书记参加十三届全国人大一次会议广东代表团审议时发表重要讲话,强调发展是第一要务,人才是第一资源,创新是第一动力,要求广东在构建推动经济高质量发展体制机制、建设现代化经济体系、形成全面开放新格局、营造共建共治共享社会治理格局上走在全国前列。

"三个第一"和"四个走在全国前列"为广东的改革发展指明了方向,注入了强大的动力,也在佛山、顺德各地引起了极大的反响。从省到市到区,一场"大学习、深调研、真落实"的风潮席卷南粤。

广东要在四个方面走在全国前列,作为全省第三大城市的佛山要有所作为,就必须在"四个走在前列"中领先一步,才能做出更大的贡献。

佛山要领先,一向作为改革开放排头兵的顺德就要领跑。

"顺德连续多年蝉联全国百强区第一位,创造了许多先行先试的宝贵经验,改革发展成果获得社会各界广泛认可和尊重。习近平总书记在党的十八大后,到地方调研视察的第一个农村就在顺德。今年全国两会闭幕之后,李希书记到佛山调研时也去到顺德。顺德是国家、省、市和全市人民群众都寄予厚望的地方,要清醒认识到自己的责任与担当,认真贯彻落实习近平总书记对广东工作提出的'四个走在全国前列'的重要要求、李希书记在佛山调研时的讲话精神,积极践行新发展理念,构建推动佛山经济高质量发展的体制机制,继续领跑、走在前列。这是佛山市委书记鲁毅对顺德的明确要求。"

"顺德要领跑，不仅仅是沉甸甸的责任，更是推动顺德今后发展很好的契机和强大的动力。"顺德区委书记郭文海接受媒体采访时说。

郭文海认为，顺德要领跑，首先思想要领跑，要唤醒当年"可怕的顺德人"敢想、敢闯、敢干、敢为人先的精气神，对标新发展理念、对标先进地区，坚持问题导向，抓重点、补短板、强弱项，这样才能更好地谋划顺德发展之路。

郭文海坦言，顺德有两件事情让他最揪心："一是发展空间不足，无法满足企业增资扩产的需求，导致本土企业不得不离开顺德到外面投资。二是农村基层积累沉淀了较多矛盾和问题，影响顺德稳定发展大局。这都是制约顺德领跑的问题，要有担当，敢去面对。如果没有化解好，产业发展空间也没有，基层也不稳定不和谐，高质量发展就无从谈起。"

解决发展空间不足的问题，关键在于村级工业园。改革开放40年来，村级工业园为顺德迅速从农业社会进入工业社会做出了重要贡献，对推动顺德经济社会发展功不可没，很多大企业、企业家都从这里走出来，是顺德工业的"产床"。但是，曾经"村村点火，户户冒烟"的小作坊集中在村级工业园，也对安全生产、环境生态造成了极大的压力，而且由于产权关系盘根错节，极易成为农村黑恶势力滋生的土壤。

村级工业园占有大量土地，但利用率极低。顺德全区382个村级工业园，占用了顺德工业用地的70%，占地面积近13.5万亩，平均容积率只有0.78，仅贡献了4.3%的税收。由于村级工业园占用大量面积，顺德土地开发强度高达52%，远超30%的国际警戒线，极大地压缩了产业可持续发展的空间。在中央的环保督察中，村级工业园已成为问题突出的整治重点。

村级工业园已经成为当前和今后顺德发展大局中，牵一发而动全身的关键矛盾和关键问题。

郭文海认为，顺德不能拖着破旧的村级工业园进入新时代、进入现代化，拖着破旧的村级工业园也进入不了现代化。顺德未来的产业发展、生态建设、城镇化发展都得向村级工业园要空间。

4月16日，顺德召开上千人的村级工业园升级改造工作动员大会，将村级工业园改造列为政府"头号工程"。会议提出：这是一场必须打，而且必须打赢的攻坚战，必须举全区之力去打好这场攻坚战。

会议出台了《顺德区村级工业园升级改造实施意见》和《顺德区村级工业园厂房搬迁补偿工作指引》《关于进一步加大村级工业园改造资源统筹的工作方案（2018—2020年）》《顺德区强力实施"三个一百天"村级工业园安全与环保执法和源头整治攻坚工作方案》等"1+3"系列文件，还进一步明确了10个镇街的改造任务和完成时间。

在会上，国家开发银行、中国农业银行、民生银行、顺德农商银行等金融机构与区政府签订了《金融服务合作协议》，顺控城投、中建、华夏城投、华侨城等与区政府签订了《产业引进框架协议》，顺创联投、碧桂园、万科、保利、恒大、美的地产与大良、容桂、勒流、陈村等签订了《村级工业园改造合作协议》。另外，北滘、乐从、勒流、龙江、杏坛、均安分别与企业签约。

在此之前，顺德还召开了一次超千人的全区加强基层大治理推动乡村振兴工作大会，出台了加强基层治理推动乡村振兴"1+5"系列文件，包括加强农村基层组织建设、加强基层法治建设和谐顺德、村居文明水平提升、加快化解农村突出问题、开展村企结对共建乡村等，明确了新一轮乡村振兴的目标和要求，下决心把加强基层治理推动乡村振兴作为一项重大工作来抓。为保证工作顺利推进，面向全国选调100名公务员，选派104名中青年干部下基层驻农村，打造顺德基层治理的"铁军"。

加快村级工业园升级改造将腾出顺德产业发展空间、生态文明建设空间和城镇现代化建设空间，加强基层治理推动乡村振兴将为顺德营造一个和谐稳定的发展环境，这都是为推动顺德经济高质量发展打基础的工作。

在此基础上，坚持"六个坚定不移"，围绕"两造三化"建设"五个顺德"的发展目标也变得越来越清晰、明确、可操作。

"六个坚定不移"即坚定不移传承开放引领、创新驱动战略；坚定不移将造环境、造空间作为党委政府推动发展的第一要务；坚定不移传承和弘扬敢想敢干、敢为人先的改革精神；坚定不移真情呵护好企业家，真心服务好企业；坚定不移多做打基础、利长远的事；坚定不移正确处理促发展和防风险的关系。

"两造三化"即造环境、造空间，制造智能化、创新全球化、发展绿色化。

"五个顺德"即建设科技顺德、文明顺德、美丽顺德、和谐顺德、富裕顺德。

新技术，新社区

发展是第一要务，人才是第一资源，创新是第一动力。

对顺德而言，构建现代化经济体系，实现创新驱动，重点是以"三个第一"为统领，抢抓粤港澳大湾区和军民融合两大战略机遇，建设"科技顺德"，推动新时代的"顺德模式"从高速度向高质量发展。

在抢抓粤港澳大湾区战略机遇方面，顺德围绕佛山提出"香港＋佛山"的合作部署，积极营造大开放格局，推动"香港科技＋顺德制造"的合作模式，推动顺德制造业不断转型升级。按照"香港珠宝＋顺德制造"的理念，引进香港保发珠宝产业中心项目进驻顺德伦教，发挥伦教珠宝产业已有400亿元产值的基础，可望在未来3～5年内把珠宝业打造成千亿元产业集群。

在引进来的同时，顺德积极走出去，先后走进深圳、走进北京、走进加拿大温哥华、走进德国汉诺威和亚琛，走进美国芝加哥等城市举办"发现顺德，全球路演"活动，推介顺德，对接先进，吸引了世界的关注。

在军民融合方面，佛山顺德军民融合创新产业园和广东省空间网络工程技术研究中心已于2017年年底落户顺德，前者是广东省首个以军民融合为主题特色的大型产业园，力争打造成为国家级军民融合创新示范区、核心区，后者将对全球首创的"空间互联网系统"开展研发和测试。产业园规划占地面积约63.5亩，投资15亿元，已在顺德北滘分两期建设。

顺德军民融合产业园的首期入园项目包括天基物联网DCS系统、微波光子雷达、X波段阵列天气雷达、军民两用产品可靠性保障平台、供应链管理平台、军民融合科技服务平台、低空核辐射监测系统、大超人CDSS系统、信息安全支撑平台、网络空间安全学院、数字家庭公共技术平台、军用隐形材料项目等12个重点项目，均已签约入驻。

从这些项目的名称上，就可以感受到顺德产业转型的力量和动能转换的质量。然而，更精彩的篇章还在后面。

在政府的积极引导、推动和重点项目带动下，顺德本土企业纷纷行动起来，全力助推政府打造科技顺德和现代化智能制造产业高地。

1月18日，顺德新能源汽车小镇举行启动仪式。新能源汽车小镇是碧桂园集团与制造业巨头联手开发的，项目建筑面积约40万平方米，固定资产投资总额预计约为25亿元。该项目将打造动力电池、新材料、整车、电机控制器、动力总成等五大研究院，入驻不少于500人的研发团队。投产后计划用五年时间，助力顺德再造一个千亿元的新能源产业集群。

　　此前两个月，美的集团和碧桂园已经签订了全面战略合作协议，双方将在科技小镇、智能家电等多个领域进行全方位的深度合作，联手打造智慧无人工厂。

　　3月28日，总占地面积10 000亩的广东省智能制造创新示范园在北滘镇启动。美的库卡智能制造基地、世界级无人机创新项目、佛山机器人学院、弗劳恩霍夫协会自动化研究所（IFF）、亚琛工业大学机床实验室、广州大学城卫星城等一批重点项目进驻。其中智能制造核心区总投资超过160亿元，主攻工业机器人、服务机器人和无人机等产业，着力打造继家电、机械之后，顺德第三个千亿产业集群。

　　美的库卡智能制造基地由顺德本土企业美的集团与世界机器人龙头企业库卡集团携手打造。先期引进库卡集团及其机器人上下游企业25～40家，到2020年引入100家以上，2025年达到500家以上，涉及研发设计、零部件制造、系统集成、创业孵化、检测、培训等全产业链条，到2024年形成机器人产能每年75 000台的规模。

　　"我确信今天的项目会成为中德合作的典范。"库卡集团CEO Till Reuter的这句话，代表了当天在场的每一个人的心声。

　　5月18日，一向人来车往、喧嚣杂乱的乐从镇上华工业园迎来了一场别开生面的庆典活动。由顺德国资、乐从镇与美的置业集团强强联手，将这个传统的村级工业园改造为上华智能智造产业园的奠基仪式正式举行。

　　该项目采用政府、国资、民企联手改造升级的方式，为顺德村级工业园改造树立了一个标杆。项目总投资超过8亿元，2019年即可投入使用。改造后，以前杂乱低端的上华工业园将一跃成为高端创新聚集区的重要载体，以高端智能装备制造、机器人产业、生物医药等产业为发展方向。

5月23日，东菱智慧产业园、高性能净化材料项目、数字化陶瓷装备制造基地、专业特种环境系统研发制造基地、智能小家电研发生产基地、智能停车设备研发生产基地、智能充配电设备研发生产基地、顺德五沙大数据中心等8个项目在顺德高新技术产业开发区举行动工和启动仪式，总投资为58.6亿元，达产产值将超过118亿元。

9月8日，顺德区政府与碧桂园集团全资子公司——广东博智林机器人公司举行签约仪式，将在北滘共同打造集科研、实验、生产、文化、生活、教育于一体的机器人谷。碧桂园计划5年内投入至少800亿元在机器人领域。机器人谷项目占地10平方公里，预计2023年建成，届时将有1万名全球顶尖机器人专家汇聚于此。

与此同时，位于顺德西部的顺德高新技术开发区和位于顺德北部的三龙湾高端创新聚集区，正通过"一环创新圈"形成紧密连接，为打造科技顺德提供了更大的平台和空间。

在城市建设方面，顺德已启动德胜河一河两岸大良—容桂"强中心"建设，着力改变城区分散零乱的局面，营造良好的城市生活环境，并出台了一系列人才新政吸引全球高端人才。

一个面向粤港澳大湾区，面向世界的开放格局已经形成。

这是一系列漂亮的组合拳，在贸易保护主义重新抬头、大国竞争日趋激烈的当下，顺德又一次站在了中国制造转型升级的前沿，表现出了勇于担当、敢为人先的本色。

顺德，正在动能转换的道路上，摆脱对高速度发展路径的依赖，向着高质量发展的目标开足马力。

"顺德模式"历经凤凰涅槃的阵痛，又一次迎来了浴火重生的历史机遇。

在2018年的秋天，走进北滘镇黄龙村，绿树环绕，生态优美，美丽乡村建设的成就让人眼前一亮；以党建为主题的文化公园和社区活动中心成为人们日常休闲的好去处；在社区居委会的布告栏里，村务公开，数据透明，让人一目了然；在互联网平台上，村民与村委之间的信息往来顺畅快捷；走过村中小巷，村民们的获得感深藏在每一户人家的新居里，幸福感反映在每一张开心的笑脸上。

6年前，习近平总书记来到这里走村入户，与贫困户促膝长谈。6年来，黄龙村人牢记总书记嘱托，充分发挥基层党组织的作用，不仅改变了自身环境，提高了村民收入，还成为顺德基层治理的乡村振兴的一面旗帜，也是全区的党建示范基地。以党建学习为宗旨的黄龙书院自2017年成立以来，先后培训全区农村"两委"干部和基层骨干人员1800多人。

8月31日，顺德举行2018年党建资金竞争性扶持项目评审会。大会采取竞争性评审方式分配1900万元资金，将财政资金真正用到群众最需要的基层党建和民生项目上。来自全区10个镇街的64个项目参与角逐，最终评选出29个项目获得扶持。

这一次，黄龙村又有"党建文化阵地建设"和"黑皮冬瓜品牌振兴"两个项目分别获得了50万元的扶持。自2014年顺德设立党群共建社区发展基金以来，通过竞争性评选，至今已扶持优秀党建民生项目144个，累计投入资金3000万元。

离开黄龙村，走进5公里之外的广东工业设计城，又一座创新中心拔地而起。从习近平总书记2012年到顺德考察广东工业设计城提出"8000名设计师"的要求，到2017年年底，顺德全区共计集聚工业设计企业300家，其中工业设计城就有238家，各类设计人才已超过8000人，成功达成习近平总书记"8000名设计师"的殷切期望。

但是，顺德并没有就此止步。2018年9月19日，顺德区政府正式发布了《"设计顺德"三年行动计划（2018—2020）》，全面实施设计创新系统工程，计划撬动投入15亿元，从全区层面统筹规划设计产业发展。其目标是将广东工业设计城发展为全国工业设计高地，在全区集聚万人以上的工业设计专业人才队伍，形成一批知名设计服务品牌和设计创新领军企业，发展起若干以工业设计为先导的创新型产业集群，努力将顺德打造成立足粤港澳大湾区，辐射全国乃至全球的工业设计产业强区，争创"工业设计之都"。

"工业设计应当被发展中国家用作工业化进程中的一种工具。事实上，工业设计是着力实现发展的一种不可或缺的工具。"[一]

顺德人深谙此理。

无论是北滘镇黄龙村，还是广东工业设计城，都是顺德的一个新缩影。

又一次扛起改革大旗

2018年年底，一个令人振奋的消息从顺德传来。顺德将再一次扛起改革先锋的大旗，要在构建推动经济高质量发展的体制机制上走在前列，以"顺德样板""顺德示范"为高质量发展探路。

8月31日，十二届广东省委全面深化改革领导小组第七次会议审议了佛山市顺德区关于率先建设广东省高质量发展体制机制改革创新实验区的有关事项，会上，佛山市委常委、顺德区委书记郭文海代表顺德汇报了建设实验区的工作设想。

虽然汇报的只是一个工作设想，但顺德却没有等待，而是积极行动起来，迅速在第一时间传达学习省委深改组会议精神。9月1日至3日，郭文海连续3天主持召开由区几套班子成员、区属各部门、各镇（街道）书记等参加的专题会议，传达学习省委全面深化改革领导小组会议精神，统一思想认识，讨论如何推动高质量发展，与会人员深受鼓舞，

[一] 王敏. 西方工业设计史 [M]. 重庆：重庆大学出版社，2013.

倍感振奋。

9月19日,中共广东省委全面深化改革领导小组做出正式批复,同意顺德区率先建设"广东省高质量发展体制机制改革实验区"。批复要求,顺德建设实验区要以习近平新时代中国特色社会主义思想为指导,紧扣"四个走在全国前列"要求,围绕高质量发展,聚焦村级工业园改造,把经济发展的着力点放在以先进制造业为主体的实体经济上,对标国际最优最好最先进,全面深化改革、扩大开放,加快政府职能转变和体制机制创新,在用地审批、空间规划、项目报建等方面先行探索,进一步优化创新环境和营商环境,加快形成推动经济高质量发展的制度框架和政策体系,率先在建设现代化经济体系上取得攻坚突破。批复提出,顺德要进一步解放思想,紧密结合实际,以高质量发展体制机制改革创新实验区为契机,勇于突破,大胆试、大胆闯、自主改,着力解决高质量发展和建设现代化经济体系的突出问题,以更大的作为开创工作新局面,奋力在构建推动经济高质量发展的体制机制上走在前列,以"顺德样板""顺德示范"为全省高质量发展提供经验借鉴。

9月28日,佛山市委深改组召开会议。市委书记鲁毅在会上要求,市委、市政府对顺德率先建设广东省高质量发展体制机制改革创新实验区要高度重视,市相关部门要给予大力支持。

9月29日,顺德召开区委全面深化改革领导小组会议,郭文海在会上传达了省委深改组关于同意佛山市顺德区率先建设广东省高质量发展体制机制改革创新实验区的批复内容以及市委深改组会议精神。

郭文海指出,省委深改组同意顺德率先建设广东省高质量发展体制机制改革创新实验区,是省委、省政府和市委、市政府对顺德的重托、厚望和鞭策。对顺德而言,这既是千载难逢的发展机遇,也是沉甸甸的政治责任,是推动顺德高质量发展的强大动力。

郭文海强调,在改革开放40周年之际,顺德又一次扛起改革大旗,这是顺德在新时代新的历史使命。顺德干部队伍一定要统一思想，弘扬改革开放40年来敢想敢干、敢为人先的"可怕的顺德人"的精气神，保持昂扬向上、奋发有为的精神状态，闻鸡起舞，不辱使命、不负重托，以强烈的使命感和责任感，勇于突破、先行先试，在高质量发展体制机制改革创新上做出"顺德样板"和"顺德示范"。

样板与示范，这是两个沉甸甸的词，其中似乎包含着"只许成功，不许失败"的决绝，也包含着来自上级的信任和来自顺德的自信。在顺德区人民政府的网站上，发布这个消息时采用了"将为全省高质量发展探索可复制、可推广的发展路径"的副标题，将样板与示范的意义解释得更具体、更实在。

行动起来的顺德人更加实在，他们很快将这个在文件中长达22个字的名称简化成了只有8个字的"高质量发展实验区"，并很快使之成为网络传播和口头谈论中的"热词"。

2018年的岁末，因获批全省"高质量发展实验区"而带来的热潮正涌动在顺德的每一个角落，有些人在深入调研，有些人在座谈交流，有些人在制定行动方案，还有更多的人重新感受到了那些激情燃烧的岁月。

在当地媒体《珠江商报》与顺德工商联组织的多场座谈会上，来自文化理论界和企业界的代表踊跃发言，为区委区政府制定更加具体的实施方案献计献策，到会议结束时还意犹未尽，人们很容易将这次全省"高质量发展实验区"的意义与1992年的全省"综合改革试验县（市）"相提并论。在那一次改革中，顺德因"产权改革"而轰动一时，为民营经济的高速度发展奠定了基础，产生了美的、碧桂园等诸多明星企业。这一次，顺德还能在高质量发展的机遇面前再续辉煌、再攀高峰吗？所有的答案都蕴含在接下来的实际行动中。

广东的改革先锋，往往也是全国的改革先锋。在高质量发展已成为国家战略的大背景下,顺德这面改革先锋的大旗显得尤为引人注目。

顺德人深知,随着改革不断步入深水区,新时代的先锋比以往任何时候都更加需要高举改革开放的大旗,也更加需要"敢为天下先"的勇气和担当,来破解发展中遇到的一切困难和阻碍。

在过去四十年的改革开放过程中,充分表现出改革精神和先锋锐气的顺德,又一次肩负重任,站在了改革的前沿,扛起了改革的大旗。

这是在改革开放四十周年的重要节点上,历史对顺德的嘉勉,时代对顺德的召唤,未来对顺德的期待。

第二十章　改革是信仰，也是行动

城市的发展进步，缘于它对改革的不断创新和对持续发展信念的永恒追求，并始终将其作为自身的奋斗准则。改革是第一要素，城市只有具备了积极调整和不断优化的能力，才能够深刻地体现改革的真正意义。无论是已经享受到改革喜悦的城市，还是正试图更加接近改革的城市，改革的目的都是让人们的生活更美好，哪怕这种美好只是给人们的生活增加了便利，抑或带来了畅通。

作为现代城市和区域规划理论的先驱思想家之一的帕特里克·格迪斯曾经低吟，"城市必须不再像墨迹、油渍那样蔓延，一旦发展，它们要像花儿那样呈星状开放，在金色的光辉间交替着绿叶。"在一切被纳入可持续发展框架的今天，如花儿般开放的城市也调整着认知。过去，即使短暂的绽放也是辉煌，今天，长久的沉淀和芬芳逐渐成为城市发展的主旋律。改革持续散发的活力，加之城市本身对持续发展的信念才会让城市实现长久的沉淀。值得欣喜的是，我们看到这种活力和信念已经在顺德这座城市扎根生长。

信仰改革

自从改革拉开巨幕，全国的城市先后宣告进入改革的行列以来，模仿就不可避免地成为一个重要途径。诚然，模仿会让城市"少走弯路"，并能在短时间看到一个个代表成长的漂亮数字，但是，模仿和借鉴带来的成绩虽迅速形成，却像阳光照耀下的泡沫，光彩而炫目，且极其容易破碎。这种表面的改革让城市的竞争力不攻自破，自然不能成为城市可持续发展的根本。

与此同时，随着环境稳定性的增加，改革日益变得艰难。改革意味着改变，改变就代表着动荡，代表着人们原有的状态、原有的习惯等都会发生调整，在这个过程中，城市和人们必然要放弃已有的观念和行为方式，以适应新的方式。随着时间的推移，人们具有了维持原状以保持其稳定性的惯性，这本身便会导致一种排斥改变的自然反应。而且，人们的价值观和期望在过去的经验中形成，尤其是老一辈人，他们倾向于用过去对政策和形态的看法和态度审视现在，并对与他们态度不相符的部分保持排斥。惯性的力量是巨大的，它长年累月地影响人们的生活态度，影响人们的思维方式和行为模式，并且难以在短时间内改变。

更加关键的是，年轻的群体正在成为城市的中坚力量，他们是消费结构和商业活动中最活跃的存在，也是改革变化极其重要的感受者。与老一辈人不同，年轻人有着更加自主的思考和更加广阔的视野，他们对改革有着更高的期许和更严格的要求。当改革未与年轻人的期望匹配时，便会产生事与愿违的结果。

当变革因素变得越来越同质化，越来越无法突出城市优势的时候，改革便陷入与往常无异的正常运作中。改革曾经不断追求的创新力、竞争力、品牌效应、市场优势等，已经无法培育和维持城市长期和远期发展的能力。城市存在于不断变化的改革环境下，要能够持续爆发成长力，最根本且最重要的是能够突破模仿的桎梏，敢于尝试，敢于成为"第一个吃螃蟹的人"。

改革开放以后，在顺德这块适合产业成长的土地上，"敢为人先"

地成长起一大批敢于挑战的顺德人，并由此创建了一大批成功的企业。英国天文学家普罗科特曾经说过，"一切活动家都是梦想家。"一个优秀的领导者，首先是敢于有梦想的人，他们在企业创立之初，从一个想法做起，即使这个想法充满不确定和未知，但是他们用行动分解梦想，并且逐渐让想法成为现实。即使他们的梦想听起来不切实际，遭受的都是质疑和误解，但是他们仍然坚定不移，用一步步的努力把梦想转化为成功的实践。就如英国作家奥斯卡·王尔德（Oscar Wilde）对梦想家的定义，"只能在月光里找到他们的道路，他们受到的惩罚是，他们比世界上其他任何人都更早地看到曙光。"

"敢为人先"的顺德人真正的魅力在于跳出常规的桎梏设定目标，并不断挑战和突破，在人们的质疑和误解中坚持下去并从中探寻可能性，且有能力将微弱的可能性燃成熊熊火焰，聚集更多人的能量，在火焰的指引下，抵达成功。如今，顺德企业知名品牌林立，在多个领域占领风骚，并已然成为中国乃至世界商业市场的主要参与者。它们的发展对促进全市的政治、经济与社会的稳定与发展起到了重要作用，更加重要的是，为顺德人民群众提供了发挥智慧的舞台，成就了敢为人先、大胆自信的"可怕"顺德人，顺德人也成为改革开放这项全世界最宏大的国家战略的实践者和见证者。顺德企业的新时代依然在书写，顺德，这座城市的辉煌依旧在上演。

持久焕发活力

在我国的经济体制改革中，公有产权制度改革是重中之重而又难上加难的工作。顺德产权改革的试行工作于1993年下半年正式开始，到1994年年底结束，历时一年半。尽管当时国内对企业改革的争议颇多，但"敢为人先"的顺德人坚信企业改革的必要性和关键性，率先推进以产权制度改革为核心的综合配套改革，成为中国改革发展的探路先锋。

顺德政府改革的决心是坚定而明确的，而准备工作也是充分而全面的。首先，为了改革工作的顺利开展，市、镇两级都成立了专门的领导小组，加强改革工作的领导，同时组建了市投资控股总公司和各镇的投资控股公司，以它们作为共有资产的代理主体，具体组织实施产权改革和公有资产产权的经营管理。同时，为了顺利推进产权制度改革，在试点取得经验的基础上，制定了关于资产投资、产权界定、财务处理、社会保障、监督保证和社会服务等一系列政策和规则，并且准备了一定的应急资金，保证改革的平稳过渡。

改革的试行工作从1993年正式开始，顺德市委、市政府下发了《关于转换企业机制，发展混合型经济的试行办法》，决定通过政府独资、控股、参股经营等方式，对全市公有、集体所有制企业进行产权改革，按照"产权明晰、责任明确、贴身经营、利益共享、风险共担"的目标，全面推动企业整体转制。通过产权转让、引资扩股、公开拍卖，建立股份制、股份合作制和混合型经济，实现产权主体的多样化。

1992年，美的成为中国首家完成股份制改造的乡镇企业。在此之前，北滘镇政府的经济发展公司是其第一大股东。当时何享健便意识到，如果不改制，不按照市场化规则运行，员工利益、职务薪酬等问题都无法解决。20世纪90年代初，何享健和顺德市领导到韩国考察，对比中韩企业后得到共识，"竞争性的公有企业如果不改革，企业负盈，政府负亏，总有一天要出大问题。"在国家开始推动股份制改革试点时，美的便主动申请成为全国第一家进行股份制改造的乡镇企业。次年，"美的"股票在深圳证券交易所挂牌上市，成为中国第一家经国家证监会批准，由乡镇企业改组的股份制上市公司。此时的美的是一个只有几百名员工的风扇厂，但它已经是顺德制度改造和创新实现腾飞的典范。

同样作为股份制改革先锋的是碧桂园集团。在20世纪90年代房地产投资浪潮席卷中国的时候，顺德北滘镇政府属下的北滘经济发展总公司与另外两家公司，合组顺德三禾物业发展有限公司，开发碧江及三桂管理区的一片土地，将此项目命名为"碧桂园"。然而，随着海南房地产泡沫破裂以及国家对房地产宏观调控的实施，碧桂园的销售并不乐观。资金链断掉，合作企业退出，没有企业愿意接盘，"碧桂园"项目明显难以继续。此时，北滘作为顺德企业产权制度改革的试点正加速开展，具有前瞻眼光的杨国强看到了希望，并主动加入到顺德企业改制的第一波大潮中。

1993年9月，顺德北滘镇政府与杨国强等五位股东签署第一份转制协议，北滘建筑工程公司顺利转制为民营企业，杨国强与团队带领公司走上了自主管理和发展的前进之路。正是这份转制协议，奠定了一位成功的企业家的基础，也正是这次产权制度改革，成就了一家未来的世界500强。

在没有模式可以照搬，也没有经验可以借鉴的情况下，顺德企业改革工作的开展是快速而顺利的。到1994年年底，顺德已基本完成转制的企业共有896家，占全市市镇两级公有制企业的82.7%，其中工业企业311家，商贸企业485家，建筑企业27家，农业企业65家，其他类型的企业8家。

在外界的质疑中，一场以企业改革为核心的、综合的改革，在顺德全面展开。到1994年年底，顺德已基本完成转制的企业共有896家，占全市市镇两级公有制企业的82.7%，其中工业企业311家，商贸企业485家，建筑企业27家，农业企业65家，其他类型的企业8家。产权制度改革后的顺德，迎来了更加辉煌的春天。

如今，在创新的新时代，顺德又在改革的道路上迈出了新的一步。2017年8月，顺德印发了《顺德区促进企业利用资本市场扶持办法》

（以下简称《办法》），再次强调扶持企业建立现代企业管理制度，利用资本市场做好做强。根据《办法》，顺德企业完成股份制改造并取得股份有限公司营业执照、实收资本3000万元（含3000万元）以上的，一次性给予300万元扶持；实收资本3000万元以下的，一次性给予100万元扶持。对完成股份制改造，成功在境内资本市场实现上市或挂牌的顺德企业，按不同层次的资本市场给予扶持：在上海证券交易所、深圳证券交易所上市，一次性给予100万元扶持；在新三板挂牌，一次性给予80万元扶持；在顺德区政府认可的其他区域性场外交易市场挂牌，一次性给予30万元扶持。同时，顺德各镇街也纷纷出台扶持政策，支持企业股改上市。

2017年，顺德共有70家企业完成了股改，还新增了在省证监局辅导企业10家，众多企业纷纷积极参与各种关于资本运营的研修班、宣讲会和培训会，企业股改上市热情空前高涨。同时，2017年度顺德新增上市企业5家（含过会），创下顺德单年企业上市的纪录，至此，全区累计上市企业达24家；新增新三板9家，超过了全市新三板企业数量的三分之一；新增在省证监局辅导企业10家，位居全省第四；海外上市板块新增3家，全年完成股份制改造企业70家。

2017年记载了顺德股份制改革的成功，2018年也将见证顺德股份制改革的持续飞跃。2018年1月3日，顺德区人民政府印发了《佛山市顺德区加快推动企业股改上市三年行动计划（2018—2020年）》和《关于进一步支持企业上市解决上市后备企业历史遗留问题的指导意见》两大重磅文件，力撑企业股改上市，计划到2020年，顺德力争实现上市企业50家、新三板挂牌企业60家、区域股权市场挂牌企业200家。

实践证明，推动企业股份制改革不仅有利于顺德对人才的吸引，而且有利于企业筹集资金以及对资源配置进行优化。在竞争激烈的市场中，企业需要在更广泛的社会范围内筹集资金，以实现创新的要求，满足再生产的需要。股份制改革让企业资产资本化，为一批优质的企业进入资本市场、扩大直接融资、集聚优质资源创造了有利条件。此外，通过股份制改革，企业的产权有了明确的归属，为资产在全社会范围内的流动提供了便利，为调增产业结构提供了良好的条件。顺德在全国率先开创的企业股份制改革之举，为市场经济体制改革探路提供了样本。顺德顶"大帽"、冒"风波"的义无反顾，最终成就了今天的辉煌，并在环境的改变中不断散发活力。

企业家精神

城市的成长是千千万万人创新、变革等努力的积累、整合与实现的动态过程。经历了改革开放40多年的发展，老一辈顺德人以敢为天下先的精神创立了多家优秀企业，同时也成就了大批优秀的民营企业家，他们所表达的企业家精神让顺德充满活力。

创新，是顺德企业家精神的核心。诺贝尔经济学奖获奖者埃德蒙·菲尔普斯（Edmund S. Phelps）在《大繁荣》一书中表示，纵观整个历史的繁荣进程，无论是19世纪20年代的英国，还是20世纪60年代的美国，繁荣最重要的一个驱动力量是社会上出现了广泛的自主创新，这是驱动社会进步的真正力量。对此，现代管理学之父彼得·德鲁克（Peter F. Drucker）有着同样的观点，他认为，"美国之所以可以持续繁荣，甚至超越了所有经济学家对美国经济周期的预测，最根本的原因在于美国出现了真正的企业家经济，一个经济史上最具深远意义和最鼓舞人心的事件。"这成为德鲁克对企业家精神和创新精神最重要的观点，而这种观点与敢为人先的顺德企业家有着十分契合之处。顺德的经济可以持续增长几十年，与企业家精神有着重要的联系，而企业家精神背后的核心便是创新。

政治经济学家约瑟夫·熊彼特（Joseph Alois Schumpeter）在其著作《经济发展理论》中提出创新的概念，创新被视为将生产要素的"新组合"引入生产体系的过程，与此同时，他认为创新是在生产过程中内生的，必须能够创造出新的价值。创新的基因被不断地植入到企业中，成为企业突破自身局限寻找生机和出路的必备条件。企业家追求的创新是实践的创新。熊彼特清楚地表示，创新必须回到真正的检验当中。企业家的创新是一个实践的创新，他们虽然从理念创新、观念创新、思想创新出发，但最终会将它们凝结为人们可以享用的产品。企业家的创新精神是行动与结果的关系，真正的改变必然是在行动和结果中体现的，如果没有二者，一切的创新都是纸上谈兵，缺乏更深层次的意义。真正好的创新有吸引人心的力量，企业家将生活融入创新，用独特的视角和智慧不断修正生活里各式各样的漏洞，为生活提供美好。

企业家的创新精神也是使命感与责任感的体现。这意味着，企业家仅有责任感还不够，还要有更大的使命驱动的力量，才可以让他们拥有创新的能力。第一代的顺德企业家，如美的的何享健、碧桂园的杨国强、科龙的潘宁、万和的卢础其、顺德农村信用合作社的吴海恒等，他们通过一系列的大胆创新，敢为人先，缔造了一个又一个奇迹，甚至可以称之为神话，在他们的身上，我们看到创建了"世界的美的"的顺德人如何让企业家与责任和使命同行。

随着顺德"创一代"的老去，企业的接班问题日益凸显。在中国传统的企业经营理念中，接班问题永远是一道难以逾越的坎。家族企业是顺德企业的重要组成部分，随着第一代创业者逐渐淡出，家族企业进入了集中的二代接班期。家族企业代际传承问题是关乎企业生存与发展以及家族财富的重要问题，随着家族继承人年轻化的发展，"子承父业"这种以血缘关系为纽带的传统传承模式，受到二代没有接班意愿或没有接班能力的重大冲击。据统计，近八成的二代没有接班的意愿，其中 70% 希望能够自己创业。

作为民营企业代表的美的，很好地迈过了接班的"坎"。2012 年 8 月，美的集团创始人何享健退居幕后，并决定把美的的权杖交给职业经理人方洪波。方洪波接替何享健担任美的集团董事长，打开了中国现代企业传承的新范式。在方洪波带领下的美的不断进行文化再造和战略创新，在全球化和"双智战略"[○]的驱动下关注用户需求，加大资源投入，企业竞争力得到进一步提升。新时代的美的正稳步向全球化科技集团迈进，向世界发出号角，展示中国品牌力量。从 20 世纪 80 年代做分散的出口业务开始，美的就已经有了庞大的海外业务，2015 年，美的来自国际市场的收入规模已经超过 80 亿美元。坚信"我们了解这个世界是什么样"的方洪波带领美的进一步在国际化的道路上大举前进，从收购日本家电巨头东芝公司的白电业务，到获得意大利中央空调制造商 Clivet 80% 的股份，再到并购德国工业王冠上的一颗宝石——库卡，美的已经不再是一家家电企业，而转型成为一家全球化的科技集团。自此，美的进入了完全由职业经理人操盘的时代。

同样的情形出现在碧桂园，职业经理人莫斌肩负企业整体提升的责任，并带领碧桂园成为全球领先的房地产企业；同样的情形也出现在万和，叶远璋是万和今天的带头人，身为职业经理人，一样很好地带领着万和走上了稳健发展的路径。

显然，从初创企业家过渡到职业经理人的顺德企业依然有很强的生长力，它也为企业接班问题提供了新的解决路径。在企业创立初期，尤其是乡镇企业创办初期，企业家需要把控的规模相对较小，遇到的管理问题较少，企业家的决策和行为更多地参照先前的经验而非专业的判断所得。随着企业规模的增加和环境不确定性因素的增多，企业家面临的实际问题更加复杂，越来越多的企业家在企业成长的过程中开始增强自

○ 双智战略，即"智慧家居 + 智能制造"战略。

身专业素质，逐渐呈现出向职业经理人转变的趋向。因此，在竞争日趋剧烈的今天，管理越来越强调创新与专业的结合，将职业经理人融入企业管理，是对企业家精神的时代补充。

在企业家精神进一步充实的背后，是初创企业家的宽容和信任。尽管很多企业管理者已经意识到职业经理人对企业传承乃至长期发展的重要性，但依旧有很多企业惧于踏出职业经理人接班的一步。"家"文化一直是中国传统文化的重要组成部分，这种文化也渗透进了现代商业中，尤其是家族企业之中，作为以家族契约为核心的组织，职业经理人的引入使得基于"家"族血亲关系的生态平衡被打破，因此引发的一系列矛盾和冲突必然会桎梏职业经理人的管理开展，职业经理人和企业实际所有人之间的信任关系也将受到挑战。

尽管企业家和职业经理人之间的最佳融合路径仍在实践，但二者完美融合的例子并非少数，正是这样一群勇于尝试、敢于创新的顺德人，让我们相信顺德拥有持续的发展能力。

永葆驱动力

汤因比（Arnodl Joseph Toynbee）在《历史研究》中阐述道："每一个文明都有适合自己发展的历史时期。"顺德同样如此，从一个不起眼的南方小县，到逐渐显耀于中国改革开放的大潮，并成为中国经济发展史上不可或缺的一笔，这个城市有着它所代表的价值力量和精神魅力。

在曾任《经济日报》记者朱建中的"北人南行记"系列报道中，很容易让人们感受到顺德人的"可怕"之处，在中国传统经济和市场经济结合的初期，他们以创新独到的经营手法和冲锋在前的经营思路，创造了一条通往致富的道路，并由此创建了工业经济发展的奇迹。即使在今日，顺德人不拘一格的做事风格和敢于冒险的精神仍然让人自叹不如。

经过无数艰辛闯下成功，而成功也会为城市、为与之相关的人创造财富，在浮躁的社会，财富必然是把双刃剑。一个有雄心壮志的人即使能获得无上的财富和名利，也只是完成了一半的成功，因为如果没有纯净的价值追求，他就只能关注自身的发展和成就，只能够重复商业竞争中获取价值的一部分，而无力为社会的美好贡献力量，更无力构建起一个可以抵御风雨的保护墙。

保有对财富、对利益的纯净追求是个非常基础但又特别难以做到的事情，因为在竞争日益胶着、诱惑日益增加的时代，虽然追求价值提高是每个人全力以赴的选择，但是在面对利益时，人们常常会陷入盲目区，偏执地追求短期利润而逐渐丧失长久发展的能力。我们可以看到，顺德以及顺德人拥有明确而坚定的财富观和价值观，这份坚定既有让人们一路前进的信念，也有为城市发展付出热情的信仰。不妨从另一个顺德人——王卫身上看看顺德人纯净的价值追求。

城市的发展需要无数人的坚守，每一份坚守都是对初衷的坚守和对美好的向往，都需要有一种力量让每个人保持对纯洁价值观的追求，更需要有一种力量可以对外不断地传递能量，而这种力量正是顺德人最纯洁的价值取向和财富追求。同样成立于顺德的顺丰，在庞大的快递市场占据着一席之地。2017年2月，顺丰控股在深圳证券交易所举行更名敲钟仪式，顺丰成为当天深交所市值最大的公司。其总市值超过了在A股上市的圆通、申通、韵达三家快递公司的市值总和，在民营快递行业一枝独秀。经过20年的筚路蓝缕，顺丰已经发展成为业务覆盖全球的成熟企业，其背后是几十万员工和企业的共同努力。王卫一直坚信基层员工是顺丰之本，并且认为"对于管理几十万人的公司，我没有特别独到之处，只是将管理回归到人性的本质上。员工需要什么，就给员工什么。"王卫给予员工家人般的关心，与员工共同分享企业的成就，这恰恰也是顺德精神所在。

在未来，顺德会遇到环境的改变，也可能会经历挑战和坎坷，但是顺德具有了持续成长的灵魂，即价值观之下所产生的强大凝聚力，这在改革中的城市，尤为重要。

顺德正处在这个时代最好的机遇点上，2018年1月，佛山市顺德区第十六届人民代表大会第三次会议召开，顺德区区长彭聪恩在做政府工作报告时表示，2017年顺德预计全年实现地区生产总值3080亿元，增长8.5%，成为佛山首个跻身中国县域经济3000亿元俱乐部的市辖区，并表示将持续提升创新水平，让科技顺德成为现代产业发展的重要支撑。

结束语　下一个篇章

这是一个地地道道的冒险与探索，更是旧与新、公与私之间的不断冲撞。在动荡中维系平衡的纽带，便是人们渴望改变的欲望以及回归人性本身的光芒。这纽带贯穿在顺德 40 年发展的历程中，让我们因此看到了驱动顺德创造奇迹的核心内核，精简高效的政府、保护和明晰产权、龙头企业不断引领、遵循并尊重市场、独有的敢为人先的文化秉性。

在肯定顺德可持续发展的同时，我们也发出了新的声音，"顺德往何处去？"

持续发展最重要的是，需要一套可靠、明确的法律体系，需要制度框架提供可持续的保障。

持续发展需要构建一个生态圈，使得顺德拥有区域性中心城市的潜力，一个更好的社区。

持续发展需要一个政府形态，以促进进步及大众的福祉。

持续发展需要依靠开放的市场，以及持续创新的企业群体。

持续发展靠的是人，而不是其他。在众多环境因素的改变下，顺德如何拥有更多优秀的人才——从职业经理人，到产业工人，到技术人才，再到创意精英？

这些都是确保下一个 40 年顺德获得持续发展的基础。

结束语　下一个篇章

顺，不妄喜；逆，不惶馁；安，不奢逸；危，不惊惧。

40 年来，顺德以空前的创造向中国甚至世界证明了改革的正确性，坎坷荆棘都未曾削弱顺德改革创新的勇气和信念。而在今天，中国经济发展已经进入新的篇章，经济全球化水平不断提高，在资源配置中起决定作用的市场经济体制逐渐建立，中国已然步入了工业化后期，这些改变为顺德带来了更优势的发展形势，同时也带来了更巨大的挑战。与此同时，在最鲜活的生命中，人们已经感受到改革给自己、给顺德带来的改变，这种改变铿锵有力、坚定而又温暖，让人们的生活迈向更加幸福的方向。因而在未来，我们仍然有理由相信，下一个 40 年，"可怕"的顺德人还会继续创造顺德的奇迹。

后 记

还记得第一次到顺德的情形,那是1983年,我就读于华南工学院,在顺德的舅舅邀请我去顺德,所以找一个假日的时间就从学校出发去顺德了。我需要乘坐公交汽车到广州大沙头码头上船,渡过珠江,上岸后换乘长途汽车朝着顺德方向去,舅舅住在容奇镇,所以这一路要经过洛溪水道、三洪奇水道、容奇水道,整个路程要五六个小时。

到了20世纪90年代,洛溪大桥通车、三洪奇大桥通车、容奇大桥通车,交通时间缩短为3个小时左右;进入21世纪,高速公路贯通,接着城际轻轨通车,现在车程缩短为1个小时不到,顺德与广州已经被称为"广佛同城"。广州到顺德沿路历经变迁,从路两旁的桑基围田,到新楼迭起,从乡村小镇,到社区新城。

我与顺德互动长达20年。这个互动从1997年科龙打造企业文化工程开始,这一年,科龙销售"容声牌"冰箱248.88万台,在世界几大冰箱生产企业中排名第三,拥有员工12 800人。科龙集团基于自身快速发展的现状,感受到了挑战。当时的科龙集团,员工超过万人,并且集团产业布局分散各地,在广东、四川、辽宁等地建立生产基地,在日本、美国设立研究中心,在我国香港建立了信息总部,特别是对华宝公司的兼并、对成都和营口等地的整合,公司面临如何整合文化、如何保持科龙人的精神、如何适应公司快速发展等问题,这些问题对公司的组

后 记

织文化提出了要求。当科龙高层意识到文化的作用并做出战略部署的时候，我有幸参与了全过程，与科龙 12 800 名员工一起"耕心"，科龙把这一工程命名为"万龙耕心"，其用心良苦可见一斑。文化整合工程顺利完成，但是可惜的是，科龙在 2000 年后所遭遇的一切，让人所料不及。

更没有想到，从这一年开始，我开始了与顺德企业长达 20 年的陪伴。也正是亲见科龙集团的变化，让我从这个时候开始，决定深入理解顺德的企业，以及顺德本身。

美的，从企业人才培养，到事业部制运行，到新事业战略的确定，到国际化人才培养，直至突破千亿元大关，我一直感受到美的持续而强劲的发展力量。还记得在实现千亿元规模的大会上，何享健董事长祝酒时所做的发言：人才培养与团队打造是美的发展的核心与基础。美的的每一步发展都让我真切地感受到顺德人与顺德这个地区所具有的独特性。

还记得顺德农村信用合作社刚从农业银行分离出来的时候，吴海恒主任邀请我参与信用合作社自我独立发展之路的探索。顺德农村信用合作社沿着"顺德人自己的银行"这个战略定位，用几年的时间，一步一步夯实基础，发展成为顺德地区最大的金融机构，随后迎来了改制，出现了成为农商行的契机。姚真勇董事长再邀请我参与战略规划，这让我又一次体会到顺德人的创新精神与创造力。

还记得万和集团遭遇到规模徘徊在 10 亿元左右的困扰，我接受卢础其董事长邀请帮助重新梳理万和的战略，寻找突破口。我和叶远璋总裁及团队确定好新的战略，克服一切困难，甚至要推翻万和原有的资源和能力的时候，顺德人务实的精神再一次让我感动。因为务实与实干，万和在确定新战略后仅用了 3 年的时间就达到了 34 亿元的规模，在 2008 年遭遇全球金融危机的时候，依然保持强劲的增长。

还记得接受顺德区政府的邀请，展开中小企业提升与赋能的计划，我和华南理工大学工商管理学院的老师、博士生、硕士生们一次又一次走入企业，规划方案，推进转化和提升。华南理工大学工商管理学院为此在顺德设立了"顺商学院"，一大批中小企业迈上了转型与升级之路。

最记得接受国华中学邀请去做讲座时的感受，那是除了女儿的中学之外，唯一一次到中学去做讲座。我之所以接受这个邀请，是因为国华中学是一所令我极为钦佩的学校，这是一个因善而成的学校。我从那时开始了解碧桂园。到了2017年，碧桂园邀请组织辅导碧桂园企业博士后流动站的研究人员，这让我有机会去理解这家企业在人才选聘、组织培养以及组织运行机制上的设想及持续研究。

同年，顺德农商行举办年度论坛，当和到会的500多位顺德企业家一起交流的时候，我看到20年来很多熟悉的面孔，亲切而感动。更让我感到幸运的是，20年来顺德企业持续稳健发展，而我得以参与和见证。

从1997年开始，我几乎每周都要去顺德一次，这样往返于广州与顺德持续超过15年，之后改为每月去一次，直到自己到北京工作，还会每年定期回去顺德，既是去感受变化，也是去学习新的东西。

也许是长达20年的互动，让我一直记录和感受着顺德，所以2017年年初，我决定邀请《珠江商报》的马志良副总编辑为顺德写一本书，把顺德过去40年的发展按照我们可以理解的视角写出来。高兴的是志良接受了我的邀请。我们很快确定了写作的结构与内涵，并开始分别收集、整理素材和梳理问题。

接下来的大半年时间里，写作进展得非常缓慢，因为思考越深入，越觉得难以驾驭这纷繁、鲜活的实践活动。为了按照计划推进研究，我邀请在北京大学国家发展研究院财经班的学生罗雪挥参加，她虽然正休假在家，但还是在静斐老师的帮助下，接受了我的邀请。对于她来说，难题是她只能在北京完成这项共同研究的工作，我找到解决方案，把需

后　记

要她参与的课题要求及主题给她，很快她拿出研究大纲，我则安排广东财经大学工商管理学院老师宋一晓博士，华南理工大学的博士生和硕士生苏涛、欧阳素珊、臧祺超，参与到顺德实地调研和资料收集的工作中来，使得雪挥能够在线获得持续的帮助。

最让我感动的是，因为调研及分析需要一个同样理解顺德并亲历顺德改变的合作者，在顺德农商行工作的欧阳以标博士主动承担了带领实地调研小组和寻找资料的协调和组织工作，同时加入整理史料以及参与写作的过程。如果没有他的帮助，我无法想象这本书是否可以如期完成。

在调研和整理资料的过程中，顺德区经济和科技促进局常务副局长谭素、顺德区社创中心总干事李允冠、顺德区委决策咨询委员叶中平都给予了无私的帮助。也要感谢中共顺德区委宣传部、顺德社科联、顺德区经济和科技促进局、顺德档案馆、顺德图书馆、珠江商报社、顺德农商行、顺德区农业局、陈村镇政府、顺商发展研究会、顺德城市网等单位提供的帮助，让我们得以了解到更多可查找的历史素材。在实地调研、收集资料的过程中，我再一次感受到顺德人的务实、开放以及包容。

书稿初稿完成时，我想到了两个人，一个是林德荣，在德荣要撰写有关顺德书稿的时候，我是第一个热烈支持他的人，并为他的第一本关于顺德的书写序，接着他又陆续写了其他有关顺德的书，这些书也是这次我们写作的核心参考资料。我决定把初稿转给德荣看，并请他提出修改意见。德荣拿到书稿的第一时间就开始仔细看，并给出了很多具体的修改意见，正是因为有他，此书有了质量的保障，而更令我开心的是，德荣为此书撰写序文。

另一个是周其仁老师，从2006年开始，我对于改革与市场的认识，绝大部分来自于其仁老师的书，而在决定写作顺德这本书的时候，我曾经对自己说，写好了一定要先给其仁老师看，由他评阅、指正，我会心安一些。驾驭这个话题并不是我所擅长的,我们能做的只是如实地把自己的体验、观察呈现出来。让我感动的是,其仁老师拿到书稿的时候,人还在国外,在他一回到国内的时候,很快就把意见发过来。所以当我看到其仁老师回复意见时,自己很感动,我尽力按照其仁老师的意见去修改,并把修改稿再次送给其仁老师,我知道还是有未修改到位的地方,但是因为其仁老师,我会更深入地理解顺德发展模式本身的意义。我很荣幸得到其仁老师的指引和推介。

"多做少讲,只做不讲,做了再讲。"这是生于顺德长于顺德而后出任广州市市长的黎子流先生对顺德人的评价,而这也是我们反复感受到的顺德人的风范。我们很幸运,在过去40年的发展中,有很多人愿意沉淀下来,扎根于顺德这片神奇的土地,为我们提供历史的记忆和思考,让我们得以在他们的基础上,持续做有意义的事情。

马克斯·韦伯说:"如果说我们能从经济发展史中学到什么,那就是文化会使局面几乎完全不一样。我们应从更广泛的经济繁荣的决定因素来理解文化的作用。"实际上,对于顺德文化与顺德精神的总结和讨论从来就没有停止过,至今也没有统一的标准答案。20世纪80年代,顺德通过广泛征集,将顺德精神提炼为"团结、拼搏、务实、创新"八个字,后来也有人总结为"至善、亲和、务实、进取"八个字。

随着时间的推移,这些高度概括而又缺乏特性的词已被人们遗忘。也许,正是这些细微的差异,为我们提供了一把打开顺德之门,解读顺德之谜的钥匙,让我们得以在今天呈现这本书给大家。我需要在最后说明的是,这不是一个严格意义上的研究,只是一个亲历变化的历史记录。在写作过程中,如有一些疏漏或者不当之处,请给予指正和包涵。我们的发心是,让顺德40年的发展能够被记录下来。

2018年9月12日记于北京大学朗润园

陈春花管理经典

关于中国企业成长的学问

一、理解管理的必修课		
1.《经营的本质》	978-7-111-54935-2	59.00
2.《管理的常识：让管理发挥绩效的8个基本概念》	978-7-111-54878-2	45.00
3.《回归营销基本层面》	978-7-111-54837-9	45.00
4.《激活个体：互联网时代的组织管理新范式》	978-7-111-54570-5	49.00
5.《中国管理问题10大解析》	978-7-111-54838-6	49.00
二、向卓越企业学习		
6.《领先之道》	978-7-111-54919-2	59.00
7.《高成长企业组织与文化创新》	978-7-111-54871-3	49.00
8.《中国领先企业管理思想研究》	978-7-111-54567-5	59.00
三、构筑增长的基础		
9.《成为价值型企业》	978-7-111-54777-8	45.00
10.《争夺价值链》	978-7-111-54936-9	59.00
11.《超越竞争：微利时代的经营模式》	978-7-111-54892-8	45.00
12.《冬天的作为：企业如何逆境增长》	978-7-111-54765-5	45.00
13.《激活组织：从个体价值到集合智慧》	978-7-111-56578-9	49.00
四、文化夯实根基		
14.《从理念到行为习惯：企业文化管理》	978-7-111-54713-6	49.00
15.《企业文化塑造》	978-7-111-54800-3	45.00
五、底层逻辑		
16.《我读管理经典》	978-7-111-54659-7	45.00
17.《经济发展与价值选择》	978-7-111-54890-4	45.00
六、企业转型与变革		
18.《改变是组织最大的资产：新希望六和转型实务》	978-7-111-56324-2	49.00
19.《共识：与经理人的九封交流信》	978-7-111-56321-1	39.00